KB247043

티빙 오리지널

러닝메이트

한진원 대본집

러닝메이트 한진원 대본집

초판 1쇄 찍은날 2025년 09월 29일
초판 1쇄 펴낸날 2025년 10월 06일

글 한진원 홍지수 오도건
펴낸이 서경석
총괄 서기원 **편집** 배현아 서지혜 손다인 황창선
기획·마케팅 박문수 **디자인·제작** 이문영

펴낸곳 도서출판청어람
출판등록 1999년 05월 31일(제38-7-1999-000006호)

주소 서울특별시 구로구 디지털로272, 404호
전화 02-6956-0531
팩스 02-6956-0532
메일 chungeoram_book@naver.com

ISBN 979-11-04-20003-8 03680

Episode5 #517 〈직감적으로〉는 윤종신 님의 〈본능적으로〉를 개사하였습니다.
해당 내용은 '월간 윤종신'의 사용 허락을 받았습니다.

*이 드라마는 한진원 작가의 소설 〈소라게〉를 원작으로 하였습니다.

티빙 오리지널

러닝메이트

한진원 대본집

일러두기

1 이 책의 편집은 한진원 작가의 집필 방식을 따랐습니다.

2 드라마 대사는 글말이 아닌 입말임을 감안해, 한글맞춤법과 다르다 해도 그 표현을 살렸습니다.

　 지문의 경우 한글맞춤법을 최대한 따르되, 어감을 살리기 위해 그대로 둔 표현도 있습니다.

3 물음표, 마침표, 쉼표 등 문장 기호의 표기는 작가의 의도를 따랐습니다.

4 미방영 내용이 포함되어 있으며, 방송된 부분과 다를 수 있습니다.

기획의도

학교는 학생들 각자의 욕망이 뒤섞인 정.글.과도 같다.
약육강식, 먹이사슬, 생태계.
그리고 이 모든 것을 관통하는 힘의 논리.
여기, 이 평범한 소년에게도 끓어오르는 욕.망.이 있다.
지금보다 더 빛나고 싶고, 더 강해지고 싶고, 더 존중받고 싶다.
전교 학생회 선거는, 소년에게 그런 것이었다.
나를 송두리째 뒤바꿔버릴 만한 기! 회!
하지만 이 선거의 주인공이 결코 내가 아니었음을 깨닫게 되는 순간!
소년은 뭔가를 결정해야만 한다.
러닝메이트라는 짧고 긴 마라톤은 결승선에 도착할 수 있을까?
17세 소년의 송곳은 어디로 뚫고 나가게 될까?
그의 거침없는 러닝은 이제 시작된다.

용어정리

F.I 화면이 서서히 밝아지며 시작되는 장면 기법

F.O 화면이 서서히 어두워지며 종료되는 장면 기법

(V.O) 화면에 등장하지 않는 인물의 내레이션이나 속마음

(off) 화면에 보이지 않는 인물의 대사

(F) 전화기 너머의 목소리

INS 본 장면 중간에 세부 묘사, 정보 전달, 분위기 조성을 위해 짧게 삽입하는 장면

Title IN 화면에 제목 삽입

subtitle 대사 번역, 화면 속 문자, 설명 등을 나타내는 자막

cut to 장면 전환

쇼트 카메라가 끊기지 않고 한 번에 촬영한 영상의 단위

Focus on 초점을 특정 인물이나 사물에 맞춤

P.O.V 특정 인물의 시선에서 촬영한 화면

클로즈업 인물의 얼굴이나 사물 일부를 화면 가득 확대하여 표현

Silence 음향을 모두 제거하거나 매우 줄여 완전한 정적을 만드는 효과

Inter Cut 두 장면을 교차 편집하여 동시에 일어나는 것처럼 보이게 하는 편집 기법

Flash Back 과거의 사건이나 기억을 회상 편집

cut to black 갑자기 검은 화면으로 전환

몽타주 짧은 컷들을 연속적으로 편집해 시간의 흐름, 사건의 진행, 감정 변화를 효과적으로 전달하는 기법

직부감 카메라를 피사체 위에서 수직(90도)으로 내려다보며 촬영

앙각 아래에서 위로 올려다보는 촬영

틸트업 아래에서 위로 움직이며 촬영

틸트다운 위에서 아래로 움직이며 촬영

핸드헬드 삼각대 없이 카메라를 손에 들고 촬영

고속촬영 초당 프레임 수를 높여 촬영(슬로모션 효과)

CG 컴퓨터로 만든 그래픽 이미지

VFX 촬영 영상에 디지털 효과, 합성, CG 등을 더해 장면을 구현

Contents

캐릭터보드

기호 1번 전교 회장 후보

**이 구역 핵인싸.
걸어 다니는 인간 부띠끄**

~ 이라는 별명 말고는
그에 대해 알려진 바가 없다.
그날 밤 세훈에게
다가오기 전까지는 -

누가 누굴 대표해?
세훈이 넌 니드냐 원트냐?

기호 1번 전교 부회장 후보

발기남. 세훈남자. 노세움.

최근 불의의 사건으로
곤욕을 치르던 어느 날
세훈은 전교부회장을 꿈꾸며
이미지 대역전을 노린다.

송곳은 결국 주머니를
뚫고 나오기 마련이지 ! 나처럼..

기호 1번 전교 부회장 후보

**최신 트렌드와 조금도
타협하지 않는 전교 1등**

영어로 묻는다면 유창한 영어로
대답할 줄 아는 자신감.
매사에 이성적이고 까칠하지만 의외로
세훈과는 죽이 잘 맞는(?) 츤데레.

I'm Michelle Yun
세훈이는 라이벌 성립자체가 안돼요

기호 2번 전교 회장 후보

**합창부의 마에스트로.
우리 학교는 내가 지휘한다.**

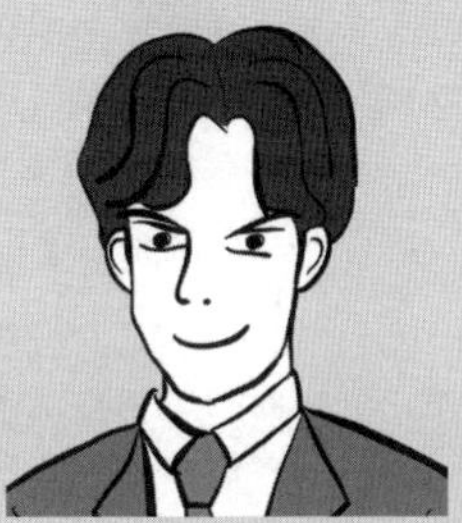

현 합창부장 겸 전교부회장이자
활동적이고 리더십이 넘치는 근성가이.
선거가 진행될수록 드러나는
그의 야심과 승부욕.

**악보는 이미 완성됐어
'양원대 학생회'는 시작에 불과해**

기호 2번 전교 부회장 후보

**서글서글한 성격의 닭 중독자.
친화력 甲 ! 인성 甲 !**

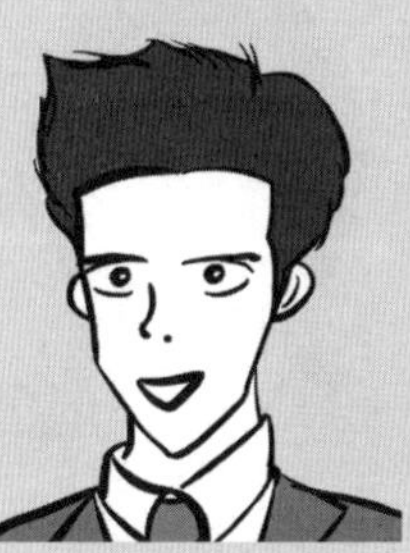

특유의 사교적인 성격과 친화력으로
어딜 가도 10분이면 친구를 만드는 오지라퍼.
세훈이 막 대하는(?) 유일한 친구이자,
때로는 형 같은 존재.

**나는 전교부회장으로 나가면 안되냐?
그래도 약속한대로 너 뽑을게**

기호 2번 전교 부회장 후보

영진고등학교의 국민 첫사랑

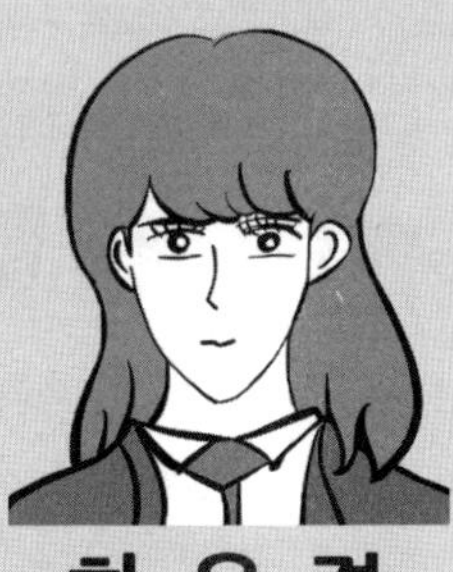

재능, 외모, 성격 3박자를 갖춘 인기녀.
여러 학생들에게 그랬듯 한때
세훈에게도 그녀는 첫사랑이었다.
다만, 후보 등록 전까지는...

**박지훈 너도 혹시 -
반장 같은 거 전에 해본 적 있어?**

YOUNGJIN HIGH SCHOOL
남 경 태
Nam Gyeong Tae
원대의 그림자 - 분노의 저격수

YOUNGJIN HIGH SCHOOL
강 재 원
Kang Jae Won
상현의 왼팔 - 거친 행동대장

YOUNGJIN HIGH SCHOOL
조 한 별
Jo Han Byeol
볼수록 귀여운 재간둥이 반장

YOUNGJIN HIGH SCHOOL
주 완 식
Joo Wan Sik
기호 1번의 마이크 - 어깨깡패

YOUNGJIN HIGH SCHOOL
이 현 진
Lee Hyeon Jin
상현의 오른팔 - 홍보의 달인

YOUNGJIN HIGH SCHOOL
마 두 영
Ma Du Yeong
시바견 속에 숨은 꽃미남!

YOUNGJIN HIGH SCHOOL
최 종 수
Choi Jong Su
어제의 빌런, 오늘의 조력자

YOUNGJIN HIGH SCHOOL
김 기 재
Kim Gi Jae
어제의 깐족이, 오늘의 조력자

YOUNGJIN HIGH SCHOOL
유 의 준
Yu Ui Jun
의리 넘치는 차기 합창부장

YOUNGJIN HIGH SCHOOL
안 태 오
Ann Tae Oh
애널리스트를 꿈꾸는 전교4등

YOUNGJIN HIGH SCHOOL
이 기 웅
Lee Gi Ung
태오 곁에 늘 내가 있었다

YOUNGJIN HIGH SCHOOL
백 인 경
Baek In Gyeong
예비 아이비리거 - 타고난 선동가

JINIL ARTS HIGH SCHOOL
박 미 나
Park Mi Na
밥 절대 안 사주는 예쁜 누나

St. JONSON HIGH SCHOOL
오 호 석
Oh Ho Seok
'나 그 새끼 좀 까도 되겠냐?'

YOUNGJIN HIGH SCHOOL
신 준 규
Sin Jun Gyu
대한민국 선생은 극한직업이다

YOUNGJIN HIGH SCHOOL
1번 캠프 유세 인원들

YOUNGJIN HIGH SCHOOL
2번 캠프 유세 인원들

YOUNGJIN HIGH SCHOOL
유권자 학생들

낭중지추

고등학교 1학년 노세훈은 상위권 성적과 합창부 동아리 활동 등으로 나름 알찬 1학년 2학기를 보내고 있다.
그런 그에게 벌어진 "불의의 사건"은 "발기남"이라는 남사스럽고 민망한 별명을 안겨준다.

어떻게 이미지 회복을 할 수 있을지 절친인 박지훈과 잡다한 논의도 해보는 세훈이지만 달리 뾰족한 수는 없고 앞으로의 학교생활이 암울하게 느껴지던 어느 날, 합창부장 양원대로부터 차기 전교학생회 선거 러닝메이트를 제안받게 된다.
양원대로 말할 것 같으면 현재 합창부장 겸 전교학생회 부회장인데, 이 말인즉슨 지난 선거의 승자였다는 말이다.
전혀 생각지 못했던 선거 출마 제안에 마음이 들뜨는 세훈, 아무래도 "이미지 대역전"에 성공할 수 있을 것만 같다.
게다가 여자 부회장 후보로 하유경을 데려올 수 있다면 매일같이 그 아일 만날 수도 있겠지..

어쩌면 약간 들뜬, 어쩌면 약간 우쭐한 세훈 앞에 나타난 지역구 핵인싸 곽상현은- "걸어 다니는 인간 부띠끄"란 소문에 걸맞게 화려하고 멋진 녀석이다.

조금 딱딱한 태도로 그에게 분식을 얻어먹게 된 세훈은 의외의 배려심과 인간적인 면모에 마음이 조금씩 열린다.

이 시기 중간고사 성적이 발표되는데, 쉽게 치렀다는 세훈의 생각을 뒤엎듯 전교 석차는 순위권 밖으로 밀려나 속이 상한다.
속 편한 지훈은 감히 전교 12등의 세훈을 위로하는데, 녀석은 남몰래 친구들의 성적표를 위조해 주고 있었다.
그렇다 해서 딱히 사문서위조를 문제 삼을 만큼 심각한 일은 아니었고, 당장에 부모님들 눈속임용 또는 위기 모면 용도일 뿐이었으니..

한편 후보자 등록 날 아침, 세훈은 담임 선생으로부터 묘한 설득을 당하게 된다. 준규 선생의 말을 한마디로 요약하자면-
"원대 말고 상현이랑 선거에 나가라" -인데. 그제야 상현도 선거에 출마한다는 사실을 알게 된 세훈.

잠시 머리가 하얘진 세훈이 마음을 정할 수 있도록 이끈 것은 상현이 사준 닭꼬치 몇 개와 어묵 국물이 아니라- 원대에게 세훈 자신이 12순위 러닝메이트였다는 사실이었다.

애초에 전교 1등부터 부회장 후보를 섭외하려 했다는 원대.
세훈의 자존심에 상처가 나며, 원대에 대한 남모를 반발심이 피어오른다.

#101   대강당 / 학교 / 실내 / 오후

F.I

심상치 않은 분위기의 음악과 함께 화면 밝아오면-

넓은 쇼트- 어느 가을날, 영진고등학교 대강당에서는 투표가 한창이다.

선거관리위원회 활동 중인 학생들, 등판에 학생회 글자와 학교 상징이 수놓인 점퍼를 입었다.

유권자 학생들은 선거인명부에 서명을 하고 투표용지를 받아 가는 중이며, 방송반 학생들은 이날의 장면들을 촬영하고 있다.

일부 참관인 학생들이 군데군데 보이는 가운데 서너 개의 기표소가 나란히 설치되어 있는-

시스템으로만 보면 어른들의 선거와 크게 다를 것 없어 보이는 이곳.

무표정하거나 밝거나 하는 등의 다양한 표정으로 민주주의를 실천하고 있는 모두들.

그리고 누군가의 뒤를 쫓아가는 카메라. 기표소 커튼을 열고 들어가는 그는 바로-

기표소 안-

다부진 표정의 남학생, 노세훈(17, 남)이다.

기표 도장을 뒤집어 들고 도장면을 가만히 들여다보는 세훈.

심호흡을 하는 세훈의 입. 그러나 흔들림 없는 눈동자.

측면 쇼트- 투표용지 위에 기표 도장을 쾅 내리찍는 세훈.

오프닝 시퀀스가 흐른 후-

타이틀 인 Title IN- [본격 명랑 정치 드라마, 러닝메이트] EP 1 낭중지추

#102   세훈의 교실 / 학교 / 실내 / 오전

INS- 학교 풍경.

subtitle- 약 한 달 전.

세훈(V.O) 학교는 비정한 현실 세계의 축소판이다.

교실 안, 1학년 4반 학생들의 쉬는 시간 모습이 펼쳐진다.

세훈(V.O) 모두 똑같은 옷을 입고 있지만, 각자의 역할과 파벌이 정확하게 나눠
　　　　　　 져 있다.

뒤에서 껄렁껄렁 떠드는 일당들- 정도하, 최웅, 이민구, 문동호, 그리고 깐죽이 김기재
(17, 남).

세훈(V.O) 악당.

기재　　　그래서 딱 내가 그 새끼 죽탱이 딱 잡고- 이 시발라마? 좀 쳤냐? 그랬
　　　　　　 더니- (흉내 내며) '아니, 미안해 김기재.' (오버하는) 햐~ 이 새끼 바로
　　　　　　 꼬랑지를 씨발~

반장 조한별(17, 여) 중심의 남녀학생들 무리- 박재석, 한재익, 민지안, 강은채, 구하나, 김
고은.

세훈(V.O) 주류.

한벌   이번 주 안 된다고 한 사람 누구지? 너? 안 돼. 무조건 가. 예약 다 잡아
       놨다니깐- 니가 보자며 뮤지컬? 내가 그거 할인받는다고 쌩쑈한 거 모
       르지? 아 안 돼~

토의 중인(?) 모범생들- 전교 2등 안태오(17, 남)와 모범생 바라기 이기웅(17, 남) 등.

세훈(V.O) 비주류.

태오   그니까 내가 말하고 싶은 건, 우리나라 이공계가 큰 위기에 봉착했단
       거지. 특히 순수과학 분야에 있어서, 과거의 학문적 성취와는 관계없
       이 새로운 패러다임이 재설정돼야 한다구. (기웅에게) Agree?

기웅   Agree.

헤드폰 쓴 머리를 흔들며 에어드러밍을 펼치는 유의준(17, 남)과-

세훈(V.O) 독특한 놈 그리고...

그 너머 교실 유리창에 바둑판을 그려놓고 보드마카로 오목을 두고 있는 남경태(17, 남)와
오대희.

세훈(V.O) ...이상한 놈.

경태   (유리창에 물을 끼얹는) 아 씨발, 오목 존나 지저분하게 두네. 아오 개
       빡쳐!

귀에 이어폰을 끼운 채, 공부하는 척(?) 중인 세훈.

세훈(V.O) 그리고 바로 나, 인간 노세훈. 크게 튀지 않으며 적당히 지내고 싶었
       다. 하지만!

이때 세훈에게 불쑥 다가오는 기재, 세훈의 이어폰을 뽑으며-

기재	야! 발기남! 뭐 하냐? 야동 보냐?

기재   야! 발기남! 뭐 하냐? 야동 보냐?
세훈   아 뭐.
세훈(V.O) 최근에 별명이 하나 생겼다.
기재   (세훈의 아래를 살피며) 아, 아직은 발기 전. 다행이네. 수업 전에 쌀
         뻔했어 아주.
세훈   아, 하지 말라고..
기재   (정색하는) 아씨... 표정 좆같네. 장난친 거잖아 새끼야. 친구끼리 장
         난도 못 쳐? 아 존나 서운하네.
한별   (외치는) 야 김기재! 너 공부하는 애한테 그만 좀 하시지?
기재   애가 무슨 공공장소에서 발기를 하나? (반 친구들을 돌아보며) 안 그래?

하하하- 웃는 반 친구들. 불쾌하지만 어정쩡한 미소를 짓고 있는 세훈의 얼굴 클로즈업.

세훈(V.O) 발기남 노세훈. ...미리 말해두지만, 그건 불의의 사고였다.

#103   [플래시백] 버스 안 / 학교 앞 / 실내외 / 오전

출근 시간, 학생들과 직장인들로 붐비는 버스 안.
손잡이를 잡고 서 있는 세훈, 피곤한지 꾸벅꾸벅 조는 동안 입가에 침이 고여간다.
바로 앞에는 직장인 누나가 좌석에 앉아 휴대폰을 보고 있다. 졸음의 절정에 달한 세훈의
침은 방울이 되어 직장인 누나의 복장에 뚝 떨어진다. 화들짝 놀라며 세훈을 올려다보는
직장인 누나!
침 흘린 세훈은 정신이 번쩍 깬다. 의도치 않게 부릅뜬 눈이 되어버린 세훈을 쏘아보는 직
장인 누나.
직장인 누나의 시선이 내려가면 세훈의 교복 바지 중심부(?)가 불룩 튀어나와 있다. 이것
은 흡사...

직장인누나 야! 너 변태니? 영진고야?

세훈　　　 (뭔 소린지) 에?

직장인누나 너! (명찰을 보며) 노세훈! 뭘 세운 거야? 미쳤어?

세훈　　　 아... 그게 아니라...

웅성거리는 버스 안 승객들. '뭐야? 발기한 거야?' '와 깬다' '좆같애' '노세훈이네, 니네 반' 어느 각도에서 보느냐에 따라 다를 수 있겠지만, 대체적으로 오해를 사기 쉬운 발기적 자세인데...

불쾌감을 느낀 직장인 누나는 대뜸 세훈의 따귀를 쳐올린다. 바로 그 순간 정지하는 화면.

정지화면- 버스 안 일부 학생들이 휴대폰 카메라로 촬영한다. 찰칵 찰칵-

정지화면- 억울한 얼굴로 뺨을 매만지는 세훈. 찰칵 찰칵-

세훈(V.O) 자세한 설명은 거부한다. 어차피 진실은 저 너머에 있다.

#104　학생식당 / 학교 / 실내 / 오후

점심시간, 모범생들과 식사 중인 세훈의 등짝을 팡- 치며 등장하는 세훈의 절친, 박지훈 (17, 남)

세훈의 시선에 훅 들어오는 지훈의 휴대폰 화면- '발기남' 사건 때 찍힌 따귀 맞는 사진이다.

세훈　　　 (뒤를 홱 돌아보며) 아, 치우라고.

지훈　　　 (웃음) 너 싸대기 괜찮냐? 와 씨, 이거 완전 턱 돌아갔는데?

세훈　　　 닥쳐 미친놈아.

옆자리에 앉는 지훈은- FM 모범생 세훈과는 조금 다른, 유쾌하고 장난기 많은 녀석이다.

지훈　　　 아니. 나는 이해가 안 가는 게, 팬티를 입으면 그- 몸을 딱 고정시켜주
　　　　　　잖아? 근데 그렇게 됐다는 거는 그게- 이렇게 막 씨발 팬티를 뚫고 나

왔다는 거잖아?

세훈　　(식판을 들고 일어나는) 그만해라. 신고해 버린다.

지훈　　(계속하는) 그게 아니면- (휘둥그레) 설마 노팬티?!

세훈　　(장난을 거부하는 몸짓) 박지훈 또라이 새끼야.

고속촬영- 이때 세훈의 식판에서 흘러넘치는 국물. / 국물이 방울져 누군가의 교복에 묻는다.

휘둥그레지는 세훈의 눈. '헉-' / 식당 바닥에 떨어지는 세훈의 식판.

봉변당한 여학생의 교복, 명찰이 보인다. 하유경.

하유경(17, 여)과 마주 선 '불의의' 가해자 노세훈 군. -의 측면 쇼트.

같이 걷던 유경의 친구들 윤해라(여), 정여은(여)이 놀라는 비명을 지르고, 난감한 얼굴로 자리에서 일어나는 지훈.

세훈　　(손으로 닦아주기도 그렇고 어정쩡한) 아, 미안-

유경　　(당황) 너- (뭔가 생각난 듯) 풋, 아니야. 괜찮아.

친구들과 썰물 빠지듯 지나가 버리는 유경. 저들끼리 뭐가 재미있는지 키득거리는 소리가 들린다.

지훈　　(미끄러지듯 유령처럼 들러붙는) 오올- 노세. 너 설마... 하유경?

세훈　　(유경이 떠난 방향을 보며) 아니거든.

지훈　　(은근히) 아니긴, 이 새끼 딱 보니깐 삘이 오는데?

세훈　　(얼굴이 발그레) 에이, 뭔 개소리야.

지훈　　바지 관리 잘해라. 또 귀싸대기 처맞을라.

세훈　　미친놈아!

#105　벤치 / 학교 / 실외 / 오후

벤치에 앉아 군것질을 하는 세훈과 지훈. 저쪽에서 남녀학생들과 노닥거리는 유경이 보인다.

세훈	남자 친군가?

지훈	아닐걸?

세훈	니가 어떻게 알아-

지훈	아니 뭐 소문에 대학생이랑 사귄다는 말도 있고.

세훈	에이 설마-

지훈	진짜로. 소문에.

아련한 눈으로 유경을 바라보는 세훈. 자세를 고쳐 앉는 지훈.

지훈	노세, 뭐 너의 그- 마음은 알겠는데. 내가 볼 땐 아직 승산이 없다 이거지.

세훈	뭔 승산.

지훈	저 형들 봐봐. 졸라 매력 터지잖아?

세훈	그래?

지훈	너도 좀 매력을 연구할 필요가 있단 말이야. 여자애들한테 먹히는 걸루.

세훈	(은근히) 그래서 말인데- 나 입술 좀 괜찮지 않냐? 어? 봐봐. 만져봐.

지훈	(과자를 얼굴에 던지며) 좆까, 치워 미친놈아. 어디서 미더덕 같은걸...
	씨바.

## #106	음악실 / 학교 / 실내 / 오후

아무도 없는 음악실. 혼자서 음악실 청소하고 있는 세훈, 그게 억울한지 자꾸 벽시계를 확인한다.

세훈	(중얼) 왜 안 와, 짱나게.

바닥에 물걸레질하다가 피아노 앞에서 뚝 멈추는 세훈, 조심스럽게 피아노 덮개를 열고- 건반을 더듬어보는 세훈, 건반을 더듬고 문지르고 눌러본다. 띵, 띵, 띵- 미소가 퍼지는 세훈. 그런데 이때 갑자기 열리는 음악실 문! 깜짝 놀란 세훈은 피아노 덮개를 덮다가, 손가락이 낑긴다.

세훈   (눈치를 보며, 손가락을 매만지는) 아, 쓰-
유경   괜찮아 노세훈?
세훈   (수줍) 어.
유경   (물걸레 등 청소 상황을 둘러보며) 왜 맨날 너 혼자 해. 애들 오면 같이
           하지.
세훈   (미소를 지으며) 괜찮아. 먼저 온 사람이 하는 거지 뭐.
유경   (빙긋) 그래? (피아노 의자에 앉으며) 맞다... 나도 봤어 그 사진.
세훈   엉?! (엉겁결에) 어떻게 봤어?
유경   남경태가 보여주던데. ...맞은 데는 괜찮아?
세훈   아... 응.
유경   근데 너 버스에서 그거 진짜야?

순간 어질어질한 세훈.

세훈   아... 그게...

장난스러운 유경의 얼굴을 보며 의식의 흐름대로 보이스오버가 흐른다.

세훈(V.O) 남자라면 누구한테든 일어날 수 있는 아침의 생리 현상. 공교롭게도
           아빠의 트렁크 팬티를 빌려 입는 바람에 그날 아침 참사가 일어나게
           된 것이다.
           하지만 그런 얘길 해봤자 오히려 역효과를 낼 것이 뻔해. 코끼리를 생
           각하지 말라고 하면 코끼리를 떠오르게 하는 것처럼...
유경   노세훈?

세훈　　아... 그 (아직 정리가 안 된) 코끼리를 생각하면...
유경　　뭐?

말 같지도 않은 세훈의 어버버를 끊어 먹는 합창부 무리의 등장.
시끌벅적해진 음악실. 다른 친구들과 이야기하는 유경의 모습을 그저 보고만 있는 세훈.

시간 경과. 합창부원들이 입을 모아 노래를 부르는 가운데, 세훈은 다른 방향을 힐끗거린다.
피아노 반주를 하고 있는 유경, 오후 볕의 역광을 받아 여신처럼 보이는데-

세훈(V.O) 더 이상의 이미지 추락은 없다!! 박지훈 말대로 이제 나만의 매력을
　　　　　좀 연구해 볼까? 근데 뭐부터 시작하지?

단상 앞에서 지휘하던 손이 곡을 마치자, 마지막 노랫말도 끝나고.
악보 파일을 덮는, 상당히 의젓한 모습의 지휘자. 합창부장 양원대(18, 남).

원대　　오늘은 여기까지 하자. 다들 고생 많았어.
합창부원들 고생하셨습니다!

자리를 정리하고 일어나는 세훈. 아직 단상 앞에 서 있는 원대는 그런 세훈을 물끄러미 보
고 있다.
그 두 남자 사이로 빠져나가는 합창부원들. 소란스러움이 걷히자 원대가 세훈에게 다가
온다.

원대　　세훈아 잠깐 시간 돼? 우리 둘이만-

#107　돈가스집 / 학교 주변 / 실내 / 오후

돈가스집에 앉아있는 세훈과 원대. 식사 중이다.

원대   (끄덕거리고) 너 싸대기는 괜찮아?

세훈   아... 선배님도 알고 계셨어요?

원대   어, 경태가 보여줬어. 너 사진 엄청 찍혔더라.

세훈   (한숨) 하아.. 씨, 남경태.

원대   괜찮아. 남자들끼리는 다 알지.

세훈의 빈 컵에 음료를 따라주는 원대.

원대   근데 세훈이 너 초등학교 때 전교 회장 했다던데, 맞아?

세훈   엇?! 네.

원대   와아... 어떻게 내가 그걸 몰랐지? 미안하다 몰라봐서.

세훈   에이, 아니에요. 어릴 땐데요. 뭐.

원대   그니까. 어릴 땐 니가 인기 많았었구나.

세훈   (쑥스럽다) 그냥 쪼금?

원대   (피식 웃으며) 근데 어쩌다가 이렇게 찌그러졌어?

세훈   네?

가만히 쳐다보는 두 사람. 뻔뻔한 표정의 원대와 당황스러운 표정의 세훈.

원대   다시 안 해볼래?

세훈   뭐를..요?

원대   노세훈 이미지 회복 좀 해보자. 응?

세훈   어떻...게요?

원대   전교학생회.

화들짝 놀란 세훈, 티슈를 뽑아 황급히 입을 닦는다.

세훈   저...랑요?

원대   어, 그래. 나랑 선거 나가자!

두툼한 돈가스 육질을 푹 쑤시는 원대의 포크.
상당히 고민스러운 세훈의 표정.

세훈   아... 근데 갑자기 선거를 저랑...
원대   (호탕하게) 야, 내가 너 말고 누구랑 나가냐? (손을 꼽아보며) 같은 합
         창부에, 초딩 때 회장 출신에, 공부도 곧잘 해, 발기도 잘되니 얼마나
         건강해?
세훈   (웃음이 퍼지는) 아이, 선배님.
원대   세훈아, 형이 모를 줄 아냐? 합창부 연습 때마다 니가 제일 먼저 와서
         청소하지?
세훈   (알아주니 고마운) 아... 네.
원대   (세훈의 반응을 보다가) 야 씨. 하기 싫어? 형하고 선거 뛰는 거 별로냐?
세훈   근데요, 제가 잘할 수 있을까요? 이런 거 너무 오랜만이라.

자세를 바꾸며 세훈의 어깨에 팔을 두르는 원대.

원대   넌 나만 따라와. 형이 현직 부회장이잖어. 오케이?
세훈   그럼... 알겠어요.
원대   하는 거다?
세훈   네 선배님.
원대   야, 솔직히 말해서 딴 애들은 잘 모르겠고 난 너한테서 가능성을 봤다
         니깐.
세훈   가능성이요?
원대   (어른스러운 말투로) 그렇지. 송곳은 결국 주머니를 뚫고 나오게 돼
         있어.

돈가스를 꿰뚫은 포크를 집어 올리는 원대. 세훈은 그것을 보며-

세훈   ...낭중..지추?

원대   그렇지, 바로 그거야. 너한테 발기남 어쩌고 떠드는 새끼들 있잖아?
        (포크에 꿰인 돈가스를 뜯어 먹으며) 부회장 되면 다 밟아버려. 오케이?
세훈   넵!

#108   버스 정류장 / 학교 주변 / 실외 / 오후

들뜬 얼굴로 마구 달리는 세훈의 얼굴. / 지금 막 떠나려는 버스를 잡아 세운다.
숨을 헐떡이는, 그러나 얼굴에 웃음이 만연한 세훈이 버스에 탑승한다. '헉헉. 감사합니다!'

#109   버스 안 / 학원가 / 실내외 / 오후

학원가를 달리는 버스 안- 각자 틈틈이 동영상 강의를 시청하거나 단어장을 곱씹는 학생
들 가운데 그저 창밖만 보며 피식피식 웃음 짓던 세훈, 창문을 열고 밖으로 손을 내밀어
바람을 느낀다.

#110   음악실 / 학교 / 실내 / 오후

INS- 방과 후 학교 전경.
다음 날 오후 합창부 연습 시간. 여자 파트 연습 중이다. 지휘하는 원대와 피아노 반주 중
인 유경.
잠시 대기 중인 남자부원들. 세훈은 수줍은 눈길로 피아노 치는 유경의 뒷모습을 보고 있다.
세훈의 바로 옆, 꾸러기 경태는 앞자리 꾸러기와 뭔가를 나눠보며 히히덕거린다.

경태   (히히덕) 오대희 변태 새끼. (세훈에게 슥 보여주는) 야, 발기남. 이거
        봐라.

경태가 내민 스케치를 보는 세훈. 나체로 피아노를 치는 유경의 그림이다.

당황하여 고개를 드는 세훈, 때마침 지휘 중인 원대와 눈이 마주치고 만다.

눈빛을 교환하며 빙긋 미소 짓는 두 남자. 세훈은 유경의 그림을 악보 사이에 숨기며 말한다.

세훈   너 원대 선배한테 싸대기 맞는 사진은 뭐 하러 보여줬냐?

경태   웃기잖아 븅신아, 아 그거 내놔.

세훈   꺼져. 이거 압수야.

이때 뒤에서 불쑥 나타나며 두 사람에게 꿀밤을 날리는 합창부 2학년, 채인호(남).

인호   야, 니네 웰케 떠들어. 둘이 남어.

#111   음악실 / 학교 / 실내 / 오후

INS- 지지지지지징- 문서세단기에 갈려 나가는 종이.

음악실, 폐기 문서들을 세단하고 있는 세훈과 경태. 신문지로 만든 봉투에 종이 가루를 담는 두 사람.

세훈   너 자꾸 싸대기 맞는 사진 보여줄 거냐? 사람들한테?

경태   어, 당연하지. 뭐 어쩔 건데?

세훈   (진지한) 봐봐. 어떻게 되는지.

경태   븅신이 왜 이렇게 진지한 척이야 짱나게.

이때 열리는 음악실 문, 세훈이 뒤돌아보며 붙잡고 있던 봉투를 놓친다. 음악실 바닥에 쏟아지는 종이 가루들. 빡친 경태, '야 너 씨-'

원대   둘이 아직도 그거 하냐?

양손에 <u>노트</u>와 <u>문</u>서 거리를 들고 있는 원대.

세훈   네, 선배님.
원대   세훈아. 우리 공약 얘기 좀 해야 되는데.
세훈   아, 그쵸.
원대   지금 나가서 얘기 좀 하자. (경태에게) 경태가 좀 마무리하구 가라.
경태   (짜증이 나지만-) 네에.
세훈   (바닥의 종이 가루를 보며) 간다.

원대를 따라나서는 세훈. 음악실에 달랑 혼자 남은 경태, 가득 찬 신문지 봉투를 발로 찬다.

#112   학원가 / 정용학원 / 실외 / 밤

INS- 북적거리는 학원가.
[정용학원, 정용국제입시전략컨설팅, 정용장학재단] 이라는 간판이 붙어있는 빌딩이 보인다.

#113   강의실 / 정용학원 / 실내 / 밤

강의가 끝난 후 자리를 떠나는 수강생들. 지훈이 수강생들을 헤치며 세훈에게 다가온다.

지훈   노세! 너 니네 합창부장이랑 선거 나간다며? 원대 엉아랑.
세훈   (씨익) 벌써 소문났냐?
지훈   (정색하는) 어, 소문났지. 발기남 주제에 선거 나간다고.
세훈   (주변을 살피며) 시끄러 붕시나.
지훈   (대충 빈자리에 엉덩이를 걸치며) 와씨, 학생회... 근데 그거 하면 좋냐?
세훈   좋고 말게 있겠냐, 원대 선배가 무조건 나랑 나가고 싶다길래. 그냥 뭐.

지훈   (끄덕) 하긴- 니가 초딩 때 경험도 있고- (슬쩍) 야, 나도 좀 한자리 시
       켜주자.

세훈   안 돼 너는, 비리가 많아서.

지훈   비리 같은 소리 하네. 내가 입만 열면 넌 바로 탄핵감이야.

세훈   뭐가 돼야 탄핵이 되든지 말든지 하지. 아직 투표도 안 했구만-

지훈   야, 보나 마나지. 그 형이 존나 인싸더만. 쌤들도 좋아하고- (소곤)
       접때 교장 가족 모임도 그 형네 족발집에서 했다던데. 존나 맛집이잖아.

세훈   너는 그런 소문은 어떻게 아냐?

지훈   야 씨, 내가 단톡방만 몇 갠데.

세훈   신기하네.

지훈   그치?

세훈   너 말이야 너. 너는 공부 같은 건 전혀 안 하냐?

지훈   (김새는) 됐고- 한잔 쏴라.

#114   편의점 / 학원가 / 실내외 / 밤

편의점 유리 통창 앞 바 테이블에 나란히 앉은 세훈과 지훈, 줄줄이 요구르트를 건배하며
쌍둥이처럼 동시에 쪽- 빨아 먹는다.

지훈   노세 이거- 당선되면 여친도 막 생기고 그런 거 아니야? 레알 하유경
       이랑?

세훈   (목소리를 확 줄이며) 말조심해 븅신아. 괜히 스캔들 만들지 말고.

지훈   스캔들? (전자담배로 세훈을 톡 치는) 어디서 셀럽 행세야, 발기남 주
       제에-

이때 뒤에서 불쑥 들리는 목소리-

목소리(off) 하하. 발기남이 셀럽 행세를 해?

고개를 올려보는 세훈과 지훈. 치명적인 미소를 지으며 등장하는 2학년 곽상현(18, 남)이다.
다양한 고가 브랜드의 옷에, 비싸 보이는 운동화, 그나마 스마트워치는 서민적으로 보인다.

상현   우리 학교네.
지훈   어, 안녕하세요 선배님!

줏대 없이 웃음을 흘리는 지훈이 못마땅한 세훈, 비교적 뻣뻣한 태도로 상현에게 목례한다.

상현   어, 안녕. 니가 세훈이구나.

상현은 자길 알아봐 주는 지훈보다 어딘가 뻣뻣한 세훈에게 더 관심이 가는 듯 보이고-

상현   (세훈을 보며) 근처에 학원 온 건가?
지훈   네, 저희 정용에서 수학 들어요.
상현   (세훈을 보며) 아~ 김쌤 강의? 그럼 끝났겠네. 뭐 좀 먹었어? (바 테이
         블의 변변치 않은 메뉴를 흘깃 보더니) 안 되겠다 니네. 가자, 닭고기 좋
         아하냐?
세훈   아뇨, 저흰 지금-
지훈   (끊으며) 좋습니다! 선배님!
상현   (앞장서며) 그래, 가자! (바 테이블 턱짓하며) 그건 버려 그냥.

#115 편의점 앞길 / 학원가 / 실외 / 밤

그 키만큼 보폭도 넓은 상현. 들뜬 지훈은 신나서 쫓아간다. 반면, 간격을 두고 느릿하게
걷는 세훈-

세훈(V.O) 곽상현. 레알 찐부자고. 이 동네의 핵인싸. 걸어 다니는 인간 부띠끄.
         갑자기 친한 척하는 걸 보니까 어디서 내 출마 소식을 들은 모양인데,

아마도-

지훈　　　(홱 돌아보며 세훈의 V.O를 끊는) 노세! 빨리 와 붕신아!

세훈　　　(쪽팔려 죽겠다) 가잖아. 조용히 좀 해.

저만치 앞서 걷고 있는 상현과 그 뒤를 졸졸 쫓아가는 쌍둥이 내시들, 훈 브라더스.

지훈　　　(흥분한) 와씨, 어디 가는 거지? 교촌? BBQ? BHC? 지코바? 페리카나?
　　　　　　네네?

흥분한 지훈을 보며 온 미간을 찌푸리는 세훈. 지훈은 대한민국에 존재하는 모든 치킨 브랜드를 읊고 있다. '인간'이란 존재에 진저리가 난 듯한 세훈의 얼굴 위로 터져 나오는 분노의 보이스오버!

세훈(V.O) 박지훈 이 새끼는 진짜 닭을 너무 좋아한다! 치킨이라면 나라도 팔아
　　　　　　먹을 새끼! 하지만 고깟 치킨 따위에 휘둘려선 안 돼. 특히 공짜 치킨
　　　　　　은 존나 위험하지. 한 입 뜯는 순간, 거절할 수 없는 부탁을 들을 게 뻔
　　　　　　하니깐.

#116　포장마차 안+밖 / 학원가 / 실내외 / 밤

피식- 김빠지는 웃음을 흘리는 세훈.
치킨을 기대했던 지훈은 상실감이 크다. 그런 지훈에게 손짓하는 상현.

상현　　　알지? 여기 닭꼬치 완전 미쳤잖아? 들어와, 먹자! (안으로 들어간다)

지훈　　　(세훈에게) 노세, 나 지금 상실감 오진다.

세훈　　　(고소하다 새끼야) 닭고기랬지, 언제 치킨이랬냐.

지훈　　　야 존나 먹자. 일 인당 30개씩 먹어. 개털어버리게. 한 백만 원 나오게.

경쾌 발랄한 음악과 함께 다음의 몽타주가 이어진다.

닭꼬치와 분식을 먹으며 잡담하는 세 사람 몽타주-

진짜로 닭꼬치 30개는 먹어 치울 요량인 지훈의 모습이 익살스럽다. /

그리고 분위기가 무르익도록 유쾌하게 잡담을 진행하는 이 동네의 핵인싸 상현과 /

뻣뻣하던 태도를 누그러뜨리며 이제는 상현에게 어묵 국물을 떠주기도 하는 세훈 /

세훈과 하이파이브를 하거나 박수까지 쳐가며 농담하는 상현, 그러나 전혀 오버하는 느낌
은 없고 /

세훈(V.O) 어쩌면- 첨엔 내가 좀 건방지게 굴었을지도 모른다. 그치만 이 선배는
그런 걸 별로 신경 쓰지 않았다. 우린 쓰잘데기없는 얘길 하며 떠들었
고, 조금 있다가는 다른 학교 친구들한테까지 나를 소개시켜줬다.

저쪽에서 분식을 먹고 있는 상현의 '타 학교 친구들'-

타 학교 상현 친구　(세훈을 턱짓하며) 누구야?

상현　　애는- (씨익) 우리 동생. (세훈에게) 형 친구들이야. 나중에 보면 아는
척하고.

세훈　　('형 친구들'에게) 안녕하세요.

포장마차 사장에게 무어라 주문하는 '타 학교 상현 친구', 음료수 캔을 세훈 앞으로 보낸다.

세훈(V.O) 같은 학교라는 것 말고는 조금도 연결고리가 없던 선배와 나. 어느 순
간 나는 핵인싸 곽상현의 '우리 동생'이 되어있었다.

함께 셀카도 찍는 등 엄청난 친화력을 보여주는 상현, 세훈에게 어깨동무까지 한다.

cut to

시간 경과. 포장마차를 빠져나오는 세 사람. (지훈은 한 손에 새 닭꼬치를 하나 쥐고 나온다)

상현 맞다, 니네 정용학원 수업, 다른 거 더 듣고 싶으면 노 실장님 만나봐.
     내 동생들이라고 얘기해놓을게.

세훈 네 선배님.

상현 그리구 지훈이, 이 근처에서 괜히 전담 꺼내지 마라. 그러다 딱 걸린다
     아까처럼-

지훈 (건성으로) 네에-

상현 신준규 쎔이 그러더라. 요새 합동으로 단속반 만들었다구, 저번 주에.

지훈 아... 네...

상현 간다. 또 보자.

세훈 네, 잘 먹었습니다 선배님!

지훈 (마지못해) 예에 가세요.

귀에 이어폰을 끼우며 유유히 사라지는 상현. 그의 뒷모습을 보며 배시시 웃음이 새어 나
오는 세훈.

지훈 (닭꼬치를 오물오물) 인간 부띠끄 좋아하시네, 사람을 불러놓고 이딴
     걸 먹어?

세훈 (한심하게 보는) 그런 소리 하는 거치고는 너무 잘 먹는 거 아니냐?

지훈 (툴툴) 좋겠네 노세- '우리 동생'? 친한 척 존나 오지고.

세훈 (흐뭇한) 근데 이거 괜찮겠지? 그.. 김영란법 같은 거 있지 않냐-

지훈 (세 번째 손가락을 내밀며) 뭐래는 거야 븅신아. 말 같지도 않은 소릴
     하구 있어.

#117 세훈의 반 교실 > 화장실 앞 >
별관 3층 화장실 앞 / 학교 / 실내 / 오전

세훈의 반 교실-

수업 끝 종이 울리자 가방에서 휴대용 물티슈를 꺼내 교실을 튀어 나가는 세훈.

화장실 앞-

화장실 앞에서 여학생들이 수다 중이다. 세훈이 쥐고 있는 휴대용 물티슈를 힐끗 보는 여학생.

물티슈를 교복 주머니에 쑤셔 넣으며 계단으로 달리는 세훈.

세훈(V.O) 대놓고 똥 싸는 걸 광고할 필요는 없지.

별관 3층 화장실 앞-

비교적 한가로운 별관 계단을 오르는 세훈, 이마에 땀이 송골송골 맺혔다.

저쪽에 보이는 3층 화장실! 다급하게 달려가는 세훈을 가로막는 손! 최종수(17, 남)다.

종수　　　(위아래로 훑어보며) 야 발기남. 뭐냐? 뭐 하러 여기까지 왔냐?

세훈　　　아니, 화장실 좀-

목소리(off) 야 누군데?

머리를 빼꼼 내민 험악한 2학년생이 세훈을 위아래로 훑는다.

화장실 안에서는 학생들이 전자담배를 피우는 중인 듯 목욕탕처럼 수증기가 뿌옇다.

종수　　　괜찮아요 형. 이 새끼 아무것도 아니에요.

세훈(V.O) 이 새끼? 아무것도?

종수　　　야, 딴 데 가라. 여기서 알짱거리지 말고.

세훈(V.O) 알짱거리지 말라고?

불쾌한 내색이 그대로 드러나는 세훈. 그에 따라 종수의 표정도 위압적으로 변한다.

학교폭력의 전조가 미묘하게 흐르는 가운데, 세훈의 창자 속은 더욱 거세게 꾸르륵거리고-

종수　　　(다가가며 내려다보는) 야, 노세. 너 표정 뭐냐 지금?

세훈　　　(굳은 표정으로 올려다보다가 이내 곧 시선을 내리며) 알았어.

뒤돌아서는 세훈의 굴욕적인 얼굴. 다시 뱃속에서 울리는 꾸르륵 소리에 계단으로 달려
가는 세훈.

종수　　뷰웅신. 어차피 갈 거면서.

#118　별관 4층 화장실 / 학교 / 실내 / 오전

세훈(V.O) 최종수. 솔직한 얘기로- 초딩 때는 나보다 좆밥이었다.

방금 전 굴욕으로 구겨진 인상의 세훈.
그러나 다시 꾸르륵거리는 소리와 함께 변기 칸으로 뛰어간다.

#119　계단 > 별관 3층 화장실 앞 / 학교 / 실내 / 오전

계단을 내려오는 세훈, 이때 갑자기 들리는 짝- 따귀 소리에 깜짝 놀라 고개만 빼꼼 내밀
어보면-
아까 전자담배를 피우던 험악한 학생들과 최종수 일당이 고개를 푹 숙이고 서 있는 것이
보인다.
바닥에 떨어진 안경을 줍는 뒷모습, 상현이다! 그는 주운 안경을 2학년의 교복 주머니에
꽂아주며-

험악한2학년...미안하다 상현아. 내가... 실수했다.
상현　　새끼야, 지킬 건 좀 지키자. 애들 앞에서 이게 뭐냐.
험악한2학년응, 알았어. 조심할게.
상현　　조심할 게 아니라, 피우지 말라고 학교 안에서. 그게 컨트롤이 잘 안
　　　　되면 걍 끊든가.
험악한2학년아! 어! 알았어! 안 피울게!

상현   (최종수 등 일당들에게) 야, 니들도 양아치들처럼 분위기 잡지 말고. 어?

일당들   네. + 알겠어.

세훈(V.O) 개새끼들, 잘 걸렸다.

약간의(?) 폭력과 카리스마로 선도하는 상현의 모습을 훔쳐보며 묘한 희열을 느끼는 세훈.
방금 전의 카리스마가 민망했는지 멋쩍은 얼굴로 주변을 둘러보는 상현, 세훈과 눈이 마
주친다.

상현   어? 세훈아. 거기서 뭐 해.

세훈   (훔쳐보다가 깜짝) 아, 안녕하세요. 선배님.

종수 등 일당들은 물론, 구경하던 다른 학생들도 모두 세훈을 쳐다본다. 쭈뼛쭈뼛 다가가
는 세훈.

세훈   볼일이 있어서요.

상현은 세훈의 교복 주머니에 꽂힌 휴대용 물티슈를 포착하고는 다 안다는 듯이-

상현   (끄덕거리며 일당들을 한 번 보고) 하긴, 이쪽 화장실이 졸라 조용한
            편이지.
            (세훈의 어깨를 잡으며) 가자. 다음 시간은 뭐냐?

상현과 나란히 복도를 걸어가는 세훈. 세훈이 슬쩍 뒤돌아보면 최종수와 그 일당들의 꼴
이 우습다.

상현   (함께 걸으며) 맞다, 너 뭐 선거 나간다며? 양원대랑-

세훈   (알아봐 주니 기분이 약간 업된다) 아.... 네.

상현   이야~ 니가 또 그런 야망이 있었구나!

세훈   (손사래를 치며 어버버) 아뇨! 야망이 아니라- 원대 선배랑 같은 합창

부고, 그러다 보니까 이렇게 연합해서- 학교를 대표해 보자는 뭐 그런 느낌으로-

상현 (의미심장한 웃음) 학교를 대표해? 양원대가?

세훈 네?

상현 (가만히 생각하다가 피식) 아니다, 가자-

고속촬영- 자연스럽게 세훈에게 어깨동무하는 상현, 저도 모르게 당당한 미소가 퍼지는 세훈.

주위의 학생들은 지금 상현의 '우리 동생'이 된 전(前) '발기남' 세훈을 목격하는 중이다.

어깨동무하고 복도를 걷는 두 사람의 명찰, '곽상현' '노세훈'

세훈(V.O) 선거에 나간다는 이유만으로 내 인맥이 달라지기 시작했다. 원대 선배 말처럼- 역시 송곳은 언젠가, 주머니를 뚫고 나오기 마련이다. 바로 나 처럼-

#120   세훈의 반 교실 / 학교 / 실내 / 오후

세훈이 새파랗게 질린 얼굴로 이번 시험 성적표를 보고 있다. 뒤에서 불쑥 시비를 거는 경태.

경태 이번 시험 조올라 쉽게 나왔다고 아주 광고를 하더니-

세훈 (성적표 집어넣는) 누가 광고를 해?

경태 (빈정대는) 어떡하냐, 부회장 되면 공부할 시간 더 없을 텐데. 좆됐네, 재수 확정이네.

세훈 (정색) 야, 무슨 재수 확정이야. 짜증 나게 씨발.

경태 (당황) 미친 새끼, 장난으로 한 소리 가지고 왜 지랄이야.

세훈 아 됐어, 그만해.

경태 뭘 그만해? 공부 좀 한다고 존나 띠껍네. 진짜 부회장까지 되시면 한 대 치겠다?

이때 다가오는, 의준이 세훈과 경태를 번갈아 보며 말한다.

의준 야, 왜들 그래?

경태 발기남 새끼 졸라 띠껍네. 아 좆나 킹받아 시발.

-라고 투덜거리며 교실 밖으로 나서는 경태. 세훈은 경태의 뒤통수를 가만히 쏘아본다.

#121   버스 정류장 / 학교 주변 / 실외 / 오후

버스 정류장으로 걸어오는 세훈과 지훈. 떨어진 성적으로 꿀꿀한 세훈이다.

지훈 대단하다. 어떻게 떨어진 게 전교 12등이냐? 반 12등도 아니고.

세훈 반에서 12등 해봐라. 엄마한테 살해당할 수도 있어.

지훈 그럼 내가... 도움을 좀 드려봐?

휴대폰을 슥 보여주는 지훈.

세훈 ? 너 이번에 올랐어?

지훈 아니지. (휴대폰 가리키며) 이 부분 숫자만 슥 바꿨지.

세훈 야, 이거- 성적표 위조잖아.

지훈 위조는 무슨. 일종의 보험이지. 우리한텐 2, 3학년이 있다니깐. 다음부
터 잘하면 돼.

세훈 (휴대폰 보며) 와씨.. 똑같긴 하다.

지훈 어떻게? 너도 하나 해줘?

세훈 좋겠다 넌. 속 편하게 놀 거 다 놀고, 위조도 하고.

지훈 (능청) 아니야, 난 늘 마음이 무거워.

세훈 됐고, 너 진짜 안 갈 거냐? 곽상현 선배가 소개도 해줬는데-

지훈 응, 안 가.

세훈   (어이없는) 와, 너는 정말- 막, 미래에서 온 거 같애. 요즘 애들 같지가
         않아.

#122   상담실 / 정용학원 / 실내 / 밤

정용학원 노 실장(30대, 남)과 마주 앉은 세훈의 손에는 커피 우유와 교재 두 권이 쥐어져
있다.

노실장   원래는 티오가 없었는데 상현이가 따로 얘기한 거니까, 혹시라도 다
         른 친구들한테는 얘기하지 말고- 뭔 말인지 알지?
세훈   네. (지갑에서 엄마의 카드를 내밀며) 저, 수강비는 이걸루...
노실장   수강비? 아, 그러면... (카드를 받으며) 내역은 남겨야 하니깐-

카드를 리더기에 긋고- 얼마를 입력하자, 잠시 후 흘러나오는 카드 영수증.
서랍에서 현금 몇 장을 골라 빈 봉투에 넣은 노 실장은 영수증과 함께 내민다.

노실장   이거는 집에 갖다 드려. 교재도 그냥 가져가구.
세훈   네? 아.. 네네.
노실장   괜찮아, 상현이 동생이니까. (자리에서 일어나며) 들어가 봐. 수업 시
         작하겠다.
세훈   네, 감사합니다!

사람 좋게 웃는 노 실장에게 인사하고 상담실 문을 여는 세훈, 이때 갑자기 불쑥 들어오는
여학생!
최신의 트렌드와는 조금도 타협하지 않은 스타일의, 윤정희(17, 여)다.

노실장   어, 정희야. 들어와.

정희는 통행의 규칙 따위는 무시하듯 세훈을 밀치고 상담실 안으로 들어간다.

#123   강의실 / 정용학원 / 실내 / 밤

커다란 칠판에는 'Do you want a chance to change the world?'라는 스티브 잡스의 질문 (펩시 CEO를 섭외할 때 했던 말 中)이 적혀 있다. 강의실 학생들에게 연설(?)하는 강사 케빈-

케빈   나는 여러분한테 '인생에 있어서 지금이 가장 중요한 시기다' -이런 뻔한 소린 안 해. 지겹잖아. 중요한 걸 누가 몰라요? 여러분들은 뭔갈 바꾸고 싶어서 여기 왔잖아? 그죠? 그런 의미에서 나와 여러분의 오늘 만남은, 변화의 시작이다- 오케이?
         (앞의 학생을 지목하며) Do you want a chance to change the world?
학원학생   (머뭇거리다가) Yes.
케빈   (그 뒤의 다른 학생을 가리키며) Do you want a chance to change the world?
정희   (당당하게) Of Course! (유창하게 무어라 나불거린다)
케빈   (만족하는 표정으로 학생들에게) Do you want a chance to change the world?

Yes! 외치는 학생들. 그중에는 세훈도 보인다. 방금 전 세훈은 정희의 면모에 깜짝 놀랐을 터...

#124   건물 현관 앞 / 정용학원 / 실내외 / 밤

마중 온 부모들로 북새통을 이루는 학원 앞. 간식을 빨며 느릿느릿 현관을 빠져나오는 여학생 셋. 바로 뒤에 따라오는 세훈은 이들에게 동선이 막혀 이러지도 저러지도 못하는 가운데-

퍽- 하며 세훈과 앞의 여학생 셋을 밀치고 지나가는 정희.

1학년여A (얼굴에 간식이 묻었다) 야!! 아, 저 썅년. 잡아 저년!
1학년여B 야, 턱주가리나 닦어. 드러워 보여.
1학년여A 아! 윤정희 저 개구리 같은 년.

#125   비좁은 길 / 학원가 / 실외 / 밤

비좁은 길, 이전 장면의 여학생 셋 뒤를 따라 걷는 세훈. 아마도 같은 방향인 것 같다.

1학년여C 윤정희 엄마가 체육한테 전화해서 엄청 뭐라 했다잖아. 내신 책임질
         거냐고.
1학년여A 쌤이 책임을 왜 져? 지가 타고난 게 운동신경 개쌉좆망인 걸 가지구.
1학년여B 그러다 서울대 못 갈 거 같으면 아예 유학 준비한다던데-
1학년여A 고런 년은 하버드를 가도 국가 망신 아니냐? 인간이 덜됐는데.
1학년여C (깔깔거리며) 멘사에서도 안 받아줬대. 인성 미달로.
1학년여B (같이 웃으며) 말도 안 되는 소리 하고 있어. 거기서 무슨 인성을 봐.
1학년여A 야, 진짜래 미친년아. (돌아보며 세훈을 발견하고) 어?! 야, 좀 붙어.
         길막 쩐다.

흥미롭게 엿듣고 있었던 세훈은, 종종걸음으로 소녀들을 추월해 간다. 속삭이지만 다 들
리는 수다-

1학년여C 쟤- 걔 아니야? 4반 발기남?
1학년여A 어우, 조용히 말해 미친년아. 다 들려.
1학년여B 에이~ 들리긴 뭐가 들려. 쩌 앞에 있는데-

그러나 앞장서 걷는 세훈의 귀에는 너무나 잘 들려오고.

세훈   씨이...

#126   현관+부엌 / 세훈의 집 / 실내 / 밤

취조실을 방불케 하는 식탁 자리 상황- 부엌 전등을 제외한 모든 조명이 꺼져서 더욱 그
러하다.
말없이 세훈의 성적표를 확인하고 있는 세훈 엄마

세훈엄마 이번 시험 쉽게 나왔다고 광고를 하더니 아주.
세훈   (억울) 아니, 광고는 누가 광고를 했다고...
세훈엄마 그래... 살다 보면 실수도 할 수 있지. 다음부터 잘하구.

식탁 아래에서 박스를 꺼내 올리는 세훈 엄마. 박스에는 '맹모회'라 적혀 있다.

세훈엄마 (무거운 태도를 풀며) 에너지 드링크래. 피곤할 때 하나씩 챙겨 먹어.
세훈   맹모회?
세훈엄마 응 엄마도 오늘 맹모회 가입했어. 학부모회장님한테 연락 왔더라.
세훈   학부모회장이 갑자기 왜-
세훈엄마 (자연스럽게 화제 전환) 저기 그, 곽상현이라고 있잖아? 니네 2학년에.
            (은근하게) 애는 어때? 그렇게 막 공부하는 스타일은 아니라던데-
세훈   (떠올려 보면) 그런 거 같긴 한데... 그래도 꽤 괜찮은 형이야, 알고 보면-
세훈엄마 (더욱 은근하게) 오~ 알고 봤더니 그으래?
세훈   (끄덕) 글쵸, 사람이 겉만 보고 판단할 순 없죠. ...근데 엄마가 어떻게
            알아?
세훈엄마 (씨익-) 다른 게 아니라. 너희 그... 족발집 아들에 비하면 어때? 상현
            학생도 이번에 선거 나간다더라, 학부모회장이.
세훈   (당황스러운) 네? 그게 무슨 소리야? 학부모회장 아들이 곽상현이야?!?
세훈엄마 (무시하고) 이왕 선거 나갈 거면, 조금이라도 유리한 쪽하고 나가야지.

세훈   그래서- 원대 선배랑 얘기 다 해놨는데 이제 와서 배신해라?

세훈엄마   누가 배신을 하래? 그냥 물어보는 거지.

세훈   원대 선배, 나한테 엄청 설득했어. 엄마가 뭘 알아?

거칠게 의자를 밀며 일어나는 세훈, 어깨에 가방을 멘다.

세훈엄마   어이 노세! 얘기하다 말고 어딜 가?

세훈   (문을 나서다 돌아보는) 엄마도 혹시 학교에 막 전화하고 그래? 쌤들한테?

세훈엄마   어, 너 하는 거 보니까 전화 좀 해야겠다.

세훈   하지 마 절대! (잠시) 그리구 원대 선배는, 그냥 족발집 아들이 아니라! 현직 전교 부회장이고 우리 합창부장이야! (팡- 사라진다)

#127   독서실 앞 > 골목 / 주택가 / 실외 / 밤

독서실 건물을 빠져나와 걷는 세훈. 조용한 곳을 지나가는데 지훈의 목소리가 들린다.

지훈   야, 노세.

소리 방향으로 고개를 돌리면 후미진 암부에서 수증기가 모락모락 피어오르는 것이 보인다.
가까이 다가가는 세훈. 지훈과 타 학교 지훈 친구가 전자담배를 피우고 있다.

세훈   뭐 하냐 여기서. 자리에는 가방만 놔두고.

지훈   머리 좀 식히러 나왔지.

세훈   머리를 좀 쓴 다음에 식혀야 되는 거 아냐?

지훈   오늘 머리 엄청 썼다.

지훈에게 돈을 내미는 타 학교 지훈 친구.

지훈   (돈을 챙기며) 야, 어디 가서 말조심하고! 알지?

타 학교 지훈 친구   아라쓰, 걱정 마. (자리를 뜬다)

세훈   (다른 학교 학생이 멀어지면) 누구냐?

지훈   초딩 때 같은 반- 저 새끼도 죽네 사네 하길래. 좀 도와줬지.

세훈   너, 다른 학교 애들도 해주냐? 성적표? (잔소리를 이어가려는데)

이때 세훈의 휴대폰 진동 소리가 들린다.

세훈   네, 선배님. (잠시) 그래요? 네 바로 앞이에요.

지훈   어디 가냐?

세훈   어디 간다- (돌아보며) 야 박지훈, 너 그거 그만해라. 진짜 경고야.

지훈   (웃으며 전자담배 수증기를 내뿜는) 알았어, 걱정 마라.

세훈   그것도 좀 끊어.

지훈   (웃으며) 새끼, 잔소리는.

#128   정자 / 근린공원 / 실외 / 밤

근린공원 정자 안에 앉은 세훈과 원대. 원대가 타고 온 족발집 배달 스쿠터도 보인다.
가운데에는 매운 족발과 캔 음료가 놓여있고-

원대   니가 보내 준 공약들 잘 봤어. 역시 초딩 때 경험이 있어서 그런가, 아이
       디어가 좋아.

세훈   감사합니다.

원대   근데 그 뭐냐, 학생 참여형 징계 위원회? 그게 배심원 제도 같은 건가?

세훈   네, 비슷해요.

원대   (웃으며) 요새 너 애들이 '발기남' 이러면서 장난친 거 땜에 그런 건 아
       니지?

세훈   (민망한) 네, 절대 아닙니다.

원대	음 생각해 보자. (끄덕거리고) 여자 부회장 후보는 생각해 봤어?
세훈	저는... 하유경 괜찮을 거 같아요. 이왕이면 우리 합창부에서-
원대	그렇지! 형 생각도 같아. (끄덕) 그럼 형이 유경이하고 얘기를 해볼게.
	내일 1교시 마치고 후보자 등록하자. 이런 건 원래 1빠로 해야 돼.
세훈	(뭔가 물어보려) ...근데 선배님.
원대	응?
세훈	...아, 아니에요.
원대	(세훈의 표정을 살피며) 너 오늘 좀 피곤해 보인다? 빨리 먹고 가자.

캔 음료를 따는 원대. 푸쉭-

#129   음악실 / 학교 / 실내 / 오후

피아노를 연주하는 유경. 피아노 앞으로 다가가는 발. 피아노 앞에 발이 멈춰 서면 연주도 멈춘다.
건반 위의 예쁜 손가락을 만지는 다른 이의 손, 세훈의 손이다. 당황한 얼굴의 유경.

유경	(콩닥콩닥) 세훈아...
세훈	나랑... 같이 할래?
유경	...뭐를?
세훈	같이 부회장 나가자. 처음부터 너랑 같이하고 싶었어.
유경	(옅은 미소) ...응. 좋아.

#130   세훈의 반 교실 / 학교 / 실내 / 오전

눈을 감고 기분 좋은 바람을 맞는 세훈의 얼굴. 창밖에서 시원한 바람이 불어온다.

세훈(V.O) …그랬으면 좋겠다.

잠시 후 건들거리며 등장하는 기재와 일당들.(도하, 웅, 민구, 동호)

기재   뭐야 발기남! 아침부터 뭐 이렇게 업돼 있어?
세훈   (억지웃음을) 하하하.
기재   오늘 생일? (손짓하며) 야 모여! 생일빵 한번 가야지!
세훈   (억지 미소) 하하 아니야 생일.

세훈(V.O) 학생 참여형 징계 위원회. 바로 이런 새끼들을 우리 손으로 처벌하자
         는 거다.

그런 새끼들의 눈치를 살피며 자기 자리로 돌아가는 세훈. 의준이 초코바를 우물거리며
들어온다.

의준   아 씨… 아침에 버스카드를 못 찾아서 걸어왔다. 노세, 난 다른 거 안
        바래. 지각 커트라인 30분만 늦춰주면 안 되겠냐?
세훈   (웃으며) 내가 무슨 권한으로 그런 걸 바꾸냐?
의준   야, 전교 부회장이 그 정도 파워는 있어야지. 애들 난리 날걸?
세훈   (곱씹어 보더니) 그럴까? 진짜 공약으로 한번 내봐?

이때 두 사람 옆을 지나가는 경태, 태도가 쌩한데-

경태   (투덜투덜) 지랄들 하네 아주.
의준   새끼, 왜 아침부터 시비야?
경태   (빈정대는) 야, '부회장 부회장' 좀 웃기지 않냐? 누가 들으면 삼성 부
        회장인 줄.

자리에 풀썩 앉는 경태를 보며 세훈에게 속삭이는 의준.

의준   (피식) 내가 볼 땐, 저 새끼 너 때문에 저런다.

세훈   왜?

의준   지가 합창부에서 여태 심부름이니 뭐니 하면서 원대 형 오른팔 행세
         는 다 했는데, 정작 원대 형은 너랑 선거 나간다니깐 존나 삐진 거지.

세훈   뭐야...

앞자리에서 공부하던 태오가 뒤돌아보며 건조한 말투로 묻는다.

태오   노세훈, 결국 너가 나가냐. 선건가 뭔가.

세훈   응, 그럴까 생각 중이야.

태오   그래? 나한테도 물어보던데. 양원댄가 그 사람이.

세훈   (벙찌는) 어?

의준   (비웃으며) 지랄하네, 거짓말을 하고 있어. 뭘 너한테 물어봐.

벙쩌있는 세훈과 의준 너머로- 뒷문을 열고 나타나는 준규 선생.

준규선생   노세훈.

세훈   네엣!

준규선생   잠깐 볼까?

뒷문으로 향하는 세훈. 태오는 의준에게 건조한 말투로 말한다.

태오   진짠데. 나한테도 선거 나가자고 했는데.

의준   (어이가 없는) 그니까 너한테 왜!

태오   왜겠어? 성적이 모자란 회장단의 평균값을 높이려는 목적이지 않을까?
         문제는 내가 절대 관심 없다는 거지. 그런 사이드카에 불과한 포지션
         따윈-

의준   뭐래는 거야.

#131 도서실 / 학교 / 실내 / 오전

수많은 책으로 빽빽한 서가와 서가 사이의 공간, 단출한 책상에 마주 앉은 세훈과 준규 선생.

준규선생 쌤이 선관위 담당인 건 알지?

세훈 네, 들었어요.

준규선생 암튼 어제 들어 보니깐- 세훈이 너에 대해서 되게 좋게 얘길 하더라구. 공부 좀 하는 놈들 보면 잘난 척하는 캐릭터들 천진데. 너는 그런 게 없더라, 뭐 그런 소릴 했어. 겸손하니 어쩌니 하면서-

세훈 (겸손한 표정을 지으며) 하하, 아닙니다.

준규선생 후배지만 형 같은 느낌도 들더라. 뭐 이런 얘길 하더란 말이지. 그래서-

어디 가서 자기 칭찬을 하고 다니는 원대를 생각하며 배시시 웃음이 새어 나오는 세훈.

준규선생 (대뜸) 후회된다고 하더라. 너를 놓쳐버린 게.

세훈 (당황) 네에?!? 지금 원대 선배 얘기가... 아니에요?

한쪽 다리를 꼬며 자세를 고쳐 앉는 준규 선생.

준규선생 세훈이 혹시 '니드NEED' 와 '원트WANT' 의 차이를 좀 아나?

세훈 (이건 무슨 전개?) 아, 그건... '니드' 는 필요하다 '원트' 는 원한다...?

준규선생 (긁적이며) 글치, 내가 뭐 영어쌤은 아니지만- 쉽게 말해서 '니드' 는 생필품, '원트' 는 기호품 같은 거지.

세훈 (끄덕이며 곱씹어 보는) 생필품, 기호품...

준규선생 하나는 물 같은 거, 하나는 술 같은 거. 물은 없으면 죽지만, 술은 아니겠지?

세훈 (아직도 뭔 소린지 싶다) 네에...

흠- 목소리를 가다듬는 준규 선생.

준규선생 원래 세훈이 니가 1순위는 아니었잖아? 그치?

세훈 네? 뭐가요?

준규선생 아... 몰랐구나. 원대가 말을 안 해줬나 보네. 처음에 양원대가 부회장
후보 고른다고 쌤한테 왔었거든.

세훈 왜요?

준규선생 1학년 애들 성적을 좀 알고 싶다고 하더라구.
(끄덕이며) 원래 또 학생회란 게 모범생도 있고 구색이 맞아야 하니깐.

세훈 아...

준규선생 그래서 쌤이 이번 시험 성적순으로 쭉 뽑아 줬거든 1등부터.

세훈(V.O) 이번 시험, 나는 12등이다. 그 말인즉-

준규선생 세훈이 니가 아마... 열몇 번째 순위였을 거야. 부회장 후보로.

세훈 그럼 앞에 애들은-

준규선생 안 할려고 하지. 선거니 뭐니 준비하면서 괜히 시간 뺏길까 봐.

준규 선생의 이야기에 머릿속이 복잡해진 세훈. 원대에게 사기당한 기분이다.

세훈(V.O) 거짓말이었어. 합창부끼리 뭉쳐보자고 한 것도- 가능성 어쩌구 한 것
도 다 씨발 거짓말이었어. 내가 아니면 안 될 것처럼 말했지만, 애초에
난, 씨발 그냥 열두 번째 후보였던 거야.

굳은 표정의 세훈에게 사탕을 내미는 준규 선생. 세훈은 받은 사탕을 쥐고만 있다.

준규선생 어젯밤에 2학년 곽상현이가 전활 했어요. 자기도 이번에 선거 나가고
싶은데, 어떻게 하면 그 노세훈이 설득할 수 있냐고, 고민이 많더란 말
이지.

세훈 그 선배도 선거에 나간다구요?

준규선생 상현이 같은 경우는 성적이나 이런 걸로 친구들 재고, 판단하고 그런
앤 아니거든? 모범생은 아니지만, 의리가 있고, 리더십도 있고 그렇지.
너네 둘이 좀 안다고 하던데?

세훈   (싫지만은 않은) 아, 네... 최근에 좀.

준규선생 암튼 간에- 세훈이 니가 충분히 고민하고 원대를 선택했을 거라 생각
          하지만, 한편으로는 이게 약간의 타이밍 문제도 있었다고 보거든? 그
          래서 말인데- 어떻게 하면 좋을까?

세훈   뭐를요?

준규선생 누구랑 선거에 나갈지 한 번 더 심사숙고해 보지 않을래?

세훈   (당황스럽다) 아... 글쎄요.

준규선생 그러니까 한 번 더 심사숙고. 해보라는 거다. 타이밍 문제를 공평하게
          보자구.

세훈   으음...

준규선생 그래 갑자기 이런 얘기, 혼란스러울 거야.
          (잠시) 오케이! 인생 선배 입장에서 하나만 묻자. 너는 남의 기호품이
          되고 싶니? 아니면 누군가의 생필품이 되고 싶니?

진중한 표정으로 가만히 생각하는 세훈.

#132 몽타주 / 학교 / 실내 / 오전

도서실 앞- 문을 열고 나오는 세훈의 발. 손에 쥔 사탕을 내려다보는 세훈이 보인다.
cut to

세훈(V.O) 원대 선배, 선배 말이 맞아요.

입안에 오물거리던 사탕을 와그작 씹는다. 이때 걸려 오는 휴대폰 진동음-
cut to

세훈의 반 교실- 세훈에게 전화를 걸고 있는 원대, 한 손 가득 간식을 들고 있다.
교실로 들어온 유경은 반 친구들에게 세훈의 행방을 묻고- '세훈이 어디 갔어?' '준규 쌤이-'

복도를 내다보는 원대, 후배들의 인사를 틈틈이 받아주며 세훈을 기다린다.
cut to

세훈(V.O) 송곳은 언젠가 반드시 주머니를 꿰뚫고 나오게 돼 있죠.

계단- 입안을 손가락으로 더듬어보는 세훈, 손가락에는 입안의 피가 묻어난다.
cut to

세훈(V.O) 그리고 고맙습니다. 제가 고작 선배의 열두 번째 후보자가 아니라-

상현의 반 교실- 친구들에 둘러싸여 있는 상현, 왁자지껄 떠드는 친구들을 감상하는 느낌
이다.
이때 상현의 친구 중 하나가 교실 뒷문을 가리킨다. 방문자를 돌아보는 상현, 씨익- 웃으며-

상현　　어, 왔어?

의미심장한 표정으로 상현에게 꾸벅 인사하는 방문자, 노세훈.

세훈　　네.

상현의 반 교실문 경계를 넘어서는 세훈의 발.
cut to black

세훈(V.O) 송곳이라는 걸 깨닫게 해줘서.

-에피소드 1 [낭중지추] 끝-

박수칠 때 떠나라

원대에 대한 반발심도 한몫했겠지만 어쨌든 핵인싸 상현의 러브콜도 은근히 기뻤던 세훈은 상현과 함께 선거에 출마하기로 한다.
이에 원대와 관계가 껄끄러워지는 것은 당연지사. 세훈은 원대와 독대하는 것을 꺼리기 시작한다.

이번 75회 전교학생회 선거에 출마할 팀은 총 두 팀으로, 구성원을 모두 갖춘 상현과 세훈, 그리고 윤정희의 기호 1번.
원대와 유경, 그리고 아직 정해지지 않은 후보자로 구성될 기호 2번이다. 여기서 잠깐 정희와 유경에 대해서 알아보자.

정희로 말할 것 같으면, 소문난 인성의 주인공으로서- 당연히 그 인성이 좋다는 뜻은 아니고, 입시와 경쟁에만 몰두하는 '으마으마한 쌍X' 정도로 알려져 있다. 그런 정희를 상현이 섭외한 이유를 묻는다면.. 아마도 일종의 구색 맞추기일 것이다. 어쩌면 상현은 전교학생회의 능력치 밸런스를 위해 그녀를 섭외했던 것이 아닐는지? -정도가 여러 정치 평론가들의 생각이다.

그에 비해 유경은, 〈건축학개론〉 수지 뺨치는 매력과 외모의 소유자로서 좋은 교우관계와 인기를 자랑한다.

뭐 다들 예상하겠지만 유경은 영진고등학교의 '국민 첫사랑'이다. 당연히 세훈에게도 그랬다.
같은 합창부에서 피아노 반주를 하는 유경을 보며 흠모하는 마음을 키워왔을 터.. 그런 사심으로 세훈은 얼마 전 원대에게 유경을 추천했으나, 지금은 다들 아시다시피 원대를 등지고 상현과 편을 먹은 상황이다.

선관위에서 마주친 기호 1번과 미완성된 기호 2번의 오리엔테이션 시간. 세훈은 불편함 때문에 숨이 멎을 것만 같다.
그리고 세훈의 그런 불편함을 이미 감지하고 있었던 상현은 그날 하굣길에 근처 예고생인 박미나와 세훈의 3인 데이트를 제안한다.

3인 데이트의 즐거움도 잠시, 걸러 온 원대의 전화. 이제 세훈은 정리하고 싶다. 계속 쫓기듯 피할 수만은 없는 법.
좋은 말로 통화하고 통화를 마치려는 세훈에게 다시 또 비수를 꽂는 원대의 말투. 어쩌면 원대는 악의가 없었을 수도 있다.
이후 알게 되겠지만 원대 자체가 워낙에 다혈질이고 직설적인 면이 있다 보니 본의 아니게 상대방을 몰아붙이는 성격인 것 인데..

아무튼 세훈은 그런 원대에게 반발심을 넘어선 적개심을 품기 시작하며, 합창부를 탈퇴하기로 결심한다.

그리고 그날, 알게 된 황당한 사실- 지훈이가 상대편으로 선거 출마한다는데..

#201   어딘가 / 학교 / 실내 / 오전

모니터 화면- 학교 공지 문서, 서울 영진고등학교 제75회 전교학생회 선거 입후보자 명단.
기호 1번 회장 후보 곽상현의 증명사진 아래로 부회장 후보 노세훈의 증명사진이 삽입된다.

#202   세훈의 반 교실 / 학교 / 실내 / 오전

미술실로 가기 위해 교실을 나서는 세훈과 반 친구들. 그러다 걸음을 뚝 멈추는 세훈.
먼저 나선 녀석들의 '안녕하세요' 인사를 받으며 교실 문 앞에 서 있는 원대, 결코 안으로
들어오지는 않는다. 학생들이 모두 빠져나가고 남은 세훈은 저벅저벅 교실 문을 향해 걷
는다.
교실 벽 창문 경계를 가로지르는 카메라. 마치 벽을 사이에 두고 마주 선 것처럼 보이는
두 사람.
서로 이전과는 달라진 분위기다.

원대   어디 갔었어?
세훈   잠깐 담임쌤하고 면담 좀 하느라-

원대   왜, 뭔 일 있었냐?

세훈   아뇨, 그건 아닌데...

원대   전화는 왜 안 받았어, 문자도 씹고.

세훈   ...

원대   (화를 누르고) 니 말대로 유경이 설득해서 데려왔는데 지금 뭐 하자는
         거냐고?

세훈   (시선을 돌린다) ...

원대   뭐 할 말 없어?

세훈(V.O) 할 말은 있지만, 그게 사과는 아니다.

딩동댕동- 울리는 수업 시작 차임벨. 북적거리던 복도는 순식간에 텅 비어버린다.

원대   (세훈이 손에 든 것을 보며) 나중에 얘기하자. 너 내 전화 좀 받아.

돌아서 걷는 원대와 교실 문을 닫으며 나오는 세훈. 서로 다른 방향으로 향하는 두 사람.

원대   (걷다가 돌아보는-) 야 노세훈.

세훈   (돌아본다) 네.

원대   내가 사람을 존나 잘못 본 거 같다. (가던 길을 걷는다)

서로 다른 방향으로 걷는 두 사람.

타이틀 인 Title IN- [본격 명랑 정치 드라마, 러닝메이트] EP 2 박수칠 때 떠나라

#203   학생식당 / 학교 / 실내 / 오후

대체로 한산한 식당 내부, 그중에서도 가장 외진 테이블에서 뒤늦게 식사 중인 세훈.

지훈   (맞은편 자리에 앉으며) 노세! 너 어떻게 된 거야? 원대 선배하고 나간
      다더니.
세훈   어?! 어떻게 알았어?
지훈   당연히 알지. 소문 쫙 났어. 얘기는 서로 잘 푼 거지? 오해 없이.
세훈   오해는 무슨 오해? 입장 차이겠지.
지훈   입장 차이? 니 입장이 뭔데?
세훈   (젓가락을 탁 놓으며) 됐다, 말로는 설명할 수 없는 그런 게 있어.
지훈   말로 설명도 못 하는 이유 때문에 그런 결정을 해?
세훈   설명 못 하는 게 아니라 안 하는 거거든-
지훈   그럼 너 합창부는 어떡할 거냐?
세훈   글쎄.

식당 창문 밖 발랄한 여학생들을 보는 세훈. 그런 세훈의 시선을 가리며 나타나는 상현.

상현   이제 먹어?
세훈   (엉거주춤한 자세) 네 선배님, 뭐 좀 하다가-
상현   그래? 하다가 필요한 거 있음 말해, 뭐든지.
세훈   네.
상현   그래, 나중에 보자.

걸어가는 상현에게 한 번 이상은 관심의 눈길을 보내는 식당 안 일부 여학생들.
여학생들은 상현과 함께 이야기하던 세훈을 돌아보기도 하는데-

지훈   (투덜) 칫. (상현 따라 하는) '필요한 거 있음 말해, 뭐든지.'
세훈   (피식) 그만해라.
지훈   (상현이 간 방향을 가리키며) 확실히 내 스타일은 아니야. 난 원대 엉
      아가 훨 낫더라.
세훈   (피식) 그러시면 둘이 나가든가.

#204 복도 > 선관위 앞 / 학교 / 실내 / 오후

복도를 걸어가는 세훈, 저 멀리 교무실에서 대화 중인 상현과 정희를 발견한다.

상현   (세훈을 보며) 어 왔어?

세훈   네.

상현   (세훈과 정희를 번갈아 보며) 둘이 알지? 이제 한 팀이니까 잘 지내고.

세훈   (정희에게) 아... 안녕.

정희   (무표정) 어.

세훈(V.O) 확실히 내 스타일은 아니다. 아주 차갑고, 냉정하고, 비인간적일 거
         같은.

상현   (두 사람을 한눈에 보며) 와아- 잘 어울리는데?

세훈   네에?

상현   어, 둘이 비슷해. 잘 어울려 두 사람. (문을 열며) 들어가자. (먼저 들어
         간다)

세훈(V.O) 내가 얘랑 비슷하다고? 형! 뭔 개소리예요 그게!

-라고 생각하며 정희를 보고 있는 세훈의 표정, 불쾌한 내색이 그대로 드러난다.

정희   (세훈을 빤히 보며) 왜?

세훈   (움찔) 어? 뭐가?

정희   나도 너 별로야.

세훈   뭐라고?

정희   (또박또박) 별로라고.

-라는 말을 남기며 쌩 들어가 버리는 정희. 어안이 벙벙한 세훈이 따라 들어가고 문을 닫
으면-

[선거관리위원회] 문패가 보인다.

#205   선관위 / 학교 / 실내 / 오후

돌아보는 원대와 눈이 마주치는 세훈, 입술을 깨물며 시선을 피한다.
정희와 상현은 먼저 와서 이야기 중이던 원대와 유경 옆에 선다.
원대 바로 옆 빈 공간이 있지만 나란히 서기를 꺼리는 세훈, 정희가 선 벽 쪽으로 파고든다.
그러나 꿈쩍도 하지 않는 정희. 이를 본 준규 선생이 한마디 한다.

준규선생 좁은데 굳이 거기서- 세훈이 일루 와 가운데로-

준규 선생에 의해 반강제로 상현과 원대 사이에 서게 된 세훈, 토할 것 같은 표정이다. 그런 세훈을 곁눈질하는 원대. 원대의 두 눈은 배신감으로 이글거린다. 이를 아는지 모르는지 준규 선생은-

준규선생 (둘러보며) 보자, 작년에는 회장 후보 셋 다 여학생이었는데 이번에는
　　　　　　　반대네?
　　　　　　　(유인물을 나누어주며) 가져가서 읽어보고, 궁금한 거 있음 질문하구.
　　　　　　　원대는 작년에 한 번 해봐서 알잖아?
원대　　　예.
준규선생 후보 등록 순서대로 상현이, 정희, 세훈이가 기호 일 번이야.

준규 선생이 이야기하는 동안 세훈을 힐끗 보는 원대. 세훈은 숨 막혀 죽을 것 같다.

준규선생 원대하고 유경이는 이번 주까지 부회장 후보 한 명 더 찾아오구.
원대+유경…네.
준규선생 자 그럼 재밌게 페어플레이해 보자. 원대 유경이만 잠깐 남고, 해산!

#206   선관위 > 복도 / 학교 / 실내 / 오후

선관위를 빠져나오는 세 사람.

상현   너 괜찮아?

그저 거친 숨을 몰아쉬는 세훈. 옆에서 한마디 던지는 정희.

정희   (던지듯 툭) 공황장애야 그거. (상현에게 꾸벅) 가볼게요.
상현   어, 고생했어 정희야. (세훈에게) 너는 빨리 보건실 가자!
세훈   아뇨, 안 가도 될 거 같아요. 그 정도까지는-
상현   뭐야? 놀랬잖아 노세!
세훈   어?! 어떻게 제 별명을 아시네요.
상현   (훗) 당연하지. 이미 싹 조사했어.

#207   버스 정류장 / 학교 앞 / 실외 / 오후

심각한 얼굴로 휴대폰을 바라보는 세훈. '합창부장 양원대 선배님'으로부터 걸려 온 전화다.
머뭇거리는 세훈의 뒤통수에서 들려오는 목소리-

상현(off)   전화 안 받을 거야?
세훈   (뭔가 들킨 것처럼) 아, 선배님-

상현 뒤로는- 또래의 여학생들과 다른, 어른스러운 미모를 발산하는 인근 예고생 박미
나(18, 여)가 보인다. 빤히 상현이 보고 있기에 어쩔 수 없이 받는 시늉이라도 하려는데
마침-

세훈   끊어졌어요.
상현   그래? 누군데? 여자 친구?
세훈   아뇨, 저 여친 없는데.

상현   (세훈을 살피며) 너 어디 아파? 진짜로 공황장애 막 그런 건 아니지?

미나   (풋) 공황장애? 정말? 왜?

세훈   (미나를 힐끗하고) 아니요. 그런 거 절대 아니에요.

상현   오늘 뭐 해? 이따 학원 가?

세훈   아니요. 오늘은 안 가요.

상현   그러엄- (미나와 눈을 맞추며) 같이 갈까?

세훈   어딜요?

미나   그래 같이 가자. (명찰을 보며) 세훈...이?

세훈   (부끄) ...네.

#208   버스 안 / 어딘가 / 실내외 / 오후

창가 자리에 나란히 앉은 세훈과 미나. 상현은 그 앞 2인 자리에 비스듬히 앉아 수다 중이다.

세훈   그러면... 두 분이... (머뭇거리는)

상현   (웃으며) 뭘 두 분이야, 징그럽게.

미나   (웃으며) 그래서 두 분이 뭐?

세훈   두 분이 그런 사이세요? 그런.. 막 사귀는?

미나   (빵 터져서) 하 증말~ (상현에게) 야, 애 진짜 귀엽다.

세훈(V.O) 귀엽다는 소릴 들으면 더 귀여워지고 싶다.

-라고 생각하며 귀여운 표정을 지어보는 세훈. 이때 창밖에서 울리는 오토바이 경적음,
빠앙-

깜짝 놀란 세훈이 고개를 돌리면- 버스 창밖으로 빨간 오토바이에 앉아 있는 강재원(18, 남)
이 상현을 노려보고 있다. 그 시절 시드 비셔스를 떠올리게 하는 외모와 양아치적 느낌.
재원과 눈이 마주친 세훈은 재빨리 못 본 척 시선을 돌린다.

그러자- 버스 창을 향해 피우던 담배를 튕기는 재원. 화들짝 놀라는 세훈과 이를 감지한
상현.(또는 씹고 있던 껌을 버스 창에 날리는 재원)

상현	(버스 창문을 열며) 미친놈아 놀랐잖아.
재원	어디 가냐.
상현	우리 소풍 가는데, 너도 갈래?

재원은 손가락 욕을 날리고는 오토바이로 차량 사이를 빠져나간다. 창문을 닫는 상현.

세훈	누구... 예요, 저 사람?
상현	쟤는... (웃으며) '우리 친구'?
세훈	아! 친구! 학생..이죠?
상현	(웃으며) 어, 우리 학교거든?

#209 몽타주 / 남산N타워 / 실내외 / 오후 > 석양

3인 데이트를 즐기는 세 사람-
난생처음 케이블카를 타보고 / 군것질하며 / 오락실을 가거나 / 기프트샵에서 이것저것 구경하기도 하고 / 자물쇠 공원에서 기념사진을 찍기도 한다.
그 와중에 세훈에게 팔짱을 끼는 미나...
왠지 설레는 세훈이다.

#210 자물쇠 공원 / 남산N타워 / 실외 / 석양

망원경으로 서울 전경을 내려다보고 있는 세훈. 잠시 후 나타난 상현은 새 다이어리를 내민다.

상현	이거 너 써라. 국회의원 보좌관들 보면 이런 거 가지고 다니던데.
세훈	(받으며) 아... 감사합니다 선배님.
미나	(웃으며) 뭐야, 말끝마다 '선배님' '선배님~' 니네 오글거리거든?

상현   (웃으며) 그래, 뭘 자꾸 선배냐 한 살 차인데- 그냥 형이라 불러.

미나   (세훈에게 팔짱 끼며) 형 해봐 형.

세훈   (부끄부끄) 네, 형.

미나   (장난치는) 형 배고파요 밥 사주세요!

상현   가자! 오늘은 형이 쏜다!

#211   홀 내부 / 패밀리 레스토랑 / 실내 / 밤

테이블을 가득 채운 빈 그릇, 흔적만으로도 각종 파스타와 샐러드, 폭립, 스테이크 등 먹어 치웠음을 알 수 있다. 디저트를 먹고 있는 세 사람.

상현은 잘 먹는 미나가 신기한 듯-

상현   와, 어떻게 너는 살이 안 찌지?

미나   아니야, 나 요즘 엄청 쪘어. 배 나왔어.

세훈   아닌데, 하나도 안 쪘어요 누나.

미나   훗. 니가 어떻게 알아.

상현   한번 확인해 봐?

미나   (조그만 빵조각을 던지며) 어우, 미쳤어 꽉꽉이-

이 같은 농담판을 흐뭇하게 지켜보던 세훈, 휴대폰 진동을 느끼며 발신자를 확인하면-

다시금 얼굴이 굳어진다. 이를 포착한 상현-

상현   왜 누군데? 내가 받아줄까? (손을 내미는)

세훈   아니요 아니요! 제가 받아야죠.

억지 미소를 띠며 자리에서 일어나는 세훈. 상현은 그런 세훈의 뒷모습을 유심히 본다.

미나   (세훈을 보며) 왜 그래?

상현 (세훈을 보며) 약간 복잡한 게 있지.

미나 (상현을 보며) 뭔데?

상현 (세훈을 보며) 있어 그런 게. 니가 좀 잘해줘 봐. 알지?

미나 (디저트를 먹으며) 그럴까? 좀 귀찮긴 한데...

#212 화장실 / 패밀리 레스토랑 / 실내 / 밤

화장실에 들어온 세훈이 전화를 받는다. 세훈이 대답하지 않자 먼저 상대편에서 들리는
목소리-

원대(F) 여보세요?

세훈 (애써 밝게) 네, 선배님.

원대(F) (버럭) 야 노세훈! 너 이렇게 전화를 안 받냐!

세훈 (가라앉는) ...죄송합니다.

원대(F) 지금 어디야?

세훈 저 잠깐 어디 좀 나왔어요.

원대(F) 아무래도 이렇게 매듭짓는 건 좀 아닌 거 같아서 전화한 건데... 바쁘냐?

어색한 침묵 이어진다. 화장실 거울에 반사된 자기 자신을 보는 세훈, 입술을 잘근잘근 깨
물고.

원대(F) 새끼야 우리 그렇게 약속해 놓고 어떻게 형한테 한마디 상의도 없이
      그랬냐?

세훈 죄송합니다.

원대(F) 졸라 짜증 나더라. 이렇게 뒤통수쳐도 돼? 앞으로 형 안 볼 거야?

세훈 (눈을 꼭 감으며) ...죄송해요. (부르르 떨리는 눈꺼풀)

원대(F) 이유가 뭐냐? 그거나 좀 들어보자.

세훈 이유요...?

원대(F)　　어, 그거 들어야 형이 너를 용서할 수 있을 거 같은데?

눈을 번쩍 뜨는 세훈! 시선에 들어오는 거울, 그 안에 반사된 세훈 자신과 원대.
휴대폰 너머의 원대는 이제 세훈의 눈앞에 반사되어 보인다. 거울 속 원대를 노려보는 세훈.

세훈　　용서요?

원대　　그래, 내가 진짜 마음 같아서는 스쿠터로 확 그냥 밀어버리고 싶었는데.
　　　　휴우… (가라앉히는) 좀 말해주라. 뭣 때문에 그런 거야? 둘이 원래 친
　　　　했어?
　　　　아님 내가 너한테 뭘 잘못한 거냐?

세훈　　…네. 맞아요.

원대　　뭐라고?

세훈　　저하고 상현이 형하고는 원래 좀 친했어요. 저 아니면 절대 안 된다고
　　　　부탁하길래, 그래서… 어쩔 수 없이 결정한 거예요, 심사숙고해서.

원대　　(긴 한숨) …그래 알았다. 그게 더 이상 뭔 소용이겠냐. 알겠어. 암튼
　　　　간에 형이 전화한 거는 서로 잘해보자고 그런 거야. 그니깐 좀 피하지
　　　　마라. 쥐새끼처럼.

이때 칙-하며 화장실의 방향제가 자동 분사된다. 천장 한구석의 방향제를 노려보는 세훈.
화면 넓어지면 화장실에 있는 건 세훈 혼자뿐이다. 다시 휴대폰 속으로 돌아가는 원대의
목소리.

원대(F)　　이제 형 안 볼 것도 아니잖아. 같은 합창부끼리.

세훈　　…네. 그렇죠.

원대(F)　　그니깐 앞으로 피하고 그러지 마라. 형 정말 서운하다.

세훈　　네, 알겠습니다.

전화를 끊는 세훈, 잔뜩 독기가 오른 얼굴이다. '시발… 위선자 새끼.'라는 말이 입에 맴돈다.

#213　버스 정류장 / 번화가 근처 / 실외 / 밤

고급 승용차에 탑승하며 손을 흔드는 미나. 마주 손을 흔들어주는 세훈과 상현.
미나가 떠난 후-

상현　양원대랑은 잘 풀었어?
세훈　(역시 눈치챘구나) 네, 뭐 그냥.
상현　두 사람 일이니깐, 일부러 아는 척 안 했다. 괜히 끼어들기도 애매하고.
세훈　(머뭇) 네.
상현　아무튼 잘 정리하고, 합창부 애들하고도 잘 지내. 다 니 '친구들'이잖아.
세훈　네, 형.

착잡한 표정을 짓는 세훈의 손목에 자기가 차고 있던 스마트워치를 채워주는 상현.

세훈　형? 갑자기 왜?
상현　몇 번 안 찬 건데 그냥 너 줄게. 새거 못 사줘서 미안하다 야.
세훈　아니요! 저 괜찮아요 형!
상현　(자기 휴대폰을 조작하며) 지금 초기화하니깐… 가면서 세팅해라. 충
　　　전기나 뭐 그런 거는 내일 줄게.

뜻밖의 선물 공세에 감격한 세훈, 아까 전의 분노는 싹 잊으며 약간의 감동을 느낀다.

세훈　고맙습니다 형!
상현　아냐 내가 고맙지. 마음 정하기 어려웠을 텐데. 나 때문에 괜히…
　　　(도로 보며) 쩌기 택시 왔다. 타구 가.
세훈　(인사하며) 네 형, 갈게요!

거듭 인사하며 택시 앞좌석에 탑승하는 세훈.

cut to

택시 안 세훈의 얼굴과 멀어지는 배경 속 상현. 세훈의 기분은 아까 낮보다 풀려 보인다.

#214 벤치 / 학교 / 실외 / 오후

벤치에 앉아 음악을 들으며 스마트워치를 만지작거리는 세훈. 그에게 다가오는 한 사람-
세훈이 올려다보면 유경이다. (반사적으로) 귀에 끼운 이어폰을 빼며, 몸을 살짝 일으키는
세훈.

유경   원대 오빠한테 니가 나 추천한 거라며?
세훈   …응.
유경   왜?
세훈   니가 그래도… 우리 학년 중에서 가장 인기도 많고-
유경   (말을 끊으며) 근데? 갑자기 뭔 바람이 불어서 뒤통수친 거야?
세훈   (머뭇) 그게 뒤통수가 아니라…

말을 하려다 멈칫하는 세훈.

유경   아니면 뭔데?

햇볕을 받아 빛나는 유경에 비해, 나무 그늘에 어둑한 세훈의 얼굴.

세훈(V.O) 글쎄. 니가 내 기분을 알까?
유경   (화제를 전환하며) 너, 합창부는 어쩔 거야?
세훈   뭐가?
유경   계속할 거냐고.
세훈   할 거야, 계속.
유경   넌 진짜 니가 편한 대로네.
세훈   …

유경   그래, 말하기 싫구나. 알겠어.

세훈   그게 아니라...

유경   응.

세훈   ...선거는 선거고, 동아리는 동아리니깐.

유경   ...알았어. 잘해봐.

때마침 어색한 기류를 녹이듯 등장하는 재간둥이 지훈. 뭉쳐있던 친구들을 보내며 다가온다.

지훈   오올~ 둘이 뭐 하냐-

세훈   (귀찮은 표정) 아무것도 안 한다. (자리를 뜨며 유경에게) 갈게.

지훈   (유경 옆에 나란히 서는) 에헤이~ 노세 저거저거~

유경   쟤 원래 좀 저랬어?

지훈   (세훈의 뒷모습을 보며) 에이 아니야. 노세 존나 착해.

유경   (피식) 그게 뭐냐? 착하면 착한 거지. '존나' 착한 건 뭐래?

지훈   (제스처 하며) '착하니깐' '존나'. 그니깐 존나 착한 거지.

유경   어우 됐어. 암튼 노세훈 실망이야, 완전.

지훈   너무 그러지 마라, 노세도 엄청 괴로워하고 있어.

유경   (투덜) 뭐야, 지멋대로 해놓고선 왜 자기가 괴롭대? 어이없다.

지훈   그니깐- 존나 착해서 그래, 노세. (능청을) 내가 볼 때 우리 학교에서
      거의 탑 쓰리?

유경   됐어 박지훈. 뭘 탑 쓰리야.

이때 지나가던 지훈의 친구들 두 명이 반갑게 인사한다.

지훈친구1 박지훈! (옆의 유경을 힐끗 보며 '어?! 하유경 안뇽')

지훈   니네 어떻게 됐냐?

지훈친구1 잘 됐지, 완벽했어.

지훈친구2 야 진짜 고맙다, 니 덕분에. (옆의 유경을 힐끗 본다)

지훈   에이 뭘-

지훈친구2 맞어! 현수 생일 때 너도 가자. 치킨이나 먹재.

지훈   오 그래? 치킨?

지훈친구1 야 너 무조건 가야 돼. 너 빠지면 재미없다.

지훈   내가 그깟 닭고기 몇 개 땜에 그렇게 팔려 가고 그런- 사람이지 난.

낄낄거리는 지훈과 친구들을 유심히 지켜보고 있던 유경. 지훈의 친구들이 자리를 뜨면-

유경   넌 친한 애들이 많구나?

지훈   (너스레) 이 동네 17년째 살고 있는데, 내가 단톡방만 63개거든?

유경   (은근히) 박지훈. 그럼 너도 혹시- 반장 같은 거, 전에 해본 적 있어?

#215   음악실 안+밖 / 학교 / 실내 / 오후

어떤 '명단'을 보며 논의 중이던 원대와 유경.

원대   개짜증 났지. 쥐새끼처럼 뒤통수나 치고. 아 존나 실망이야.

유경   됐어 선배. 차라리 잘됐다고 생각해요. 미리 거른 셈 쳐 그냥~

원대   씨이- 아무리 생각해도 용서가 안 돼 용서가.

음악실 밖- 새어 나오는 대화를 엿듣게 된 세훈, 손에는 간식거리를 들고 있다.

원대   (다시 명단을 보며) 얘는 어때? 관상은 좋은 거 같은데...

유경   선배가 무슨 점쟁이야? 뭔 관상을 봐요.

원대   하하. 오빠는 딱 보면 알지. (잠시) 그럼 혹시 남경태? 경태 나한테 잘
       하잖아.

유경   (딱 잘라) 에이... 경태는 좀 그렇고- 내가 오늘 찾은 애가 하나 있는데.

원대   누구?

유경   (명단을 덮으며) 여기엔 없구- (원대에게 무어라 속삭이는)

음악실 밖- 세훈은 보이지 않는다.

#216   세훈의 반 교실 / 학교 / 실내 / 오후

한별이 굳은 표정으로 들어온다. 그녀는 세훈의 앞자리에 풀썩 앉으며 경고한다.

한별   (노려보는) 야 노세, 니가 전교 부회장이 된다고 해서 우리 반 소속이
        아닌 거는 아니잖아.
세훈   (약간 당황) 어? 그러치.
한별   (노려보는) 그러니까 전교 부회장이 되든 대통령이 되든 내가 니 반장
        이야.
세훈   어, 맞아.
한별   (노려보는) 항상 마음에 새겨. 이 안의 권력자는 나니까. 알겠어?

교실로 들어오는 깐족이 기재가 이 장면을 놓칠 리 없다.

기재   뭐 하냐 니네- 조한별. 둘이 사귀냐? 막 그냥 삘 받았어?
한별   (쏘아보는) 김기재, 너도 마찬가지야. 교실 안에서는 내 권위에 도전
        하지 마.
기재   (간신배 흉내를 내는) 네네 나으리~
한별   (웃음이 터지는) 뭐야 참 나. ...어?! (스마트워치를 만지작) 오올 노세-
기재   발기남 이 새끼. 팔찌 찼어. 전자팔찌. (세훈의 스마트워치를 풀며) 이
        거 얼마냐?
세훈   (불안한데?) 그냥 선물 받았어.
기재   와 이 새끼 선물도 받고. (본인 손목에 차 보는) 뇌물 아니냐? 뇌물?

세훈에게 짓궂게 대하는 기재. 다들 재미있어하지만 세훈은 이런 꼴이 영 불편한데-
이때 저벅저벅 들어오는 고급 운동화. / '안녕하세요'x5 굽신거리거나 잘 보이려 인사하는
학생들./
알아서 학생들이 길을 비켜주니 일직선으로 세훈에게 걸어가는 상현. 엉거주춤 일어나는
세훈.

세훈   안녕하세요 형.
상현   (작은 쇼핑백을 내밀며) 어, 세훈아. 충전기하고 가져왔다. 이따가-
기재   (눈치를 보며 끼어드는) 혀엉~ 안녕하세요~
상현   어, 그래. (기재의 손목을 보며) 그거 니 거니?
기재   (시계를 풀며) 아뇨, 잠깐 차 봤어요. (세훈에게 주는)
상현   (씨익 웃으며) 응, 이제 그러지 마.
기재   (웃으며) 네?
상현   (얼굴은 웃지만 약간 살벌한) 그러지 말라고. 다시는.
         (세훈의 어깨를 잡으며) 이따 저녁에 보자.
세훈   (친근한) 네, 형.

떠나는 상현에게 고정된 학생들의 시선은, 잠시 후 세훈에게로 몰린다. 왠지 세훈까지 쿨
해 보이고-
약간 스타일 구긴 기재는 일부러 큰 소리로 지껄이는데-

기재   (방백을 하듯) 와 씨발, 저 형 신발 봤냐? 역시 갓상현!
한별   김기재 오바 좀 하지 마. 다리 풀린 주제에.

하하하- 웃는 반 친구들.
상현이 건네고 간 쇼핑백을 확인하는 세훈. 관심을 가지는 한별.

한별   좋겠네 노세. 핵인싸한테 선물도 받고.
세훈   (기분을 들키지 않으려 입술을 깨물고 있다가) 에이 뭐... 좋지. 당연히.

한별을 중심으로 하여 세훈 주변에 모여드는 학생들. 핵인싸 상현의 영향력이 이 정도이다.

#217   로비 > 홀 > 1인실 > 홀 / MM스터디룸 / 실내 / 밤

지훈(F)   노세, 왜 이렇게 바빠. 뭐 하나.

세훈   어, 어디 좀 나왔어.

지훈(F)   어딘데, 좀 보자.

세훈   왜 뭔 일인데?

지훈(F)   아니야, 만나서 얘기해야 돼, 시간 안 되냐?

세훈   아, 지금... 내가 나중에 다시 전화할게.

통화를 마친 세훈이 들어가는 이 공간은- 호화로운 여느 레스토랑처럼 보이지만, 럭셔리 스터디 카페이다. 손짓하며 세훈을 부르는 상현. 그를 쫓아가는 세훈의 손과 등에는 각종 교재와 독서실 짐들이 한가득이다.

상현과 세훈을 따라가는 카메라. '역사와 전통의 품위'가 '컨셉'인 복도와 계단을 오르면, 상현이 도어락을 풀고 1인실을 열어준다.

상현   대학 졸업 때까지 편하게 써.

세훈   대학 졸업이요?

상현   응, 여기 대학생들도 많아.

세훈   전 일단 대학엘 먼저 간 다음에-

1인실 안으로 들어가는 상현과 세훈. 이곳은 독서실이라기보다는 차라리 작은 호텔에 가깝다.

상현   방음 완벽하니깐 인강 들을 때 이어폰 안 껴도 되구, 근데 야동은 안 된다? (웃음) 아 맞아, 여기 매니저 누나하고 형들 서울대 휴학생이니까 모르는 거 있음 질문하구.

짐을 내려놓고 이것저것 만져보는 세훈. 지금껏 경험해 보지 못한 럭셔리 풀옵션 초호화 공간이다.

Mencius' Mother Studyroom의 안내 책자를 내미는 상현. 전부 영어로 되어 있다.

흥미롭게 살펴보는 세훈.

세훈의 P.O.V- 책 표지 이미지 샷, 모범생 컨셉의 상현이 모델처럼 책을 읽고 있다.

세훈　　이거 형이죠?

상현　　자세히 보면- 책을 거꾸로 들고 있어.

자세히 보는 세훈, 정말로 이미지 속 상현은 책을 거꾸로 들고 있다. 키득거리며 방을 나서는 두 사람. 계단을 내려간다.

세훈　　윤정희도 여기로 와요?

상현　　정희는 회의 때만 올 거야. 집에서 하는 게 편하대.

　　　　　 (공간을 가리키며) 암튼 오늘부터 여기가 우리 아지트다. 니 마음대로 써.

넓은 쇼트- 공간 여기저기를 구경시켜주는 상현과 졸졸 쫓아다니며 감탄하는 세훈.

잠시 후 등장하는 정희를 반기는 상현.

상현　　어, 왔어?

정희　　(상현에게는 꾸벅) 안녕하세요. (세훈에게는 대충 손만 까딱하는)

상현　　오케이, 이제 다 모였으니까- 시작해 볼까?

#218　　기호 1번 선거전략실 / MM스터디룸 / 실내 / 밤

테이블에 둘러앉은 세훈과 상현, 정희. 선거 전략 회의를 하는 중이다.

상현　　이제부턴 애들하고 잘 지내야 돼. 둘 다 친구들하고 싸우거나 그러지는 않잖아?

세훈+정희 네.

세훈(V.O) (기재와 종수를 떠올리며) 싸우지는 않지만 줘패버리고 싶은 놈들은
있죠.

상현 (정희를 물끄러미) 우리 정희가... 아무래도 좀.. 잘 웃는 편은 아니지?

정희 (무표정) ...웃기면 웃는데.

장난기가 발동한 상현, 자기 휴대폰에서 뭔가를 찾아 정희에게 내민다.

휴대폰을 받아보는 정희. 무뚝뚝하게 내용을 보고 있다가-

정희 (웃음이 터져 나오는) 쿡-

상현 (그런 정희를 보며) 웃기지? 이게 표정이 압권이야.

첫 등장 이후로 처음 드러나는 정희의 웃음. 그마저도 웃음보다는 미소에 가깝다.

세훈(V.O) 저 개구리처럼, 가식적인 웃음. 아 졸라 킹받네.

상현 그래 웃으니까 좋네. (공약사항을 검토하며) 우리 공약을 좀 보자...
학업, 교내 환경... (미소) 둘 다 공부를 잘해서 그런가 이쪽 공약이 좋아.
저번 시험은 잘들 봤고?

정희 (회의록을 쓰다가) 네, 그냥 뭐 하던 대로.

상현 세훈이는?

세훈 (대충 얼버무리려) 저도 뭐 그냥-

정희 (불쑥) 너 이번에 완전 망했다던데-

세훈(V.O) 얘는 계속 나한테 왜 이러지? 어?!? 혹시 나한테 관심이?

서로 빤히 처다보는 톰과 제리, 아니 세훈과 정희.

정희 착각하지 마. 너한테 관심 1도 없거든. 그냥 쌤들 하는 얘기 주워들은
거야.

세훈   나 아무 말도 안 했거든?

정희   니 표정 보면 다 알겠거든?

세훈   내 표정 원래 이렇거든?

정희   안 물어봤거든?

팔짱을 낀 채 두 사람의 핑퐁을 구경하는 상현, 흥미로운 표정이다.

상현   니네는 정말- 너어무 보기 좋다.

세훈   혀엉! 자꾸 왜 이러세요!

정희   야, 걸리적거리지나 마. (상현에게) 선배, 계속하시죠.

키득거리며 다시 공약사항으로 눈길을 주는 상현.

상현   (보다가) 어 그래, 세훈아. 여기서 2, 3번.. 혹시 양원대랑 준비했던 공
        약은 아니지?

세훈   네?

상현   공약이 겹치면 좀 그렇잖아.

세훈   어, 아니에요. 전혀 다른데...

상현   전혀 달라? (은근히) 어떻게 다른데?

세훈   아 그거는 (잠시 휴대폰을) 이거... 그냥 메시지 캡처한 건데요. (휴대
        폰을 내미는)

상현   (눈을 번득이는) 양원대랑 한 거? 이거 내가 봐도 돼?

세훈   (잠깐 고민하는가 싶더니) 네, 뭐 괜찮지 않을까요?

상현   (고개를 끄덕거리며) 음... 원대가 아무래도 작년 경험이 있다 보니. (만
        족하는)

세훈   (상현의 만족감을 의식하며) 다른 거 캡처해 둔 것도 있어요.

정희, 한심하다는 듯이 세훈을 슬쩍 본다.

#219   세훈의 반 교실 / 학교 / 실내 / 오후

점심시간 후, 5교시를 앞둔 오후- 교내에 울려 퍼지는 점심시간 음악방송.

교실 앞에서는 경태와 대희 등이 교실 앞에서 저질 춤판을 벌이고 있다.

교실 뒤편, 졸음 책상에 모여 한별과 태오, 기웅 등 모범생 군단에게 무언가를 이야기하는
세훈.

세훈   (노트를 펼치며) 학교 다니면서 불편한 거나 건의 사항 같은 거, 뭐가
        있을까?

태오   나는 저거 (손가락으로 스피커와 춤판을 가리키는) 점심 방송 안 듣고
        싶은데?

기웅   맞아. 졸라 시끄럽고 산만해.

태오   뿐만 아니라 재들 춤도 수준 이하야.

기웅   생긴 것도 별로고.

한별   야, 좀 닥쳐. 니네가 더 별로야.

세훈   (노트에 적으며) 면학 분위기 조성을 위한... (슥슥 적는다)

한별   (노트를 보면서) '점심시간 음악방송의 새로운 패러다임'? 제목은 그
        럴싸하네.

세훈   오케이. 다른 거는?

한별   (세훈의 스마트워치를 가리키며) 이런 거 우리도 하나씩 좀 안 주나?

세훈   아, 이걸 어떻게 전교생한테 전부...

한별   곽상현은 가능하지 않을까?

세훈   미안한데 곽상현 '선배님'이라고 해줄래?

한별   그럼 니도 나한테 '반장님'이라고 하든가.

잠시 후 '노세!' 외치며 등장하는 의준.

의준   노세, 오늘 마치고 합창부 빠지면 안 된다. 다음 기수 합창부장 뽑는
        거 알지?

세훈   응, 알지.

의준   (약간 쑥스럽게 꺼내는) 잘 좀 부탁할게. 좀 밀어주라.

세훈   에이 내가 뭘 어떻게 할 수 있나.

의준   니가 추천만 딱 박아줘. (입 터는 모양을 시늉하며) 나머지는 내가 알
         아서 할게.

세훈   (피식) 오케이.

이때 세훈의 교실로 달려오는 지훈. '노세!' 계속되는 방문자들의 습격에 한별은 어질어질
하다.

한별   (세훈을 가리키며) 얘는 대체 뭔데 갑자기 인싸가 되고 말았지?

지훈   얘들아 안녕~

한별   안녕 못 하겠어. 나는 이 미스테리를 풀어야겠어. (태오에게) 야, 니가
         밝혀내.

세훈   (지훈에게) 너 어디 갔었냐? 얼굴 보기 힘들다.

지훈   야 씨, 그래서 내가 어제 보자고 했잖아. (스마트워치 발견) 읭? 뭐냐?
         언제 샀어?

한별   곽상현 회장 후보 센빠이께서 선물로 하사하셨대. 전자팔찌.

의준   현행 최고 스펙이야.

지훈   (여기 온 목적을 잊어버린) 오올, 개쩌는데?

세훈   (웃으며 상황을 정리하는) 그래서- 뭔 일이냐고-

지훈   아 맞다- 잠깐 나와 봐. (세훈을 데려가려는데)

그런데 이때! 비명 소리에 가까운-

해라+여은(off)   남! 경! 태!

교실 앞문, 여학생 대여섯 명이 화난 얼굴로 쳐들어왔다. 하유경을 중심으로 똘똘 뭉친 여
학생 무리.

경태를 학익진으로 둘러싸는 여학생들. 찢어진 연습장을 경태의 얼굴 앞에 들이미는 해라와 빡친 표정의 여은.

에피소드1에서 경태가 그렸던 알몸의 유경 그림이다!

경태 어? 어! 이거...

해라 야 남경태 너 성범죄자 쓰레기니?

여은 대답해 이 씨발아! 굴비 같은 눈깔 굴리지 말구!

세훈 쪽을 슬쩍 보는 경태. 세훈은 모르는 척 눈알을 굴린다.

경태 이거 내 거 아닌데?

해라 좆까! 이 뒤에 니 이름 안 보여?

경태 (부인하는) 내 이름 적히면 다 내 거냐?

여은 닥쳐! 이미 아영 쌤이 사진 찍어 갔거든? 필적 대조하면 넌 끝이야!

경태 (억울한 톤으로) 야, 필적(?) 그거를 하는데 내 거만 하냐? 그날 음악실에 있었던 사람들 다 해야 하는 거 아냐? 와 완전 존나 개어이없네.

유경 (눈이 반짝 빛나며) 근데 왜 이게 음악실에서 나왔다고 생각해? 우린 그런 말 한 적 없는데-

잠자코 보고만 있었던 명탐정 하유경 앞에 무너진 경태.

거의 자백한 거나 다름없는 경태의 발언.

'너 이제 좆됐다 남경태' '변호사 선임해라' 등을 조잘거리며 사라지는 유경과 친구들.

가라앉은 분위기에 생기를 불어넣는 5교시 차임벨이 울리고-

지훈 (교실을 나서며) 에이씨... 노세! 이따 끝나고 얘기해. 꼭!

세훈 이따 끝나고 합창부 가는데- (이미 나가버린 지훈) 뭘 자꾸 얘기하잔 거야.

#220 세훈의 반 교실 / 학교 / 실내 / 오후

5교시 수업 중임에도 씩씩대며 들어오는 경태, 소리 나게 의자에 주저앉는다.
수업하던 국어 선생이 들으라는 식으로 혀를 차며.

국어선생 남경태, 너 임마 징계 안 받는 거 다행인 줄 알아.
         (농담조) 한별아 쟤 전자팔찌라도 채워라. 전자 목걸이나.
한별 네 쌤, 아마존에 주문해놨어요.
기재 노세! 걍 니 거 줘 버려!

하하하! 웃음 터진 학생들. 세훈은 자기 손목의 스마트워치를 괜히 한 번 매만진다.
경태의 얼굴은 이미 달아올랐다. 힐끔 경태를 보다가 시선을 마주치는 세훈, 냉큼 시선을
피한다.

cut to

시간 경과. 국어 선생이 교실을 나가자마자 쾅! 의자를 박차고 일어난 경태, 빠른 속도로
다가오며-

경태 야, 노세. 너 돌았냐?
세훈 내가 뭐.
경태 그걸 왜 악보 파일에 끼워놔? 나 좆돼 보라고 그런 거지? 어?
세훈 뭔 헛소리야.
경태 그게 아니면- 일부러 하유경한테 갖다 바친 거냐?
세훈 내가 미쳤냐? 일부러 갖다 바치게.

소란이 커지자 교실 뒷자리에서 꿀잠을 자던 기재와 일당들까지 깨어나 흥미롭게 구경한다.

기재와 일당들   (키득키득) 야 니들 친구끼리 왜 그래! 싸울려면 확실하게 싸워!

잘못한 것도 없이 자기에게 튀는 불똥과 빈정거리는 일당들을 피하고픈 우리의 세훈.

세훈   (자리에서 일어나며) 깜빡했어. 깜빡하고 끼워둔 거야.
경태   (들으란 듯이 중얼) 시발, 배신자 새끼 말을 믿을 수가 있어야지.
세훈   (배신자란 말에) 뭐?
기재와 일당들   (키득키득) 야 니네는 무슨 싸움을 입으로만 하냐? 드라마 찍냐?
경태   (세훈에게) 너 시발 원대 선배 뒤통수 안 쳤어? 쥐새끼같이 배신이나 때리고!
세훈   그만해라. 잘 알지도 못하면서.
의준   그래 그만 좀 해라 둘 다.
기재와 일당들   (키득키득) 야 니네! 한 판 붙을 거 아니면 관둬라 재미없다!
한별   (기재를 가리키며) 너희두 그만해! 괜히 싸움 붙이지 말고.

소란스런 교실을 등지고 나서는 세훈, 얼굴에 짜증이 가득 찼다. 거울을 주먹으로 쨍- 깨버리고 깐죽이 기재와 일당들을 향해-

세훈   (눈을 번뜩이며 돌아보는) 야이, 개새끼들아 그렇게 싸우고 싶으면 한 판 붙든가!

일순간 정적이 된 교실. 두 눈이 터질 듯한 세훈. 태오 등 모범생들에게는 희망의 눈빛이 반짝이고.

세훈(V.O) 그랬으면 좋겠다.
cut to

거울을 보고 있는 세훈, 조심스럽게 기재 등을 돌아본다.

기재   새끼야! 뭐 할 말 있냐?
세훈   (위의 대사는 혼자 상상한 것) ...아니. 할 말 없는데...

한풀 꺾인 모습으로 교실을 나서는 세훈.

#221   음악실 / 학교 / 실내 / 오후

교탁 위에 놓인 간이 투표함. 좌석에 앉은 1~2학년 합창부원들과 교실 뒤편에 서 있는 3학년 부원들.

작년 합창부장   쌤! 빨리해요! 고3은 바쁘거든요?
음악선생   어, 그니깐. 너는 안 와도 된다니깐 왜 왔니, 서경아?
작년 합창부장   에이 그래도 한 표 행사해야죠. 작년 부장인데-
음악선생   작년 부장이 부장이냐? 너는 너무 꿀 빨지 않았니?
작년 합창부장   에이 쌤!

화기애애한 합창부 분위기.
음악 선생은 원대에게 손짓하며 교탁 자리를 물러난다. 교탁 앞에 서는 원대.

원대   지금부터 차기 합창부장을 뽑을 건데요, 적임자 있으면 추천해 주세요.

막상 후보자 추천을 하려니 다들 우물쭈물 서로 눈치만 살피고 있다. 어수선한 분위기가 계속되고.
의준과 시선을 교환하는 세훈, 고개를 끄덕이며 막 손을 들려는데-

원대   (세훈을 못 보고) 다들 눈치만 보고 있는 거 같은데, 그럼 제가 먼저 추천해 보겠습니다. 이 친구는 의외로, 굉장히, 적합한 사람입니다.

원대의 말에 쭈뼛거리는 의준, 경태 등등. 다들 자기 얘긴 거 같아서 왠지 설레 보이고-

원대   제가 이 친구를 쭉 지켜보니깐- 우리 집합 시간, 청소 시간 그런 약속을 칼같이 지켜온 사람은 세훈이, 이 친구밖에 없었습니다.

번쩍, 고개를 드는 세훈. 모두가 세훈을 쳐다보고 있다.
'오올~' 당황스럽지만 내심 기분 좋은 세훈. 싸한 표정의 경태. 아쉬운 표정을 짓는 의준.
미소를 짓는 음악 선생.

원대   근데 청소가 중요하다는 말이 아니라. '우리 동아리에 얼마나 헌신하
             는가?' '사소한 약속을 얼마나 책임감 있게 지킬 수 있는가?' 이런 걸 말
             하는 겁니다. 전 그런 사람이 우리 합창부를 이끌어야 한다고 생각합
             니다.
음악선생   (웃으며) 듣고 보니 세훈이가 의외로, 굉장히, 적합한 거 같으네-
             또 추천할 사람 있어? (세훈을 가리키며) 아까 세훈이 손 들다 말던데?
세훈   네? 아...

의준을 슬쩍 보는 세훈. 의준은 세훈에게 하지 말라는 사인을 준다.

세훈   아닙니다.
음악선생   (원대와 세훈을 번갈아 보며) 이번에 학생회 선거에서 두 사람이 상대
             편이지?
원대   (의젓하게) 네, 근데 학생회하고 합창부는 별개의 문제니까요.

'오올~ 대인배~' 반응하는 학생들. 왠지 세훈보다 원대가 더 스포트라이트를 받는 분위긴데-
그럼에도 불구, 충분히 기분을 만끽하던 세훈은 휴대폰 메시지를 확인하며, 표정이 굳어
간다.

음악선생   (흐뭇한 표정으로 지켜보다가) 다른 추천 없어? 그럼 세훈이 소감을 좀
             들어볼까?
세훈   (표정 관리가 잘 안되는) 네? 아...
원대   뭐 해, 세훈아. 일루 나와.

손짓하는 원대. 사람 좋은 얼굴로 웃고 있다. 합창부원들의 환호를 받으며 앞으로 나가는 세훈.

'오올 노세움 오늘 또 세우나요!' '노세 긴장 빨았냐 하하하!'

웃고 있는 원대의 얼굴과 굳어 있는 세훈의 얼굴이 가까워져 간다.

교탁에서 물러나며 세훈에게 자리를 내주는 원대, 세훈의 어깨를 손으로 감싸며 세훈에게만 들릴 목소리로 흘리는 몇 마디-

원대   (장난인 듯 툭) 왜 이렇게 쫄았냐? 형이 '용서'하잖아? 됐지? 난 너 용
         서했다?

세훈(V.O) (눈이 번뜩이며) 용서?!?

물러나려는 원대의 팔을 붙드는 세훈. 학생들 위치에서 보면 덕담을 주고받는 것처럼 보이지만-

세훈   (이상한 웃음을 지으며) 착각하지 마요. 선배는 날 용서할 권리 없어요.
         (or 웃기지 마세요. 선배는 그럴 자격 없어요.)
         (or 위선 떨지 마요. 소름 돋으니까.)

원대   뭐?!

음악선생 (상황을 전혀 모르는) 자! 박수!

박수 치는 합창부원들. 세훈은 교탁 앞에 서서 좌중을 둘러본다.

눈빛이 반짝거리는 1, 2학년 합창부원들. / 아쉽지만 웃음 짓는 의준. / 새침한 유경. / 여전히 심술이 가득 찬 경태. / 즐겁게 구경하는 3학년들. / 흐뭇한 음악 선생. / 그 옆의 원대. /

세훈   저는, 정말 부끄럽습니다.

의아해하는 합창부원들. 그들을 조용히 둘러보다가 말을 잇는 세훈.

세훈   왜 부끄럽냐면요, 그런 사람이 저만 있었던 게 아니거든요. 원대 선배

님 말씀은 정말 고맙게 생각합니다. 하지만 제가 그런 이유로 추천을 받는다면 다른 부원들에게 너무 미안할 것 같습니다. 우리 합창부가 지금처럼 잘 유지되는 건 저 하나 때문이 아니라, 각자 파트에서 알게 모르게 노력해 온 모두 덕분이라고 생각합니다.

악보 파일 정리하는 사람, 간식 배분하는 사람, 단체 메시지 관리하는 사람, 의상 헤어 담당, 동영상 편집 담당, 그리고... 피아노 반주자까지.

'치이-' 그동안 세훈에게 싸늘했던 유경의 표정에 미소가 스쳐 간다. 술렁이는 분위기. 알게 모르게 노력해 왔을, 방금 언급된 부원들은 원대에 대한 섭섭함과 세훈에 대한 고마움의 양가감정으로 동요된 표정들이다. 당연히 그중에는 의준과 경태도 포함되어 있고-

세훈   한두 사람의 노력만으로는 우리 동아리가 돌아갈 수 없다고 생각합니다. 그런 점에서 저는 부원들에게 정말 감사하게 생각하구요. 원대 선배님 말씀은 좀 아쉽네요.

'저놈 제법이구만' 끄덕거리는 음악 선생. 그와는 대비로 점점 굳어가는 원대.

세훈   가장 치명적으로, 저는 음치입니다. 그래서 부장 자리에는 어울리지 않습니다. 그 대신 제가 생각하는 가장 적임자를 새로 추천할까 합니다. 이 친구는 노래도 잘 부르고 음악에 대한 관심도 많습니다. 그리고 무엇보다 제가 같은 반이어서 잘 아는데 열정과 의리가 있는 친굽니다.

작년 합창부장   누군데 그 열정남이?

폭소하는 좌중은 그 친구가 누군지 안다. 씨익 웃는 의준.

세훈   저는 유의준을 차기 합창부장으로 추천합니다.

합창부일동 오올~~ 노세!! (환호성) 유의준 나와! 나와 이 쌔끼야!

우레와 같은 함성과 박수가 터져 나온다. 음악 선생도 흐뭇하게 박수에 동참한다.

세훈의 스피치에 감동 받은 의준은 자리에서 일어나며 세훈을 향해 엄지척 들어 보이고.
그중 박수에 동참하지 않는 유일한 사람, 양원대. 마지못해 웃고는 있지만 무안한 입꼬리
가 떨린다.

의준   아... 감사합니다. 너무 감사드리구요. 일단 저를 이 자리에 추천해 준
          우리 갓세훈! 완전 감동의 끝판왕이었습니다. 저에게 기회를 주신다
          면- 여러분들에게 최고의 봉사 정신을 보여드리도록 노력하겠습니다.
          선배님들! 재수생도 받습니다!

사실상 의준이 차기 부장으로 정해지는 분위기.
의준의 능청스러운 스피치가 들리는 동안- 자리로 돌아온 세훈은 아까 받은 휴대폰 메시
지를 다시 읽어본다.

지훈(V.O) 노세. 나 양원대 선배하고 같이 선거 나가기로 했어. 좀 갑작스럽긴
          한데, 울 담임하고 집에서도 한번 나가보는 게 좋다길래... 암튼 끝나
          고 연락 줘. 얘기 좀 하자.

고개를 들어 원대 쪽을 바라보는 세훈. 이미 세훈을 보고 있던 원대와 시선이 교차한다.
박수 소리와 열기로 가득 찬 음악실 내부. 딱 두 사람 사이에서만 냉한 기류가 흐른다.

세훈(V.O) (선행) 처음에 들어온 건, 예쁜 선배들이 많아서였습니다. 다들 그랬
          겠죠.

#222   음악실 / 학교 / 실내 / 석양

음악실 벽면에 걸린 사진 액자들- 역대 합창부원들의 기념사진이나 각종 활약상이 찍혀
있다.

세훈(V.O) 비록 저는 음치였지만, 목소리 큰 친구들 옆에 있으면 삑사리가 나도 티가 안 나서 좋았어요.

빈 음악실에 혼자 남아 무언가를 끄적거리고 있는 세훈. 유영하듯 다가가는 카메라.

세훈(V.O) 대신 저는 솔선수범하기로 했습니다. 그게 우리 합창부에 대한 작은 예의라고 생각했거든요.

INS- 음악실 청소도구 / 합창부 악보 파일 / 피아노 / '노세, 매점 ㄱ?' 'ㅇㅋ' 낙서 등

세훈(V.O) 오늘 받은 박수는 그 작은 노력에 대한 칭찬이라고 생각되어 기쁩니다.

노란 오후의 역광을 배경 삼아 짙은 실루엣으로 보이는 세훈의 옆얼굴.

세훈(V.O) 하지만 이제 더 이상, 노력만으로는 칭찬받지 않겠습니다.

세훈의 어깨 너머로 보이는- '동아리 활동 가입 / 탈퇴서'
'탈퇴'에 동그라미 치는 세훈의 손. 그 아래 '사유' 란에는 위의 보이스오버 내용이 적혀있다.

세훈(V.O) 저는 여기서 이만, 박수칠 때 떠나겠습니다.

-에피소드 2 [박수칠 때 떠나라] 끝-

어느 날, 세훈은 상현의 생일파티에 초대받는다. 세훈은 그날 저녁, 정용학원 노 실장의 에스코트를 받으며 상현의 집으로 방문한다.
여기서 정용학원은 상현의 어머니가 운영하는 곳으로, 단지 학원뿐 아니라 국내외 입시 컨설팅과 장학재단까지 연계되어 있는 중건기업급 업체이다.

그러나 상현의 집 앞에 도착한 세훈은 의외로 90년대풍 15층짜리 아파트를 보며 기대감을 내려놓는다. 모든 부자가 평창동 주택이나 애비뉴엘에 사는 것만은 아니란 걸 세훈은 머릿속에 곱씹으며 긴장을 푼다. 그런데!!!

상현의 집은 그냥 아파트가 아니었다. 아니 다시 말하자면- 상현의 집은 이 아파트 바탕에 지어놓은 일종의 성과도 같았다.
13층~15층을 불법 증축한 이 집의 대략적인 컨셉은- 작품에서 직접 확인하시기를 간곡히 부탁드린다.

아무튼 이 집에서, 그날 저녁, 광란(?)의 생일파티가 벌어진다. 세훈이나 지훈의 인생 짬으로는 예측도 할 수 없었던 음주와 놀이의 현장!
그곳에는 인생 첫 음주와 인생 첫 폭력, 그리고 인생 첫 외박이 기다리고 있었으니..

상현의 해피벌쓰데이 파티! 인간 노세훈의 인생은 이날 밤 전과 후로 나뉘게 된다.

이전과는 달라진 위상의 세훈을 고깝게 지켜봐 오던 기재와 종수 무리. 그들은 벌써 뭐라도 된 것마냥 인맥 관리를 하며 정치력을 키워가는 세훈을 따로 불러 위협한다. 먼지 자욱한 체육 교보재 창고 안에서 벌어지는 학폭의 무드. 그러나 뒤따라온 지훈의 재치로 세훈은 녀석들의 손아귀에서 벗어나고..

한편, 기호 2번 캠프에 몸담게 된 지훈은 원대의 불타는 승부욕과 다혈질 성격을 목격한다. 그리고 이날 학교에 방문한 경찰들이 원대를 연행하는데, 이 모습을 직접 본 세훈의 마음이 편치 않다. 왠지 홧김에 뭔 일을 저지른 것만 같았기 때문이다. 그리고 화의 원흉이 자기가 저지른 '배신'이란 생각에 더욱 마음이 무거워지는 세훈인데.

그날 오후 MM스터디룸으로 향하는 세훈은 지나가던 상현의 친구, 재원과 마주친다. 처음엔 전혀 가까워질 거라 예상조차 할 수 없었던 재원이었지만, 상현의 생일파티 이후로 꽤 많이 친해진 두 사람이다. 그리고! 세훈의 교복에 잡힌 주름과 터진 실밥을 포착하고 학폭의 증거(?)를 읽어낸 재원.
당장 복수라도 해줄 듯이 오토바이를 타고 떠난다.

#301   휴게실 / 정용학원 / 실내 / 밤

복도를 비추던 카메라가 이동하면 학원 휴게실이 보인다.
휴게실 유리 벽에 기대어 삐친 얼굴로 휴대폰을 만지작거리는 세훈과 근처 의자에 앉아
세훈의 기분을 풀어주고 있는 지훈.

지훈   노세, 기분 좀 풀어라. 민망하다 야-

세훈   그런 얘길 꼭 문자로 해야겠냐?

지훈   그러게 내가 계속 얘기 좀 하자 그랬잖아.

세훈   됐고. 그래서 이번에는 양원대가 뭐랬길래 넘어갔냐? 뭔 설득을 어떻
        게 했길래?

지훈   아냐. 나는... 그... 유경이가 설득했어. 아무래도 원대 선배는 좀 민망
        하니깐. 너한테.

세훈   (쳇) 그래? (지훈을 쳐다보며) 근데 왜 너랑 나가재? 이젠 애들 성적
        같은 거는 상관없대?

지훈   어... 그런 건 이제 괜찮대. (F.U 하는) 근데 이거 듣기에 따라 기분 존
        나 별로다?

세훈   하나도 안 미안하니깐 분위기 잡지 말고-

지훈   어, 그래. (피식) 담임도 그렇고 엄마 아빠도 이건 나한테 엄청 기회다. 혹시나 선거 떨어져도 나중에 자소서 같은 거에 스토리가 된다니깐 혹한 거지.

세훈   자소서? (비웃듯) 너도 그런 거 신경 쓰네.

지훈   (웃으며) 당연하지, 븅신아.

세훈   (구시렁) 햐아... 코로나 걸려서 격리된 새끼, 밤마다 치킨 사다 올려 줬더니. 뒤통수를 이렇게 치네.

엄청 억울한 표정을 지으며 세훈이 기댄 유리 벽 벤치로 자리를 옮기는 지훈.

지훈   새끼야. 뒤통수는 아니지. 나도 선거 좀 나가보면 안 되냐?

세훈   어, 너는 안 돼. 너는 타의 모범이 전혀 안 되는 학생이야.

지훈   (씨익) 어쨌든 난 약속한 대로 너 뽑으면 되잖아, 그치?

세훈   (피식) 그럼 나는 니 뽑으라고?

지훈   그래야지. 그래야 진정한 페어플레이지.

세훈   꺼져, 나는 나 뽑을 거야.

지훈   아, 새끼 존나 정 없네.

자리를 뜨는 세훈. 세훈을 쫓아가는 지훈.

지훈   자, 그럼 우리 두 후보 간 화해의 치킨이나 함 뜯어볼까?

세훈   (팔을 피하며) 건들지 마. 졸라 짱나니깐.

그러거나 말거나 낄낄거리며 세훈에게 장난을 거는 지훈.
왠지 금세 풀릴 것 같은 두 친구의 우정.

타이틀 인 Title IN- [본격 명랑 정치 드라마, 러닝메이트] EP 3 해피벌쓰데이

#302 후관 1층 출입구 / 학교 / 실내 / 오전

후관 1층 출입구. 게시판 앞에 모여 웅성거리는 학생들 무리가 보인다.

무리 쪽으로 가는 세훈.

게시판 공고문 내용-

<서울 영진고등학교 제75회 전교학생회 선거 후보자>

기호 1번 - 회장 곽상현 / 부회장 윤정희, 노세훈

기호 2번 - 회장 양원대 / 부회장 하유경, 박지훈

입후보자들의 학생증 사진과 함께 커다랗게 인쇄된 공고문. 묘한 희열이 얼굴에 퍼지는

세훈.

3학년A	우리 1학년 때 회장 동생이래.
3학년B	아주 형제가 다 해 처먹네. (돌아보더니) 너냐? (공고문 사진 가리키며) 애가?
세훈	(쑥스러운) 아, 네에-
3학년B	잘해 봐라. (가던 길을 가는)

3학년들에게 꾸벅 인사하는 세훈, 그런 세훈 옆에 어느새 나타난 한별.

한별	노세 니가 우리 반이라고 해서 반 애들이 다 널 뽑을 거라는 그딴 안일한 생각은 버려.
세훈	엥? 그렇..지.
한별	반 애들 여론을 쥐고 있는 건 나니깐- 나한테 앞으로 잘해야 할 거야.
세훈	응, 알겠어.
한별	이깟 후보가 됐다고 해서- (누군가를 발견하고) 엇! (눈웃음 지으며)

안녕하세용~

돌아보는 세훈, 상현이 다가온다.

상현　　안녕- (세훈과 한별을 보며) 둘이 오늘부터 1일?
한별　　(정색하는) 아니요. 설마요. (꾸벅 인사하고 자리를 뜬다)
상현　　(턱짓하며) 쟤 귀엽네.
세훈　　(뭐 그닥) 하하.

#303　본관 구름다리 / 학교 / 실내 / 오전

나란히 걷는 세훈과 상현. 사뭇 진지한 두 사람.

상현　　니 입장도 이해는 가는데. 그래도 합창부 탈퇴는 좀- 한 번 더 생각해
　　　　　보지 그랬어?
세훈　　아... (이게 아닌데) 죄송합니다.
상현　　(짐짓 심각한) 아니야. 니가 부담스러워서 그런 건데 나한테 죄송할 건
　　　　　없지 뭐. 암튼 좀 민망하게 됐다. 나까지 괜히 양원대한테 미안해지네.
세훈　　(손까지 저으며) 아니요! 형이 미안할 게 뭐 있어요. 오히려 잘된 거
　　　　　같아요. 괜히 중간에 껴있으면 애매하잖아요.
상현　　(웃으며) 그래? 오케이 아라쓰. (잠시) 맞다, 오늘 학원 가?
세훈　　네, 형.
상현　　그럼 학원 마치고 연락해. 나 내일 생일이라 생파하는데, 너도 와라.
세훈　　엇! 생일 축하해요 형.
상현　　(웃으며) 내일이라니깐.

#304　강의실 / 정용학원 / 실내 / 밤

수업 전, 여러 학교의 학생들이 모여들기 시작하는 강의실.

강의 자료를 펼치며 수업 준비를 하는 세훈. 잠시 후 세훈의 옆자리에 자리 잡는 지훈.

지훈   (세훈 툭툭 치며) 아이쿠 이게 누구야, 기호 1번 부회장 후보 노세훈 씨~

세훈   시끄러. 나 아직 완전히 풀린 거 아니다.

지훈   (배시시 웃으며) 이따 뭐 하냐? 현수 오늘 생일이라고 치킨 쏜다던데-
        가자.

세훈   내가 걔 생일을 왜 가.

지훈   갈 수도 있지 새꺄, 그 뭐냐... '유권자 관리' 같은 거 안 하냐?

세훈   내가 진짜로 궁금해서 그런데 너는 '유권자 관리'가 목적이냐? 치킨이
        목적이냐?

지훈   당연히- 둘 다지. 너도 가자.

세훈   됐어. 나 이따 약속 있어.

지훈   이얼- 저녁에 약속도 있어? 쫌 나가네 노세. (은근히) 근데 우리, 노래
        방도 갈 건데?

세훈   노래방 가서 전담이나 뻑뻑 피우겠지. 불.량.비.행. 청소년처럼.

지훈   (주변을 살피며) 조용히 해!

세훈   야, 후보가 됐으면 생각 좀 하고 살아라. 이참에 '노담'도 좀 하고-

지훈   아니야, 조용히 노래만 부를 거야.

세훈   말이 되냐 노래를 조용히 부르는 게-

지훈   하하 그건 그래.

세훈   니네 가면 술 같은 것도 마시고 그러지?

지훈   (넉살을 부리는) 에이- 그건 안 되지. 고딩이 무슨-

세훈   지금 그 표정이 안 되는 표정이냐?

지훈   ㅎㅎㅎㅎ.

#305   대형문구점 / 학원가 / 실내 / 밤

만년필 코너에서 서성거리는 세훈, 뭐가 뭔지 잘 모르겠는데-

문구점점원 만년필은 처음이죠?
세훈　　아.. 네.
문구점점원 이쪽 보시면 학생들 쓰기에 괜찮아요- 입문용으로...

입문용 저가 만년필을 안내하는 문구점 점원. 그러나 세훈은 다른 것들이 눈에 들어온다.

세훈　　아뇨, '학생들' '입문용' 그런 거 말고, 더 좋은 거 없어요? 저런 거는요?
문구점점원 저거는 처음부터 쓰기에는 부담스러울 텐데, 가격도 그렇고.
세훈　　괜찮아요. 저 돈 있어요. 저거 보여주세요.

세훈이 고른 제품을 꺼내는 문구점 점원. 딱 봐도 비싸 보이는 제품이다.

세훈　　(마음에 든다. *끄덕이며-*) 이거 포장해 주세요.

보기와 달리 돈을 지르는 고딩을 보며 살짝 놀라는 문구점 점원, 새 상품을 꺼내 포장하기 시작한다.
제품의 가격표를 확인하고는 움찔하는 세훈, 돈봉투에서 조심스럽게 5만 원짜리 몇 장을 빼낸다.

#306　노 실장의 SUV 안 / 학원가 앞 길가 / 실내외 / 밤

보조석 도어를 여는 세훈. 꾸벅 인사한다. 운전석에 앉은 이는 정용학원 노 실장이다.

노실장　　뭐 샀어?
세훈　　(보조석 도어를 닫으며) 그냥 만년필이요.
노실장　　(너털웃음) 이야, 세훈아- 참신하다.

세훈   (따라는 웃지만 영문을 알 수 없는) 네에?

이때 울리는 노 실장의 휴대폰. 귀에 블루투스 이어폰을 끼우고 통화하는 노 실장.

노실장   네, 대표님! 잘 도착하셨습니까? (세훈을 슬쩍) 지금... 그... 에스코트
           가 있어가지구요. (잠시) 네네! 상현이는 걱정 마십시오. (잠시) 예 알
           겠습니다. 그럼 일요일 저녁에 공항에서 뵙겠습니다. 네, 대표님~

시선은 창밖으로 향해있지만 노 실장의 통화를 귀 기울여 듣고 있는 세훈.
통화를 마친 노 실장, 이어폰을 빼면서 아까 하던 말을 이어간다.

노실장   요즘 애들도 만년필을 쓰나?
세훈   아뇨 꼭 그런 건 아닌데... 그래도 '의미'가 있으니까요.
노실장   (중얼) 꽉쌍혀니한테 만년필. (피식) 세훈이가 완전 꼰대 스타일이네.
세훈   (웃음) 하하. 아닙니다.

도로를 달리는 노 실장의 SUV.

#307   노 실장의 SUV 안 / 90's 아파트단지 / 실내외 / 밤

서울 도심에서 익숙하게 볼 법한 중소형 아파트 단지로 들어가는 노 실장의 SUV.

세훈   엇?! 여기... 예요?
노실장   응. 왜?

겸연쩍은 웃음을 머금고 창밖을 보는 세훈.
래미안, 롯데캐슬 류의 초고층 아파트는 아니고, 80~90년대에 지어진 15층짜리 아파트
단지다.

세훈(V.O) 걸어 다니는 인간 부띠끄, 찐 부자 곽상현이라길래, 집도 뭔가 남다를
줄 알았다.

노실장 (세훈의 표정을 살피며 씨익-) 왜? 뭔가 좀 남다를 줄 알았어?

세훈 (속마음 들켜 민망한) 아... 하하.

#308   상현의 동 앞 / 90's 아파트단지 / 실외 / 밤

세훈이 차에서 내리자 분리수거장 앞 빨간 오토바이에 앉아있는 재원이 보인다.

재원 (장난치는) 오셨습니까 행님!

노실장 살살들 놀아라. 괜히 또 경찰 뜨게 만들지 말고. 알겠어?

재원 (장난치는) 알겠습니다 행님!

떠나는 노 실장의 SUV. 뻘쭘하게 서 있는 세훈과 그를 슥 보는 재원. 세훈은 불안하다.

재원 미친 새끼가... 교복을 처 입구 오냐? 오늘 같은 날?

세훈 (겁먹은) 어?! 아... 그...

세훈, 긴장하여 다시 노 실장의 차를 돌아보지만 이미 한참 멀어진 노 실장의 SUV.

재원 (노려보며) 새끼가 대답을 안 해.

세훈 (어찌할 바를 모르고) 네?

상현(off) 세훈이냐!

때마침 상현이 (분리수거 목적의 빈 병들을) 한 아름 가지고 다가온다.

상현을 발견하고 반갑게 인사하는 세훈.

세훈 네, 형!

상현   (재원에게 신용카드를 건네며) 접때 봤지? 버스에서-

세훈   네, 안녕하-

재원   씨뻘럼이 빨리도 인사하네.

세훈   (뭐 어쩌라고) 네?!?

재원   (오토바이 시동을 걸며) 갔다 올게.

재원은 오토바이와 함께 날아가 버리고, 멀어지는 오토바이를 돌아보는 세훈.

상현   괜찮아. 저래 봬도 애는 졸라 착해.

세훈(V.O) 세상에 졸라 착한 양아치는 절대로 존재하지 않는다. 양아치는 그저
        개양아치 새끼일 뿐...

상현   (세훈의 어깨에 팔을 두르며) 들어가자.

세훈   어?! 근데... (냄새 맡고) 혹시 형 술 드셨어요?

상현   (피식 웃으며) 아니야 술은 무슨- 그냥 입만 살짝 댄 거지. 너 다른 사
        람들한테 얘기하면 큰일 난다. 오케이?

세훈   (따라 웃는) 네, 형.

#309   1층 로비 / 90's 아파트단지 / 실내 / 밤

진동이 울리자 휴대폰을 꺼내는 세훈. 메시지에 답장하려는데- 이를 본 상현이 말한다.

상현   세훈아 오늘은 핸드폰 사진 같은 거, 절대로 찍으면 안 된다.

세훈   (의아한) 엥? 왜요?

상현   (정색하는) 알겠어? 핸드폰은 아예 꺼내지도 마.

세훈   아, 네... 알겠어요.

띵- 하고 1층 로비에 도착하는 엘리베이터, 문이 열린다.

상현　　　(빙긋) 내 말은- 사진 찍을 시간에 즐기란 얘기야. 오케이?

세훈　　　네, 형.

엘리베이터에 탑승하는 두 사람.

#310　엘리베이터 안 / 상현의 집 / 실내 / 밤

총 15층까지 있는 엘리베이터 패널. (14-15층 버튼은 아크릴로 덮여있고) 상현은 13층을
누른다.

상현　　　근데 술 냄새 많이 나냐?

세훈　　　(꽤 나지만) 하하, 아뇨.

#311　13층 입구 앞 / 상현의 집 / 실내 / 밤

엘리베이터에서 내리는 상현과 세훈.
상현이 도어락 번호를 누르는 동안 눈치껏 비상계단 쪽으로 고개를 돌리는 세훈.
비상계단 한가운데에 쇠창살 문이 설치되어있다.
아래층에서 본 모습- 쇠창살 문 너머로 보이는 세훈. 쇠창살 문의 안내 문구.
[여기부터는 사유지입니다. 재난 상황 외 출입 엄금]

#312　13층 안 / 상현의 집 / 실내 / 밤

그 목적이 예측 불가능한 공간. 문이 열리고 상현과 세훈이 들어온다.

상현　　　(돌아보며) 들어와.

현관이라 생각되는 위치에서 자연스럽게 신발을 벗는 세훈. 이때 누군가가 웃기 시작한다.

그러자 각자 휴대폰을 만지고 있던 손님들이 세훈을 보며 깔깔거리는데- 의아한 세훈.

상현   (다가오며) 괜찮아. 신발 안 벗어도 돼.

세훈   (무안하고 부끄러운) 아, 네.

세훈이 둘러보면 이 안의 모두가 다들 신발을 신고 있는 것이 보인다.

벗은 신발을 다시 꾸역꾸역 신는 세훈 앞으로- 불쑥 내미는 손, 어깨 깡패(주완식, 18, 남)다.

어깨깡패   핸드폰!!!

상현   (웃으며) 됐어 완식아. 얘는 됐어.

다시 원래 위치로 돌아가는 어깨 깡패. 근처에서 휴대폰을 만지던 여자 손님이 어깨 깡패

에게 휴대폰을 내밀면, 자연스럽게 다시 보관되는 시스템이다.

말하자면 여긴 일종의 라커 룸이자 휴대폰 보관소, 또는 보안 게이트 비슷한 곳이다.

상현   너는 내 동생이니깐 괜찮아. 대신 이따 올라가면 절대로 꺼내지 말고.

세훈   올라가요?

상현   (훗) 가자.

비일상적인 아이디어로 꾸며진 이 공간, 통로를 지나며 사람들과 인사를 나누는 상현.

새로운 공간 속 새로운 사람들. 세훈은 설레고 놀라운 기분이 든다.

통로를 꺾으면 위층으로 이어진 내부 계단이 보이는데-

세훈(V.O) 같은 아파트 안의 다른 세계! 전혀 예측할 수 없는, 내 생각보다 훨씬

   남다른 세계! 여기가 바로-

상현   (세훈에게 손짓하며 외치는) 올라와 노세!

상현을 따라 내부 계단을 오르는 세훈.

#313   14-15층 복층 공간 / 상현의 집 / 실내 / 밤

14층과 15층의 구분 없이 하나의 거대한 홀처럼 보이는 복층 공간!
천장에 둥둥 떠 있는 헬륨 풍선과 생일 축하 메시지, 번쩍거리는 파티 조명으로 현란하고
도 발랄한 분위기이다.

세훈(V.O) 지금까지의 생파는 잊어라. 이건 생일인가, 축제인가.
상현   구경 좀 하고 있을래? 나 저기 좀 보고 올게.

부엌 쪽 테이블로 가는 상현, 친구들과 음식을 확인하며 이것저것 맛을 본다. (아닌 건 빼
내고)

둘러보는 세훈의 P.O.V-
산처럼 쌓여있는 명품 브랜드 박스들, 그 위로 또 다른 선물 박스를 쌓는 사람들.
복층 난간 앞에서 디제잉을 하고 있는 사람도 보이고, 한편에서는 음료인지 술인지 알 수
없는 펀치가 제조되고 있다.

무더기로 쌓여있는 선물 상자들 앞에 선 세훈, 자기 선물을 꺼내서 어디에 놓을까 고민 중
인데- 근처에 서 있던 홀쭉이 오호석(18, 남)이 비아냥거리듯 말한다.

호석   그거 뭐냐. 젓가락이냐?
세훈   네? 만년필인데요.
호석   누가 씨발 이런 생일날 볼펜을 사 오냐. 쪽팔리게.

호석의 말에 기분이 상한 세훈, 주눅이 들어 도로 가방에 쑤셔 넣는다.

호석   야, 씨발아! 씹냐?
세훈   (움찔하는) 아닌데요.
호석   넌 여기 뭐 하러 왔어?

세훈   생일 축하하러요.
호석   지랄하네.

호석은 주머니에서 담배를 꺼내며 복층 위로 향하는 계단을 오른다.
계단을 오르는 호석과 서로 힐끗거리는 세훈. 불쾌하기 이를 데 없는데...
이때 불쑥 나타난 시바 가면(마두영, 18, 남)이 세훈의 눈앞에 쟁반을 들이민다.
쟁반에는 형형색색의 액체가 들어있는 의약외품 용기들이 꽂혀 있다.

세훈   (시바를 보며) 이게 뭐예요?
시바   부스터.
세훈   네?
상현   (뒤에서 나타나며) 이상한 거 아니야. 걍 비타민이야.
세훈   아~ 네.

하나를 집어 들어 호로록 마시는 세훈, 생각보다 맛있어 보이는 표정이다.

상현   (주변에 외치는) 현진아!

상현이 외치는 방향으로 세훈이 올려다보면-
복층 난간에서 필름 카메라를 촬영하는 개간지 패션왕 이현진(18, 여)이 보인다.

현진   (외치는) 생각보다 귀엽네!!!
세훈   형! 저기... 사진 찍는 거 같은데-
상현   응, 쟤는 괜찮아. (현진에게 신호를 보낸다)

복층 난간 끝, 바 테이블에 놓인 맥북을 조작하는 현진. 그러자 차분해지는 조명과 음악
소리.
조용해지는 장내, 무선 마이크를 든 상현에게 모두의 이목이 집중되면-

상현　　오늘 와줘서 너무 고맙고- 재밌게 즐기다가 가자. 그리고-
　　　　(세훈을 끌어당기며) 자, 여기는 노세훈. 이번에 나랑 같이 선거 나가는
　　　　동생.

오올~ 반응하며 환호하는 모두. 세훈은 수줍은 미소를 짓는다.

대학생　　(웃으며) 꽉꽉이! 나 전학 갈래! 나도 투표 좀 해보자!
상현　　(웃으며) 대학생은 학점 관리나 잘해! (세훈에게) 인사하자.
세훈　　(수줍다) 안녕하세요.
파티피플1　교복 좀 봐!
파티피플2　귀여워어~!
세훈(V.O)　귀엽다는 소릴 들으면 더 귀여워지고 싶다. 앞으로 졸라 더 귀여워질
　　　　거다. 약속한다. 반드시.

이 같은 환대에 기분이 좋아진 세훈, 귀여운 표정을 짓다가 낯익은 사람을 발견한다.

세훈　　(꾸벅하며 입 모양으로) 안녕하세요.
미나　　(반갑게 손 흔드는) 안녕.

세훈의 P.O.V- 인사하는 미나 너머로- 부엌 쪽 테이블, 음식을 우물거리는 정희가 보인다.
뻘쭘하게 손 인사하는 정희. 사복 차림이지만 세훈과 별다를 바 없어 보이는 행색이다.

현진　　그러나! 학생회든 뭐든 난 알 바 아니고 놀아봅시다! 레쓰 게리 론!!!

세훈에게 음료 컵을 들이대는 시바. 음료 컵 안에는 푸른 색상의 펀치가 가득 담겨 있다.

손님들　　마셔라! 마셔라!!
상현　　(웃으며 손을 젓는) 안 돼, 애 학원 갔다 오는 길인데 술 냄새 풍기면
　　　　안 되지.

현진   어차피 한 잔인데 어때! (앞에 놓인 컵을 들이켜는) 괜찮지? 부회장!
세훈   아, 저 술은 좀...

'에이~' 아쉬워하는 손님들. 그 사이에 껴있는 호석이 빈정거린다. '비용신' 이를 포착하는 세훈.

상현   그래, 됐어 세훈아. (웃으며) 뭘 애한테 이런 걸.

'애'라는 표현에 발끈 패기가 솟는 세훈. 메고 있던 백팩을 벗어던지고는 음료 컵을 단숨에 들이켠다.

고속촬영- 세훈의 급발진에 놀라는 상현과 현진! 펀치를 꿀꺽꿀꺽 삼키는 세훈의 목젖.
테이블에서 세훈의 패기를 구경하고 있는 정희의 입 모양 '멍청이'.
사랑스러운 눈빛으로 세훈을 바라보는 미나.
바닥에 널브러진 세훈의 백팩, 그 안에서 삐죽 흘러나온 만년필 상자.
세훈의 입가로 흘러넘치는 푸른색 펀치는 이내 곧 교복을 적시고, 손목을 타고 흘러 바닥으로 방울방울 떨어진다.
푸른색 펀치 방울이 대리석 거실 바닥에 툭 떨어지면- 고속촬영 몽타주 종료.

부릅뜬 세훈의 얼굴! 제대로 된 알코올을 처음 접한 세훈의 탄성이 이 공간에 울린다!

세훈   크아!!!!! 으아아아아아!!!

교복 소매로 턱에 묻은 펀치를 훔쳐내는 세훈, 괜히 센 척해 봤지만 알코올은 세훈보다 더 세다.
순간, 인상을 팍 쓰는 세훈.
세훈의 P.O.V- 핑핑 도는 세훈의 시선 앞으로 현진과 사람들이 '괜찮아?'를 연발한다.
핑 도는 세훈의 시선에 들어오는 호석, 무시하는 듯한 눈빛으로 세훈을 노려보고 있다.
정신을 차리고자 머리를 좌우로 흔들고는 한 손을 드는 세훈.

이 같은 제스처에 잔뜩 긴장하는 상현과 미나. 저쪽의 윤정희도 오렌지 주스 든 손을 멈칫한다.

소란을 중지하는 손님들, 묘하게 감도는 긴장감. 가운데서 손을 치켜든 세훈에게 집중된 이목!

상현　　　(큰일 났다) 세훈아! 야 너 괜찮아?

세훈　　　(중얼) 한..잔.

상현　　　뭐?

세훈　　　한 잔 더!

상현과 사람들　　　놀랐자나!! 이 미친 새끼!!!!

마른 풀숲에 마그마를 끼얹듯 불타오르는 음주 현장.

세훈의 도발적 음주 행위로 들썩이는 이 공간!

INS- 밖에서 본 아파트의 모습. 다른 집들은 형광등이나 스탠드 조명인 데 비해 맨 위의 두 층에서는 알록달록 파티 조명이 번쩍거린다.

펀치 제조자는 능숙하게 펀치를 만들고, 그 옆에서는 백팩에 숨겨온 술들을 계속 꺼내고 있다.

또다시 세훈에게 음료 컵을 서빙하는 시바. 파란 펀치와 빨간 펀치가 보이는데-

시바　　　이건 아까 먹은 거, 이건 조올라 센 거.

-라는 말이 끝나기도 전에 두 컵 다 털어 마시는 세훈. 위에서 보고 있던 현진이 외친다.

현진　　　세훈이 괜찮아?

현진을 올려다보는 세훈, 엄지를 내밀며 괜찮다는 사인을 준다.

그런데 이때 울리는 휴대폰 벨 소리.

'뭐야? 핸드폰 숨긴 새끼 누구냐?'라며 웅성대는 가운데-
주머니에서 휴대폰을 슥- 꺼내 드는 사람은, 상현이다! 심각한 표정으로 '쉿' 제스처를 하
는 상현.

상현　　좆됐다. 엄마다. (둘러보며) 영통이야!

일순간 조용해진 장내 분위기.
아이패드를 조작하는 현진, 그러자 현란한 파티 조명은 일상 조명으로 바뀌고, 음악도 멈
춘다.
긴급하게 파티 피플들에게 손짓하는 어깨 깡패.

어깨깡패　거기 전부 비켜!

파티 피플들 사이로 뛰어가는 상현, 소파를 밟고 능숙하게 선반을 뛰어넘어 파티 흔적이
없는 벽을 배경 삼아 소파에 철퍼덕 앉는다.
영상 통화를 받는 상현.

상현　　응, 엄마!
상현엄마(F) 생일 축하해 아들!
상현　　헤헤. 생일은 난데 왜 두 분이 여행을 가?
상현엄마(F) 여행은 무슨- 니네 아빠 출장 따라온 거지.
상현아빠(F) (끼어드는) 어이! 곽상현이 뭐 하구 있었어?
상현　　아줌마가 갈비찜 해놔서 먹고 쉬는 중.

식탁 어딘가에 앉아 갈비찜을 먹고 있던 정희, 깜짝 놀란다.

상현아빠(F) 또 저번처럼 애들 불러 가지고 난장 피우고 그럼 안 돼. 응?

품- 하며 웃는 누군가. 상현도 웃음을 참느라 힘들다.

상현　　　(능청) 곽 대표님, 나 친구도 별로 없거든요?

상현아빠(F) 그래, 서울 가서 보자. 생일 축하하고.

영상 통화를 마치는 상현.

파티피플3 (아버지 말투를 따라 하는) 어이! 곽상현이 뭐 하구 있었어? 솔직히 말해!

상현　　　(씨익 웃으며) 아까 어떤 개새끼가 웃었어?

폭소가 터지는 상현과 파티 피플. 현진이 조작으로 음악이 시작되며 다시 재개하는 파티 조명 모드.

사람들 사이에서 그저 즐거운 세훈. 상현의 쿨한 면모를 보고 있자니 웃음이 퍼진다.

그러다 상현과 눈이 마주치는 세훈.

상현　　　와 씨이- 노세 너 웰케 잘 마셔? (사람들에게 끌려가며) 이제 그만 마셔! 좀 쉬구 있어! 오케이?

세훈　　　네에 형.

갑작스러운 취기로 근처 소파에 풀썩 앉는 세훈, 고개를 젖히고 천장에 매달린 헬륨 풍선을 감상한다.

세훈　　　(장식된 메시지를 읽으며) 흐흐. 해피벌쓰데이. P 하나 빠졌어. 흐흐.

이때 바닥에 벗어둔 세훈의 백팩을 발로 퍽- 차며 등장하는,

호석　　　(들으란 듯이) 에이 씨발 이거 뭐야, 여기가 무슨 쓰레기통이야?

세훈　　　(고개를 들며) 어?! 그거 제 건데요.

호석　　　그럼 시발 밑에 층에 맡겨 놓든가

소파에서 일어나는 세훈, 술기운 때문에 비틀거리며 바닥의 백팩을 수습한다.

호석	씨발, 눈치가 없어.
세훈	죄송합니다.
호석	(빈정거리며 돌아서는) 어디서 개좆찐따 아싸 새끼가 와 가지고는- 쪽 팔리게. 썅.

백팩을 수습하던 세훈의 눈에 순간 불길이 인다. 고개를 번쩍 드는 세훈. 호석은 아까처럼 담배를 꺼내며 계단으로 향하는데. 쪼그려 앉은 세훈의 눈높이 바로 근처에 놓인 누군가의 음료 컵, 안에는 검정색 펀치가 절반 정도 들어있다.

거들먹거리며 걷는 호석의 뒤통수를 노려보던 세훈은 검정색 펀치를 원샷하고는 사람들 사이를 헤쳐서 쫓아간다.

| 세훈 | 거기 서. |

하지만 사람들에 밀려나는 세훈. 취기와 수치심으로 눈가가 촉촉해지며 외치는-

| 세훈 | 거기 서라고 이 새끼야! |

세훈의 외침에 돌아보는 모두, 계단을 막 오르려던 호석도 돌아본다. 뚝 끊기는 파티 뮤직! 취식을 중단하고 입가를 닦는 정희, 슬그머니 짐을 챙긴다. 근처에 서 있던 미나도 엄청 당황했다!

깜짝 놀라 달려오는 상현.

상현	세훈아 왜 그래!
호석	(세훈에게 다가가며) 나한테 그랬냐 지금?
세훈	(분노에 비해 상당히 어설픈 쌍욕) 그래! 이.. 개쌈좆.. 양아치 쓰레기 똥 새끼야!

복층 난간 부감- 다짜고짜 달려드는 세훈에 놀란 사람들이 홍해처럼 갈라진다.

호석의 오른쪽 얼굴...까지는 아니고 가슴팍 비슷한 부위에 멋들어진 라이트 훅을 후려치
는 세훈.

갑작스러운 일격에 놀람과 동시에 중심을 잃은 호석의 몸은 허수아비처럼 대번에 쓰러진다.
와아- 하며 신나게 구경하는 사람들. 상현은 세훈을 떼어놓으려 하지만, 세훈은 분노의
주먹질을 하느라 이성을 잃었다. 호석은 비록 드러누웠지만 완벽한 가드 자세로 치명적
부상을 면하고 있다.

한편, 복층 위에서 구경하던 현진은 플래시를 번쩍이며 필름 카메라 셔터를 눌러대고- 찰칵!

현진   (키득) 와씨, 오호석! 개쪽팔려!

때마침 13층 계단에서 빵빵한 가방을 메고 올라오는 재원. 대번에 상황을 파악하고 인파
사이를 헤집고 들어가서는 세훈의 멱살을 잡아끌고 나온다. 흥분한 세훈도 재원 앞에서
는 성질을 누르는데-
상현은 흐트러진 자기 옷매무새를 정리하며 슬쩍 인상을 쓴다.

재원   (오로지 세훈만을 노려보며) 어쩔래? 그만할래? 아님 계속하고 뒈질래?
세훈   (헉헉) ...그만할게요.

세훈의 멱살을 잡은 채 상현을 확- 쳐다보는 재원. 상현은 긴 날숨을 뱉으며 '답'을 대신한다.

재원   따라와 개이세끼야. 옥상 가서 한 대 빨어. (둘러보며) 옥상 가자. 다들
             한 대 빨자. (노담이라는 어떤 사람에게) 안 펴두 나와 그냥. 눈치가 없
             어 새끼들이.

세훈을 데리고 복층 계단을 오르는 재원. 언제 그랬냐는 듯 신나게 옥상 쪽 계단으로 향하
는 사람들. 시바는 아까 재원이 메고 온 빵빵한 가방을 어깨에 걸치고 뒤따른다.
이 공간이 조용해지면- 주저앉아있는 호석을 일으키는 상현.

상현   호석아.

호석　　（스타일이 구겨져 못 들은 체한다) 후... 아 저 개새끼. 아우씨 쪽팔려.

상현　　야.

호석　　（투덜) 생파 분위기 좆같네 시바.

상현　　야.

호석　　（투덜) 왜?

상현　　왜? 띠껍냐?

호석　　아니 저딴 새끼를 달고 왔냐 너는? 저런 개씹-

상현　　（목덜미를 붙잡으며) 너 말이 심하다? 아까 내가 쟤 소개하는 거 못 들었어?

호석　　뭐? （어이가 없는) 장난하냐 지금?

목덜미 잡은 상현의 손을 치우려는 호석. 이때 호석의 머리채를 붙잡는 상현. 콱-

상현　　（싸늘한 목소리로) 야. 너 니 집에 가라. ...지금 존나 꼴 보기 싫으니깐.

#314　14-15층 복층 공간 / 상현의 집 / 실외 / 밤

시간 경과.

복층 디제이 장비 앞에서 늘어지는 음악을 트는 어깨 깡패. 그 옆에서 흐느적거리며 춤을 추는 시바.

한편, 아래에서는- 세훈의 어깨에 팔을 두르고 진정한 주먹질을 가르치는(?) 재원과- 빵빵한 가방을 오픈하는 파티 피플.

그 안에는 맥주 캔과 담배 등이 가득 차 있다. 환호하는 녀석들.

소파 위에는 곯아떨어져서 잠든 사람들도 보이고.

필름 카메라로 사진을 찍어대는 상현. 전혀 학생처럼 안 보이는 파티 피플들. 축제의 밤.

#315　단지 입구 / 90's 아파트단지 / 실외 / 밤

아파트단지를 나서는 일부 손님들과 이 파티의 호스트, 상현 5인방. (상현, 재원, 현진, 완식, 시바)
다들 낄낄거리거나, 포옹하거나, 하이파이브를 하는 등 인사하고 헤어지는 중이다.
떠나는 손님들을 보며 미소 짓는 상현 5인방의 옆모습. 그리고 앞모습... 참으로 폼 나는구나!

재원　라면 먹을래?

가위바위보 하는 5인조. 당첨되는 재원. '아우 씨발!'
F.O

#316　14-15층 복층 공간 / 상현의 집 / 실내 / 밤

F.I
텅 빈 복층 공간에서 쪼그려 앉아 사람 모양의 미술품을 보고 있는 세훈.
자코메티를 재해석한 것처럼 보이는 미술품의 머리에 냅킨으로 만든 모자를 슬쩍 씌운다.

세훈　윤정희 가써? 간 거야? 뭐 타고 간 거야... 나도 가야 되는데... 나도...

어깨에 걸친 가방을 고쳐 메며 비틀거리는 세훈, 바닥의 무언가에 발이 걸려 자빠지고 만다.
아파서 끙 하고 있는 세훈의 머리 위로, 누군가 놓아둔 음료 컵이 엎어지며- 희멀건 음료로 머리와 교복이 엉망이 된 세훈. 신경질을 부리며 자리에서 일어난다.

세훈　(젖은 머리와 교복을 만지며) 씨.. 술 냄새. 아씨.. 어떡하지. 어떡하지..

주머니에서 휴대폰을 꺼내는 세훈, 어디론가 전화를 걸려는데-

이때 세훈의 휴대폰을 빼앗으며 통화 종료를 누르는 손, 세훈이 올려다보면-

세훈   (술기운으로 흐릿한 눈) 엥?! 왜요?
미나   이 꼴로 누구한테 뭐라고 전화할려구?
세훈   (의식의 흐름) 닭지후니한테 옷하고, 물티슈하고, 리스테린하고, 어...
        그리고...

이때 비틀거리는 세훈의 팔을 붙잡는 손.

미나   가자.
세훈   (화들짝) 어디요? 우리 집에요?

미나, 이런 세훈이 왠지 귀여웁다.

미나   뭐래~ 일단 머리라도 감아야 될 거 아니야.

세훈과 미나의 기묘한 투샷.

세훈   아씨... 그러네... 어뜨카지...
미나   일루 와.

세훈의 손을 잡고 앞장서 걷는 미나. 어두운 통로로 들어가는 두 사람. 옆쪽 라인으로 넘어간다.
F.O

#317   상현의 방 / 상현의 집 / 실내 / 오전

세훈의 P.O.V- 실크 벽지로 도배된 천장. 바깥에서 들어온 볕이 묻어 몽환적이다.

세훈의 얼굴로 쏟아지는 따가운 햇살. 신음 소리를 내며 괴로워하는 세훈.

세훈(V.O) 속이 영 좋지 않다.

저쪽에 보이는 물병. 부스럭 일어나며 물병으로 다가가는 세훈.
속옷 차림에 늘어진 구찌 티셔츠 꼴로 갈증을 달랜다. 벌컥벌컥.
물병을 내려놓다가 근처에 걸려있는 교복 셔츠를 발견하는 세훈, 바로 발밑에 걸리는 헤어드라이어.
뭔가를 기억해 내려 하지만 머릿속은 그야말로 무(無)의 상태.
무심코 돌아보는 이곳은 햇살이 비치는 상현의 넓은 방이다.
책장 한구석에 끼워진 파일철을 꺼내는 세훈. '영진고등학교'가 인쇄된 파일철인데-
의아한 표정으로 파일철을 열어보는 세훈. 지난 학기 세훈의 생활기록부 내용 복사본이 들어있다.

세훈(V.O) 내 생활기록부... 그럼 이 형이 첨부터 내 뒷조사를 한 건가?
세훈　　　(피식) 하긴. 나 같아도 했겠다.

파일철을 원래 자리로 꽂아 넣는 세훈. 잠시 후 한숨 돌리고 나면-
수십 개의 시계와 스마트워치가 가득 들어있는 시계 보관함을 발견한다. '와아' 감탄하는 세훈.
문득 자기 손목을 내려다보는데 손목이 휑하다. 화들짝 놀라며 저쪽에 보이는 가방을 뒤지는 세훈. 어제 벗어둔 스마트워치는 무사히 잘 있다.
그것을 손목에 차며, 슥 돌아보는 세훈은!!!!!

세훈　　　(양손으로 입을 틀어막는) 헙!

푹신한 호텔 느낌의 이불 아래로 누군가의 다리가 삐쭉 빠져나왔다. 동공이 흔들리는 세훈!
뒤척이며 돌아눕는 얼굴, 미나다.
세훈, 놀라서 뒷걸음치다가 뭔가를 밟고 미끌한다. 내려다보면 벗어놓은 자신의 교복 바지다.

바싹 쪼그려 앉는 세훈, 놀란 숨이 가쁘다. 긴가민가한 이 상황.

세훈   혹시... 설마?!?

쪼그려 앉은 자세로 자기 몸을 더듬어 보는 세훈. 서서히 퍼져가는 놀라움!

세훈(V.O) 그래! 드디어! 마침내! 결국 난 섹스를 하고 말았어!

미나가 기척을 하자 살금살금 방을 나서는 세훈.

#318   통로 > 14-15층 복층 공간 / 상현의 집 / 실내 / 오전

가정집 라인에서 복층 라인으로 통하는 그늘진 통로를 지나는 세훈, 통로를 빠져나오면-
알록달록하고 화려한 파티룸은 온데간데없고 몇 가지 예술품과 고가의 가전제품 몇 점이
배치된 모던하고 심플한 공간이 내려다보인다. 게다가 붐비던 손님은 거짓말처럼 흔적도
없이 사라졌다.
다만 천장 한구석에 미처 치우지 못한 헬륨 풍선, 'P'만이 달랑, 어젯밤 파티의 흔적일 뿐.
음악이 울리는 이 공간. 소파에는 파티 복장의 여자가 무언가를 끄적이며 음악에 맞추어
맨발을 까딱거리고 있다.

세훈(V.O) 누나? 여동생? ...혹시 여자 친구?

-라고 생각하며 살금살금 계단을 내려가는데, 인기척에 돌아보는 여자는 바로, 하유경이다!

유경   (최근보다는 친근해진 말투) 어 노세! 잘 잤어?
세훈   (놀란) 어? 어?!? 니가 여기 왜 있지?
유경   (풋) 뭐가 왜 있어, 어제 같이 그렇게 놀았으면서. 기억 안 나?

세훈	(생각이 안 나는) 그래? 근데.. 너는 저기... 원대 선배하고 선거 나가
	기로..
유경	(풋) 원대 오빠하고 선거 나가면 상현 오빠 생일도 못 오는 거야?
세훈	(듣고 보니 그렇네) 아... 그건 아니지만..

피식 웃으며 세훈에게 무언가를 흔드는 유경. 눈이 번뜩이는 세훈. 그것은 바로!
세훈이 사온 생일선물 만년필이다!

| 세훈(V.O) | 뭐지? 쟤가 왜.. 저걸 가지고 있지? 상현이 형이랑 둘이 사귀는 사이???? |
| 유경 | (생글) 이거 되게 좋다. |

때마침 울리는 세훈의 휴대폰 진동음. 발신자는 '엄마'! 사색이 되는 세훈, 일단 이곳을 빠져나간다.

| 세훈 | 난 가볼게 이제. |
| 유경 | 응. 학교에서 봐. |

#319   상현의 동 앞 / 90's 아파트단지 / 실외 / 오전

아파트 출입구를 빠져나오며 전화를 받는 세훈.

세훈엄마(F)	(유쾌한 톤) 아이구~ 노세 후보님~ 잘 잤어? 어때 걔네 집은 좋드나?
세훈	네? ...아 네.
세훈엄마(F)	상현이 전화 받았어. 니네 뭐 전략회의 한다고 스터디룸 간다며?
세훈	..네에.
세훈엄마(F)	그래, 수고하구. 저녁에 집에 와서 카레 먹어.

통화를 마치며 한숨을 돌리는 세훈. 잠깐 당황스럽지만, 상현의 술수임을 직감하고 씨익

웃는데-

재원(off)　야, 노세!

분리수거장에서 지난밤 파티의 흔적들을 분리수거 중인 재원과 어깨 깡패, 시바가 보인다.

세훈　(쭈뼛대며 다가가서) 아, 안녕하세요.
재원　너 손은 괜찮냐?
세훈　네? (오른손을 보며) 네..
재원　새끼, 어제 보니깐 (일당들 보며) 존나 빠이팅이 있던데? 완식아 봤냐?
어깨깡패　난 밑에 있느라 못 봤어. 아씨. 개아깝네. (시바에게) 넌 봤냐?

말없이 그저 끄덕거리는 시바. 참고로 시바는 지금도 시바 가면을 쓰고 있다.
세훈은 그런 시바 마두영 군이 몹시 신기하다.

재원　(시바에게) 야 좀 벗어 시발. 이 새끼 어디를 보는지 알 수가 있어야지.
시바　(손을 저으며) 아직 파티는 끝나지 않았어.
재원　(웃으며) 이 또라이. (세훈에게) 근데 너 속은 좀 어떠냐? 곽상현이 걱정 많이 하더라.
세훈　아, 상현이 형은요? 인사를 못 했어요.
재원　인사는 좆도, 학교에서 또 볼 건데. (바닥에 침 뱉으며) 꺼져. 가서 쉬어라.
세훈　좀 도와...드릴까요?
재원　돕기는 새꺄! 다 끝났어.
어깨깡패　너 위에서 다 보고 있다가 지금 나온 거지?
세훈　어?! 아닌데요.
재원　그리고 너, 어제 여기서 있었던 일들은 (입조심 제스처를 하며) 알지?
세훈　네, 형.
재원　뭔 일 있음 전화하고. 빨리 꺼져.

세훈   네, 가보겠습니다.

재원   (멀어지는 세훈을 보며) 야, 이따 해장으로 일본 카레?

어깨깡패   일본 카레 콜.

'일본 카레'가 마음에 드는지 크게 끄덕이는 시바.

#320   세훈의 1인실 / MM스터디룸 / 실내 / 오후

MM스터디룸 세훈의 독방. 문을 잠가 놓고는 바닥에 그대로 드러누운 세훈.
낙지처럼 흐물거리는 몸, 그러나 씨익 웃고 있는 얼굴.

세훈(V.O) 기억은 하나도 안 나지만... 어쨌든 난 이제 진정한 남자야!

세훈   호호호호. (갑자기 몰려오는 숙취에) 윽...

구석에 비치된 휴지통에 구토를 하는 세훈.

#321   강당 앞 교정 / 학교 / 실외 / 오전

월요일 아침. 등교하는 세훈의 어깨를 누군가 뒤에서 툭 치며-

한별   야 노세, 너-

세훈   응, 알았어 조한별. 내가 학생회든 뭐든 간에 니가 우리 반 반장이고
         나는 우리 반 소속이니깐 너한테 충성을 다할게. 됐지?

한별   어, 알겠는데. 왜 갑자기 월욜날 아침부터 자신감이 넘치지? 짜증 나게.

세훈   아니야 나 자신감 하나도 없어. 너에 비하면 난 아무것도 아니야. 미
         토콘드리아처럼.

한별   (풋) 아 뭐래. 갑자기 매력 터지고 난리 났네.

실수로(?) 정시 등교 중인 기재가 이 장면을 놓칠 리 없다.

기재　　(아침부터 시비 거는) 야, 발기남 주제에 뭔 매력이 터져?

세훈　　(억지웃음을 짓는) 아니야, 난 매력 없어 시비 걸지 마.

기재　　시비?!? 시비라고 지금? 와씨, 안 그래도 일찍 나와서 킹받는데. 짱나게!

이때 세훈을 지나쳐 가는 어깨 깡패와 시바. (남몰래 가면을 벗고 등교하는 시바)

시바　　여~

어깨깡패　　노쎄~ (하고 그냥 지나가 버린다)

세훈　　엇! 안녕하세요! 형!

기재　　(투덜) 뭐야? 너 저 형 알어?

머리를 긁적이며 걸어가는 세훈. 근처에서 걷던 3학년 선배 두 명도 아는 체를 한다.

3학년여A　세훈이구나, 안녕!

세훈　　(누군진 몰라도 웃음은 나오는) 네, 안녕하세요-

연달아, 저쪽에서 구보 중인 육상부원이 세훈을 부르며 지나가는데-

육상부녀　여, 노세훈이!

육상부남　아~ 걔가 쟤야? (주먹질 시늉을 하는)

육상부녀　너, 손은 괜찮냐?

자기 손을 매만지며 육상부 선배들에게 꾸벅 인사하는 세훈.

한별　　(보다가) 손? 손이 왜? 손목 잘렸어?

세훈　　아니 그냥.

하룻밤 새 인싸가 되어버린 세훈은 신이 난다.

그런 세훈에게 더 이상 시비 걸기 껄끄러운 기재, 아쉬운 듯 입맛을 다시고...

기재   (투덜) 이 새끼 갑자기 인맥 봐라.

한별   그니깐. 아무리 봐도 미스테리야.

다음 장면의 지훈 목소리가 선행되며- '무어라고오???!'

#322   매점 / 학교 / 실내 / 오전

매점 안에서 먹을 것을 고르고 있는 세훈과 지훈.

지훈   그런 시크릿 파티는 생중계했어야지, 이기적인 새끼야!

세훈   중계는 무슨, 아예 입구서부터 핸드폰 압수하더라. 난 꺼내지도 못했어.

지훈   와씨... 나한테는 노래방 간다고 존나 뭐라 하더니. 이 새끼 완전 어른 행세를 했네.

세훈   어른? 훗.

지훈   (뭔가를 감지하는) 오올~ 노세... 지금 뭔가 더 거대한 얘기가 있는 거 같은데?

뭔가를 감지하고 파고드는 지훈이 갑자기 부담스러운 세훈. 낯빛을 싹 바꾸며-

세훈   아닌데? 전혀 아무 얘기도 없는데?

지훈   (악마의 미소를 지으며) 그니까 그게 뭐냐고. 전혀 아무것도 아닌 얘기...

매점캐셔(off)   다음 학생!

계산대 앞으로 온 두 사람, 빵이나 음료 따위를 내려놓는데, 뒤에서 불쑥 튀어나오는 재원-

재원	(카드를 내밀며) 누나! 이 새끼들 거 같이 계산!
세훈	재원이 형?!
재원	(따뜻한 마음과 공격적인 말투) 처먹어 씹새꺄.
세훈	(맞다 나 이제 인싸니깐-) 고맙습니다.

학생 신분에 어울리지 않게 '헛개수'를 연신 마셔대는 재원에게 인사하고 매점을 빠져나오는 두 사람. 지훈은 저 멀리 사라지는 재원을 가리키며-

지훈	(경계하는) 누구냐? 저 양아치는?
세훈	(배시시 웃으며) 있어. 재원이 형이라고.
지훈	(괜히 뒤돌아보며) 와 씨, 인상 존나 빡쎈데? 혹시 저 사람도 같이 있었냐?
세훈	어 당연하지. 저래 보여도 졸라 착해.
지훈	뭐가 어딜 봐서 졸라 착해? 아침부터 '헛개수' 빨고 있구만.
세훈	됐고. (주변을 두리번거리더니) 너 절대로 이 얘기하면 안 된다. 절대 비밀이야.
지훈	(능청을 부려보는) 오오.. 그래?

떠들며 어디론가 향하는 세훈과 지훈. 두 사람이 휙 지나고 나면 보이는-
몇 발치 뒤에서 세훈과 지훈을 노려보는 한 남자, 남경태는 녀석들의 이야기를 엿들은 걸까?

#323 별관 3층 화장실 / 학교 / 실내 / 오후

소변기 앞의 세훈, 발끝(?)을 힐끔 내려다보며 흐뭇한 미소를 짓는다. 그때 문 열리는 소리-

종수	야, 발기남! 너지? 지난번에 그 씨발 꽉꽉이 새끼한테 꼰지른 새끼가.

종수가 자기 무리 서너 명을 이끌고 들어온다. 문을 닫기 무섭게 전자담배를 꺼내 피워대

는 무리.

종수는 전자담배를 꺼내며 세훈에게 다가온다. 긴장한 표정의 세훈. 소변 배출은 멈출 수 없고-

세훈   뭔 소리야. 뭘 꼰질러?
종수   그렇게 계속 아가리 털어 봐라. 봐주는 것도 한계가 있다.

교복 바지를 여미며 소변기를 벗어나는 세훈.

세훈   (자존심이 상한) 뭐가 뭘 봐주는데, 임마.
종수   임마? 와 노세 이 새끼 존나 많이 컸다? 씨발 꽉꽉이 새끼들하고 다니
       니깐 니가 뭐 된 거 같냐? 착각 존나 오지네.

일단 빨리 이 현장을 벗어나고 싶은 세훈, 그대로 화장실을 나가려는데-

종수   손 안 씻냐? 자지 만진 손으로 돌아다니게?

90도로 동선을 급선회하며 억지로 손을 씻는 세훈. 이때 변기 칸 문소리가 삐그덕- 들리고.

종수   (화들짝) 앗! (급 공손) ...안녕하세요.

갑작스러운 태세 전환에 고개를 돌려보는 세훈. 열린 변기 칸을 향해 굽신거리는 종수와 그 일당들. 변기 칸 내부에는 누가 있는지 확인할 수 없다. 다만 중성적 목소리만이 울릴 뿐.

목소리(off) 너 누구야? 나 알아?
종수   (잔뜩 쫄았다) 아, 네.

이미 손 씻기를 마친 세훈. 그러나 앞으로 벌어질 일들이 궁금해 죽겠다.

목소리(off) 그럼 내가 그 '꽉꽉이 새끼'하고 친한 것도 알겠네?

종수 네, ...죄송합니다.

목소리(off) 뭐가 죄송한데?

종수 아.... 그 아까... (기어들어 가는) 시발 꽉꽉이... 새끼들이라고 해서요..

목소리(off) (피식) 그니깐. 앞으로 너 입조심 좀 해야겠다. 최종수 개새끼야.

종수 네네.

이때 변기 칸을 빠져나오는 그 사람은 바로-

현진 여~ 노세!

세훈 엇! 안녕하세요!

웃는 낯으로 세훈에게 다가오는 목소리의 주인공은- 상현의 생일파티 때 본, 현진이다!
'근데 여기 남자 화장실인데-' '어 자주 와' 하며 나서는 세훈과 현진.

#324　세훈의 반 교실 / 학교 / 실내 / 오후

'우와아!' 탄성을 지르는 반 친구들, 세훈과 현진을 둘러싸고 있다. (기재 일당은 안 보이고)
현진이 아이패드 화면을 넘기면- 뭔진 몰라도 굉장한 비주얼의 선거 포스터 시안들이 보
인다.

의준 (거드는) 와 나 지금 소름 돋았어! (주변에게) 보여? 봤지? 소름 돋은 거!

한별 선배가 직접 만든 거예요?

현진 어 그냥 재미로- (세훈에게) 니네 1차 포스터 언제 붙이지?

세훈 지금 윤정희가 만들고 있으니깐. ...금요일에는 붙일 수 있을 거 같아요.

현진 (피식) 뭐가 그렇게 오래 걸려. (시간을 확인하며) 지금... 거의 한 시
　　　니깐... (둘러싸고 있는 세훈 반 친구들에게) 오늘 수업 마치고 햄버거
　　　먹을 사람?

세훈의 반 친구들   저요!!!! (그 사이에 껴있는 경태만 뾰로통한 표정을 짓고 있다)

현진   (경태에게) 너도 먹자. 우리 좀만 도와주고.

경태   (의준에게 눈치를 주며) 아, 저희는 이따 합창부 가야 돼서요.

현진   오케이! 그러면- 합창부 가는 사람 빼고 다 붙어!

세훈의 반 친구들   네에!

공짜 햄버거와 샐러드에 흥분하는 이 녀석들.

들뜬 표정의 세훈, 뭔가 신나는 일이 벌어질 것 같다.

#325   포스터 제작 몽타주 / 여기저기 / 실내외 / 오후

[포스터 제작 몽타주] 상현과 그의 친구들은 날래고 정확한 일 처리 능력을 보여준다.

선관위- 함께 PC 화면을 들여다보고 있는 준규쌤, 고개를 끄덕거린다.

————

현진과 재원의 반 교실- 수업 시간, 맨 뒷자리에 앉아있던 재원이 손을 들며 아픈 표정을 짓는다. 의심하는 선생의 표정. 현진이 죽은 척하라는 사인을 주면 비틀거리며 쓰러지는 재원.

————

출력센터- 인쇄용지 포장을 뜯는 출력센터 직원. 예열 중인 인쇄기기에 용지를 삽입한다.

————

보건실- 보건교사가 커튼을 닫는다. 보건실 침대에 누워있던 재원은 창문을 열고 빠져나간다.

————

햄버거 가게 주방- 주문서를 보며 눈이 휘둥그레지는 직원. 순 쇠고기 패티 60장을 굽기 시작한다.

————

학교 급식실 앞길- 재빠르게 움직이는 재원, 저쪽에 보이는 학교 CCTV를 능숙하게 피해 달린다.

─────────

출력센터- 현진이 만든 1차 포스터를 정신없이 토해내는 인쇄기기.

─────────

학교 담장- 담장에서 뛰어내리는 재원. 교복을 벗고 달린다.

─────────

햄버거 가게 주방- 샐러드 야채를 써는 분주한 칼 놀림. 그리고 갓 튀긴 감자튀김.

─────────

주택가 골목- 라이더 재킷을 입고 발레파킹된(?) 오토바이를 타고 잽싸게 빠져나가는 재원.

─────────

상현의 반 교실- 수업 시간, 교과서 아래로 휴대폰을 만지는 상현, 60만 원을 모바일 송금한다.

─────────

햄버거 가게 주방- 한쪽에서는 버거를 쌓아 올리고, 다른 한쪽에서는 사이드를 포장한다.

─────────

세훈의 반 교실- 쉬는 시간. 학교 단면도에 표시된 포스터 부착 위치를 친구들에게 지시하는 세훈.

─────────

출력센터- 인쇄물을 포장하는 출력센터 직원.

─────────

햄버거 가게- 가게 직원 두 명이 음식이 든 박스를 딜리버리용 차량에 싣는다. 출발하는 차량.

─────────

출력센터- 팡 하고 열리는 출입문. 헬멧을 벗으며 등장하는 재원. 돌아보는 출력센터 직원들.

─────────

학교 제2주차장- 햄버거 딜리버리 차량이 정차하면 기다리고 있었던 현진과 정희가 달려온다.

─────────

이려관
운동장
본관

학교 담장- 아까 월담했던 위치에 도착한 재원, 오토바이에 묶어둔 포스터 뭉치를 담장 위로 던진다.

———

학교 담장 안쪽- 기다리고 있던 세훈이 포스터 뭉치를 받아 달린다.

———

보건실- 커튼을 열어젖히는 보건교사, 침대에 누워 잠든 척하는 재원을 깨우고-

———

선관위- 포스터마다 쾅쾅쾅 찍히는 스탬프. '영진고등학교 선거관리위원회'

cut to

문 열리면 세훈의 반 친구들이 줄지어 들어온다. 그 자리에서 포스터를 배분하는 상현.

———

학교 옥상 복도- 벽마다 포스터를 붙이는 세훈의 반 친구들.

학교 계단 창문 앞- 정희의 지시에 따라 벽마다 포스터를 붙이는 세훈의 반 친구들.

학교 본관 구름다리- 정희의 지시에 따라 벽마다 포스터를 붙이는 세훈의 반 친구들.

———

햄버거 벤치- 긴 의자에 앉아있는 현진, 손목시계를 확인하고는 피식 웃는다.

고개를 들면 세훈의 반 친구들이 줄지어 서 있다. 햄버거 세트를 나눠주는 세훈과 정희.

#326   운동장 야외테이블 >
별관 3층 화장실 / 학교 / 실외 > 실내 / 오후

햄버거 파티 현장, 세훈의 반 친구들이 각각 야외테이블에 앉아 햄버거 세트를 먹고 있다.
그 외 하교 중인 다른 학생들은 침을 질질 흘리며 이 현장을 지나간다.

현진   여유 있게 주문했으니깐 더 먹고 싶은 사람들은 더 가져가구!

한별   선배, 저희 풀떼기만 먹다 보니깐 속이 허해서 그런데-

현진   어 그래. (세훈에게) 애들 거 좀 챙겨줄래 세훈아?

세훈   (장난치는) 니네 다이어트한다며-

한별   응, 내일부터 할 거야. (여학생들 둘러보며) 야, 니네- 내일부턴 얄짤
  없어.

세훈은 한별 등 여학생들에게 햄버거를 챙겨준다. 하하 호호 즐거운 햄버거 파티-
누군가의 P.O.V- 흥겨운 햄버거 파티 현장.

#327   별관 3층 화장실 / 학교 / 실내 / 오후

저 멀리, 별관 3층 화장실에서 이 광경을 보고 있는 한 남자, 최종수.

종수   발기남 저 새끼 요즘 너무 깝치는 거 같지 않냐? 꽉꽉이 새끼들 없을 때,
  어디 조용한 데서 마사지 좀 해줄까?

종수가 돌아보면 전자담배를 피우고 있는 김기재가 불량한 무드를 잡고 있다.

기재   마사지 좋지~ 어뜨케? 타이로 모실까, 스포츠로 모실까?

씨익 웃는 기재와 종수, 콧구멍에서 전자담배 수증기를 뿜어내는 꼴이 불량하기 그지없다.

-에피소드 3 [해피벌쓰데이] 끝-

스타 탄생

상현의 집안에서 운영하는 MM스터디룸은 최상위권 학생들을 위한 초호화 독서실로서, 상현과 그의 친구들이 아지트로 활용하는 공간이다. 학교 음악실에 선거전략실을 꾸민 기호 2번 캠프에 비해, 스터디룸의 라운지 중 하나를 통째로 활용하는 기호 1번 캠프의 선거전략실.

그 안에서 벌어지는 두근두근 티격태격 방실방실 선거 전략 회의!
그 어떤 사소한 아이디어조차도 이 공간에서는 그럴싸하고 호화스럽게 포장된다.

상현의 친구 중에는 탈고교급 능력자들이 있는데, 대표적으로 이현진이 그러하다. 디자인 학도를 꿈꾸는 힙스터 현진은 음악 미술을 비롯한 거의 모든 예술 예능 분야에 폭넓은 관심과 조예를 갖추고 있다. 삼국지로 치면 조조에 해당하겠지만, 현진은 군주보다는 책사에 가까우므로 곽가나 순욱 계열의 캐릭터라 할 수 있겠다.
*** 여기서 현진이 여자라는 편견은 버리시길**

아무튼 이런 특출난 인재까지 갖춘 상현이건만, 영웅은 하늘이 정하는 법.
경찰들에게 연행되던 그 양원대, 영웅으로 돌아왔다.

명예시민 경찰 양원대.

그렇다. 영웅은 지나가다 발이 걸려도 금덩어리에 걸리는 법이다.

#401   정문 앞 / 학교 / 실외 / 오전

등교 중이던 세훈, 태오와 함께 교문 게시판을 보고 있다.

태오   노세, 만약에 니가 부회장 된다 치면 건의 사항 같은 거 말해도 돼?

세훈   어, 그럼.

태오   너한테도 그런 발언권이 있다는 거지?

세훈   발언 정도는 할 수 있지. 그래도 부회장인데-

태오   그럼 우리 학교도 책상에 USB 충전할 수 있게 해 줘.

세훈   아 그럼… 책상 전부를 교체하는 건가…

태오   왜? 발언 정도는 할 수 있다며-

세훈   (끄덕이며) 그럼 이걸 공약으로 한번 건의해 볼게.

한별   뭘 둘이서 작당 모의야?

태오   조한별, 너도 노세한테 건의해. 공약으로 걸어준대.

세훈   (당황) 아니야! 확실한 건 아니고-

한별   뭐야? 아침부터 지키지 못할 약속 하면서 애들 상대로 약을 팔고 있었어?

세훈   무슨 약을 팔어. 맨날 진지한 표정으로 웃기지 좀 마.

지들끼리 키득거리며 교문을 지나는 세 사람. 세훈은 교문 쪽에 세워진 긴 사다리를 본다.
사다리에서 뭔가를 낑낑거리며 들고 내려오는 경비. 세훈이 관심을 가지자 한별이 눈치
챈다.

한별　　하지 마.

세훈　　뭘?

한별　　미리 얘기하는데 귀찮은 일 만들지 마.

세훈　　(피식 웃으며) 아저씨 뭐 하세요? 저희가 좀 도와드릴까요?

'저희'라는 말에 움찔하는 한별과 태오.

경비　　아이구 괜찮은데... 그럼 뭐, 이것 좀 받아줘.

세훈　　(도망치려는 두 사람을 보며) 가자!

사다리 쪽으로 가는 세 사람.

한별　　평소에 좀 잘하지. 왜 갑자기 오바야.

태오　　그러게, 너의 선거용 선행 때문에 왜 우리까지 귀찮아져야 하는 거지?

그러거나 말거나 사다리 쪽으로 달려간 세훈, 경비의 일손을 살짝 돕는다.
쫓아가서 세훈을 돕는 한별과 태오.
잠시 후 사다리에서 내려온 경비는 50~60대쯤 되어 보이는 후한 인상이다.

경비　　(세훈을 빤히 보며) 아~ 이번에 선거 나가는 학생이신가?

세훈　　네에. (한별의 눈치를 보고는) 고생하세요.

경비에게 인사하고 자리를 뜨는 세훈과 친구들. 이때 경찰차 한 대가 학교 안으로 진입한다.

경찰1　　선생님! 생활지도부가... 어느 건물에 있죠?

경비	쩌어기 맨 앞 건물 2층으로 가시면 되는데, 무슨 일이십니까?
경찰1	뭣 좀 확인할 게 있어서요. 수고하십시오.

본관으로 향하는 경찰차를 의아하게 보고 있는 세훈. 그 옆으로 다가오는 한별과 태오.

세훈	뭔 일이지?
태오	서울시 소재 80년 전통의 Y고등학교, 알고 보니 입시 비리의 용광로. 뭐 그런 거 아닐까?
한별	니 얼굴이 비리 그 자체다.
태오	공연히 사람을 모욕한 자는 1년 이하의 징역이나 200만 원 이하의 벌금에 처한다. 이거 조한별 니 얘기야.
한별	(밀치며) 어우 시끄러! 좀 가.

#402   학생식당 앞 게시판 / 학교 / 실내외 / 오전

학생식당 앞 게시판에 부착된 기호 1번 포스터. 그 앞에서 관심을 가지는 학생들.
잠시 후 등장하는 원대와 지훈, 합창부 2학년 이상오(남).

원대의 P.O.V- 기호 1번 포스터에는 학생들이 남긴 응원 문구나 스티커 등이 보인다.

상오	와... 이거 무슨 콘서트 포스터 같기도 하고. 개쩌네.
원대	개쩌냐? 좋아?
상오	(눈치 보는) 어쩔까? 우리도 이런 거 함 해봐?
원대	(정색) 장난하냐? 졸라 근본 없게 이런 거 만들자고?
상오	아니 뭐... 괜찮은 거 같은데.
원대	괜찮기는! (두 사람을 보며) 우리는 정공법으로 간다. 이딴 걸로 눈요기하지 말자. 쪽팔리니깐.
상오	아.. 알겠어.

승부욕이 불타는 '까칠한' 원대에 기가 눌리는 합창부원과 그 옆의 지훈.

원대   지훈아.
지훈   네.
원대   기죽지 마라. 이런 거랑 애들 민심하고는 아무 상관 없으니깐. 형 알지?
지훈   아... 네.
원대   (어디론가 전화를 거는) 어! 어떻게 됐어?

#403   내실 > 음악실 / 학교 / 실내 / 오전

내실에서 전화를 받는 유경, 음악실로 나오며 통화를 이어간다.

유경   네 선배. 여기는 분위기 좋아. 축구부까지 왔잖아. (잠시) 네 뭐... 제가
          이따 만나볼게요. 네네.

통화를 마치고 음악실 내 사람들을 둘러보는 유경.
몇몇 동아리 부장과 운동부 주장들이 모여있는 음악실. 딱 봐도 유경의 지지자들로 보이
는데...

유경   선배님들. 이번에 진짜 저희 밀어주실 거죠?
일동   오케이! + 아라쓰!
동아리부장 동아리 운영비만 꼭 올려줘!
유경   네, 당선되면 동아리 활성화 명목으로 무조건 밀어붙일게요!
동아리부장 (이 와중에 약간 삐딱한?) 어떻게 보증할 건데?
유경   (가만히 그를 보다가) 오빠. 저 하유경이에요. 제가 보증한다구요. 자꾸
          이렇게 불신하고 못 믿구 그럴 거야? 그럴 거야 오빠들?
일동   아니지 하유경! 가자!! 유경아! + 하유경! 하유경!!

거의 팬클럽에 가까운 분위기. 언니 오빠들에게 두루 인기가 많은 유경이다.

#404   복도 > 세훈의 반 교실 / 학교 / 실내 / 오전

자기 이름이 적힌 포스터 앞에서 괜히 서성거리는 세훈. 지나가는 학생들과 아는 체를 하고 있는데 저쪽에서 불량한 뉘앙스로 걸어오는 최종수가 보인다. 종수를 피해 교실로 들어가는 세훈.

교실로 들어서며 활짝 웃는 세훈, 약간 부끄러운 거 같기도 한데...
어제 포스터 작전에 동참했던 친구들 중 일부가 칠판에 응원 낙서를 하고 있다.
'일단 세우세!' '노세 세우세!' '노세! 한번 해보세' '노세! 1번 해보세' '노세를 국회로!'

세훈   (기분 좋은) 국회는 갑자기 뭐야.
의준   (휴대폰 들며) 잠깐만! 야, 기념으로 찍어! 모여!
한별   (모이면서) 모이긴 뭘 모여, 아우 빨리 찍어. (다른 친구들에게) 니네도
          빨랑 붙어!

모이는 반 친구들. 왁자지껄하게 사진을 찍는다.
교실 뒷문으로 들어오는 종수는 기재 등과 함께 세훈을 쏘아보고 있다.

종수   신났네. 씨발람이.
기재   야 종수야. 오늘이다.
종수   (주고) 발기남 쌍노무 새끼.
기재   (받는) 고자를 만들어 버려.

#405   체육 교보재 창고 / 학교 / 실내 / 오후

퍽- 오래된 체육 교보재 더미 위에 자빠지는 세훈.

체육 교보재는 푹신한 것들이라 전혀 부상의 위험이 없어 보인다. 콜록거리는 세훈.

기재　　야! 오바하지 마! 갑자기 학폭 당한 척하구 있어 좆만 한 새끼가!

세훈　　(궁시렁) 아, 발목 나간 거 같은데.

기재　　쑈하고 있네. 진짜 뒈지고 싶냐?

이때 문을 삐걱 열고 들어오는 한 무리!

종수　　야, 그만해라. (빈정거리며) 예비 부회장님한테 이러면 안 되지.
　　　　　　(세훈을 일으키며) 요새 형들이랑 친한가 봐? 씨바 무슨 경호원 새끼
　　　　　　들도 아니고.

세훈　　그거야 뭐, 같이 선거 준비하고 그러다 보니깐.

종수　　(교복 상의를 여며주며) 근데 그 형들이랑 친하다고 너까지 잘나가는
　　　　　　건 아니지 않냐? 정신 차려 새끼야. 어? 그만 좀 깝치라고. 대가리 빡빡
　　　　　　밀어버리기 전에-

세훈　　근데, 만약에... 나 정말로 당선되면 니네 어떻게 될 거 같애?

교복 상의를 여미던 손으로 거칠게 멱살을 잡는 종수.

종수　　발기남 새끼가 당선 같은 소리 하고 자빠졌네! 그딴 게 무슨 시장이야,
　　　　　　대통령이야?

멱살 잡은 두 주먹을 들어 올리는 종수, 신장 차이만큼이나 끌려 올라가는 세훈. 단추가
툭 떨어지고-

종수　　(세훈의 말을 따라서) 만약에 저 형들 졸업하고 나면 니 고3 생활은 어
　　　　　　떻게 될 거 같냐? 그 생각은 안 해봤냐?

세훈　　그땐 니네도 고3이야. 그때까지 애들 괴롭힐려고?

종수   당연하지! 우린 고3 같은 거 아무 상관 없어! 대학 갈 생각도 1도 없거든!
        (기재와 일당들에게) 안 그래?

기재와 일당들   아니 그거는 좀-

종수   엥?

기재   (중얼) 그 저기... 대학은 가야지. (중얼) 엠티 가고. 연애도 좀 하고.
        쎅쓰도 하고...

종수   (김샌다 김새) 이 새끼들이... (다시 세훈을 노려보며) 아무튼 노세 너-
        편하게 앉아서 공부하고 싶으면 앞으로 잘 생각해라.

세훈   니네 지금 나한테 협박하는 거지?

종수   (눈을 부라리며) 어, 그런 거면 어쩔래?

아직도 멱살을 붙잡혀있는 세훈, 종수의 눈치를 살피다가 은근슬쩍 손을 뿌리치며-

세훈   그래. 알겠어.

기재   (끼어드는) 뭘 알겠는데?

세훈   (종수와 기재를 번갈아 보면서) 잘 생각해 볼게. 됐지?

굳이 잘 생각해 본다고 하니 뭔가 애매해진 종수, 고개를 갸우뚱하면서-

종수   그렇긴 한데... 근데 너 아직 가라고는 안 했다!

세훈   나 점심시간 마치기 전에 교장실 가기로 했는데 지금 가면 안 될까?

기재   저 새끼 구라야! 아까도 지 혼자 자빠져놓고는 발목 나갔다고-

세훈   (기재를 보며) 그럼 너도 같이 가든가. '교장실'.

냉랭한 기운이 감도는 체육 교보재 창고 안, 그리고 갑자기 문이 팡- 열리며!

지훈   노세! 너 빨리 안 가고 여기서 뭐 해?

움찔하는 종수와 기재. 세훈의 얼굴에 안도가 감돈다.

세훈   어, 가야지! (종수에게) 나 간다.
지훈   너 빨리 오래 '교감'이.

'교감'이라는 말이 창고 내부에 쩌렁쩌렁 울린다. 지훈의 애드립에 당황하는 세훈. 일촉즉발의 상황.

기재   (끼어드는) 저 새끼도 구라야! 방금 노세는 교장실 간다고 했어!
종수   (듣고 보니) 이런, 개쌈구리 새끼들이...

순간적으로 시선을 교환하는 지훈과 세훈. '메리와 피핀'의 케미스트리를 보여준다.

지훈   (주거니) 교감쌤이 불러서- 교장실로 가는 거야!
세훈   (받거니) 교감쌤이 교장실에 없을 거라는 편견을 버려!

#406   건물 뒤편 / 학교 / 실외 / 오후

학교 건물 코너를 도는 세훈과 지훈. 세훈은 미행이 없는지 뒤를 한 번 살핀다.

세훈   나 저깄는 거 어떻게 알았냐?
지훈   애들한테 들었어. 후보님 끌려가셨다길래-
세훈   저런 놈들을 좀 잡아가야 되는데- 아침에 경찰 온 거 알지?
지훈   아니, 몰랐는데.

벽에 부착된 기호 1번 포스터를 보며 지나가는 두 사람.

세훈   근데 너희는 준비 잘하고 있냐? 어때 양원대는?
지훈   뭐 이제 시작이니깐- 근데 원대 형이 원래 좀 다혈질인가?
세훈   왜 또 내 욕하디?

지훈   아니 그런 게 아니라. 이렇게 보니깐 말야- 지고는 못 사는 성격이야.
       승부욕 쩔던데.

세훈   어, 그런 거 같더라. 나한테 지랄하는 거 보니깐.

지훈   야, 됐고- 내일 뭐 하냐? 저녁에 닭갈비나 빨자.

세훈   내일? 으음... (잠시 생각하더니) 그래 그럼.

지훈   (피식) 미친놈, 뭘 고민하는 척하고 있어. 니가 스타야? 셀럽이냐?

'스타'나 '셀럽' 운운하며 본관으로 향하는 두 사람의 뒷모습.

#407   세훈의 반 교실 앞 / 학교 / 실내 / 오후

교실로 돌아가는 세훈, 교실 앞에 서 있는 의준과 경태의 표정이 심상치 않다.

의준   (정색) 노세, 좆됐다. 방금 원대 형 잡혀갔어. 경찰한테-

세훈   뭐? 그 선배가 왜?

경태   (투덜) 야, 잡혀가긴 뭘 잡혀가, 그냥 데려간 거지.

의준   아니야. 분위기가 심상치 않았어. 와 씨, 뭔 일이냐.

경태   (들으란 듯이) 씨발 뭔 짓을 못 하겠냐, 후배 새끼한테 뒤통수까지 맞
       았는데-

경태의 말이 가슴에 콕 박혀버린 세훈, 굳은 표정은 관리가 잘 안된다.

세훈   ...방금 잡혀갔다고?

의준   어, 얼마 안 됐어. 아직 출발도 안 했을걸?

세훈은 갑자기 복도를 달려 나간다.

경태   (투덜) 저 새끼는 걱정돼서 가는 거냐, 아님 구경하러 가는 거냐?

의준   (나무라는) 야, 너도 좀 그만해라. 질린다 질려.

경태   내가 뭐.

의준   아니 무슨, 지랄도 정도가 있어야지.

#408   창가 복도+주차장 / 학교 / 실내+실외 / 오후

헐떡거리며 코너를 꺾는 세훈, 창가에 멈춰 서면-

창가 너머로 보이는 주차장, 경찰차가 보이고, 경찰들을 따라 걷고 있는 원대.

클로즈업- 당혹감과 자책감 등이 뒤섞여 복잡해지는 세훈의 얼굴.

지훈(V.O) (#406 대사) 근데 원대 형이 원래 좀 다혈질인가?

클로즈업- 경찰차 뒷좌석에 탑승하는 원대, 세훈 쪽을 슬쩍 올려다본다.

클로즈업- 원대와 눈이 마주치며 움찔하는 세훈의 얼굴.

경태(V.O) (#407 대사) 씨발 뭔 짓을 못 하겠냐, 후배 새끼한테 뒤통수까지 맞았
          는데-

클로즈업- 피식 웃는 원대, 뭔가 몹시 슬퍼 보인다.

덩그러니 창밖을 보며 서 있는 세훈의 옆모습, 복잡하고 착잡해 보인다.

잠시 후, 점심시간 종료를 알리는 멜로디가 운동장에 울려 퍼지며- 시야에서 멀어지는 경
찰차.

#409   길가 / MM스터디룸 건물 근처 / 실외 / 오후

불편한 얼굴로 걷고 있는 세훈. 이때 등 뒤에서 기척을 느끼며 돌아보는 세훈.

빨간 오토바이에 타고 헬멧 바이저를 올리는 재원이다.

재원   (세훈의 표정을 살피더니) 너 이 새끼, 왜 일케 찌그러졌어. 뭔 일 났냐?
세훈   하하, 아니요. 근데 어디 가세요?
재원   응, 난 항상 어딜 가지. 수고해라- (라고 하다가 멈칫 눈빛이 변하며)
        씨발 잠깐.

오토바이 시동을 끄는 재원. 세훈의 교복 셔츠 단추가 떨어진 걸 포착한다.
갑작스러운 톤의 변화에 당황하는 세훈. 재원은 세훈에게 다가오더니- 다짜고짜 멱살을
잡는다.

세훈   엇?! 왜 그러세요?

냉정을 잃지 않은 재원의 표정, 화가 난 것과는 다르다. 잠시 후 잡은 멱살을 놓아주는 재원.

재원   누구냐? 이거 턱주가리 잡혀서 터진 거잖아.
세훈   (당황한) 아까 학교에서 애들하고 장난치다가.
재원   (예리한) 턱주가리 잡으면서 장난쳤다고? 노세 니가?
세훈   네에..
재원   지랄하네. 야, 니가 그런 새끼였음, 애초에 곽상현이 뽑지도 않았어.
세훈   …
재원   됐고. (다시 오토바이 시동을 걸며) 너 몇 반이지?
세훈   4반...이요.
재원   (다짜고짜) 씨발아! 몇 학년?
세훈   1학년이죠.. 당연히.
재원   (긁적) 아 글치. (민망) 장난이야 붕신아. (사실 장난 아님)
세훈   근데 형... 저 정말 괜찮아요. 괜히 애들한테-
재원   (끊으며) 부회장 새끼가 병신같이 당하고 다닐래? (전방을 보며) 간다.

공격적인 배기음을 내며 튕겨 나가는 빨간 오토바이. 세훈의 표정이 미묘하게 변한다.

세훈(V.O) 학생참여형.. 징계위원회. 그렇지 바로 이거야!

#410 바 테이블 / MM스터디룸 / 실내 / 밤

INS- MM스터디룸 벽면 로고.
바 테이블에 모여 선거 전략 회의 중인 네 사람- 상현, 세훈, 정희, 현진.

상현   (현진을 보며) 어때?

현진   (세훈의 휴대폰을 보며) 재밌긴 한데... 난 왜 이렇게 (제스처 하며) 그
         뭐랄까?

정희   (기다렸다는 듯이) 유치하다? 오글거린다? 숨고 싶다? 짜친다?

현진   그렇지! 바로 그거지! (세훈에게) 아니, 숨고 싶은 거까진 아니구.

얼굴이 달아오르는 세훈.
씨익 웃음을 지으며 안경을 추켜올리는 정희. 하필 가운뎃손가락으로 추켜올린다.

세훈(V.O) 아... 진심으로, 거짓말 1도 안 하고... 한 대 쥐어박고 싶다. 저 개밉상.

세훈의 휴대폰 사진을 넘기던 현진이 무언가를 발견하고-

현진   오! 이거 봐라.

세훈의 휴대폰 사진을 보는 상현과 현진. 아침에 세훈 반 친구들이 칠판에 적은 낙서다.

상현   (사진 속 낙서를 읽어보는) 노세. 한번 해보세. 노세 1번 해보세...
         재밌는데?

현진   부회장 한번 해보자는 말도 되구, 1번을 찍자는 말도 되네? 뭐라 그러
         지? 그...

정희　　(슬쩍 거드는) 중의적이다?

현진　　그니깐! 중의적이고 좋아. (세훈을 보며) 한 건 했네, 세훈이.

세훈　　에이, 아니에요. (정희를 의식하며) 애들이 한 건데요 뭘.

이때 주섬주섬 태블릿을 꺼내는 정희. 뭔가 준비한 게 있는 모양인데-

상현　　(읽어보는) 온리 유 온리 원 Only You, Only One...

현진　　(눈이 반짝) 오- 뭔가 감성 있어! (정희를 보며) 정희가 감각이 있구나?

정희　　그냥 재미로 해봤어요. 대충-

세훈의 기대(?)와는 달리 실력 발휘하는 정희. 세훈은 약간 김빠진 표정이다.

세훈의 낙서 사진과 정희가 재미로 만든 디자인을 나란히 놓고 감상하는 상현.

상현　　음.. 각자 나름의 매력이 있어.

현진　　(이제 생각) 맞다! 조만간 니네 프사 찍으러 가야 돼.

세훈　　프사... 프로필 사진이요?

상현　　어, 메인 포스터에 들어갈 거.

현진　　먼저 붙인 건 예고편 같은 거고.

세훈　　(끄덕) 아!

정희　　(뻔뻔하게) 근데 저, 실물보다 사진 안 예쁘게 나오는 편이라...

순간, 정희를 제외한 나머지 세 사람의 정적.

현진　　(당황) 어, 메이크업 팀도 올 거니깐.

상현　　...그래 너무 걱정 말구.

이때 정희의 어깨를 붙잡으며 등장하는 여학생.

인경(off)　　Hey Guys~

올려다보는 세훈. 음료 파우치에 빨대를 꽂아 든 이 3학년 여학생은, 백인경(19, 여)이다.

현진　　어?! 인경 선배. 소식 들었어요. 대단하다 정말.

인경　　이번엔 좀 럭키했지 뭐.

현진　　와… 토플 112점이면 그냥 미국인 아니야?

인경　　(피식) 미국인은 무슨. (상현과 세훈, 정희를 보면서) 분위기 좋네? 잘
　　　　하고 있지?

상현　　그럼요.

인경　　니네 상대편 있잖아. 양원대였나? 합창부.

상현　　네.

인경　　오늘 경찰서 잡혀갔다며? 뭔 일이래?

원대가 언급되자 살짝 긴장하는 세훈.

상현　　이래저래 물어보는데 다들 잘 모르네.

세훈　　원래 좀…

세훈을 쳐다보는 모두. 뭔가 말해야만 하는 세훈.

세훈　　원래 좀… 다혈질인 거 같긴 했어요. 예전부터.

상현　　(웃으며) 에이- 다혈질이라고 다 사고 치냐?

인경　　암튼 니들두 이미지 관리 잘하고, 절대 사고 치면 안 된다? 알지?

상현　　네, 누나.

인경　　(세훈을 가리키며) 근데 얘는 낯이 익다. 어디서 봤더라.

현진　　그래?

인경　　아아! (끄덕) 나 봤어 그거. 버스 안에서- 파워 스매싱! 너 걔지?

정희　　(놓치지 않고 끼어드는) 네. 얘가 걔예요.

인경　　(세훈에게) 괜찮아. Don't be shy. Nevermind.

세훈　　(정희를 노려보다가) 아, 네.

인경	(정희에게) 버려줄래?
정희	넴.

인경은 음료 파우치를 정희 앞에 내려놓으며 유유히 사라진다.

음료 파우치를 보고 있는 세훈. 지난번 세훈 엄마가 꺼내든 '맹모회' 에너지 드링크와 똑같이 생겼다.

상현	우리 형 때 부회장 했던 누나야. 이번에 도움을 좀 받기로 했지.
정희	(불쑥) 고3인데 그래도 돼요? 수능도 얼마 안 남았는데.
상현	(피식) 걱정 마. 어차피 저 누나 수능 안 봐. 이번에 컬럼비아 원서 냈거든. *얼리로.

***얼리 : Early Action / Early Decision. 미국 대학 입학 조기 전형.**

정희	(뭔 소린지 앎) 완전 배수진 쳤네요. 한국 대학은 안 가겠단 거니깐.
세훈	(뭔 소린지 모름) 얼리?
정희	(아는 척) 얼리 디시즌.
세훈	(알아들은 척) 아... 얼리.
현진	미국 대입 조기 전형이라고. 우리로 치면- 수시?

정희는 인경이 간 쪽을 보며 눈을 반짝이더니-

정희	그럼 저분도 선배네 학원에서 컨설팅해 주신 거예요?
상현	글치 뭐. 내가 한 건 아니지만.

#411 계단 / 학교 / 실내 / 오후

INS- 학교 전경. 수업을 마치는 차임벨이 울린다.

하교하는 학생들이 보이는 가운데- 계단에서 대화 중인 세훈과 지훈.

세훈   양원대는 어떻게 된 거래?

지훈   글쎄, 별 얘길 안 하는 걸로 봐서 큰일은 아닌 거 같던데.

세훈   큰일도 아닌데 경찰이 오겠냐?

지훈   그건 이따 닭갈비 빨면서 얘기하자. (계단을 오르며) 기다려 금방 올게.

세훈   얼마나 걸리는데?

지훈   이삼십 분?

세훈   이삼십 분? 야 그냥 나중에 먹든가.

지훈   절대 안 돼. 나 오늘 꽂혔어. 닭갈비의 날이라니깐. 너도 가자, 가서 쫌만 기다려.

세훈   야, 내가 거기 가서 뭐 하냐. 이제 합창부도 아닌데 개뻘쭘하게.

지훈   그럼 피시방 가서 한 판 하고 있든가.

세훈   알았다. 빨리 와라.

계단을 뛰어 올라가는 지훈, 계단을 내려가는 세훈. 잠시 후 세훈의 휴대폰 진동이 울린다.

세훈   네, 형! (잠시) 네? 오늘이요? 그럼 언제 끝나요?
        (지훈이 올라간 위를 보며) 아... 그건 아닌데- (잠시) 네에, 그럼-

통화를 마친 세훈, 위쪽 허공에 대고 외쳐보지만-

세훈   야 박지훈!

계단 난간 위로 머리를 내미는 세훈, 그러나 지훈은 없다.

#412   스튜디오 / 번화가 / 실내 / 오후

어딘가에 놓인 세훈의 휴대폰, 진동이 지잉- 울린다. 그리고 잠시 후 또다시 울리는 진동.

현진　　(화면을 보며) 노세! 너 이거 뭐 계속 오는데? 닭지훈한테 뭐 왔어.

거울과 조명이 딸린 화장대에서 메이크업을 받는 세훈. 브러시질 중이라 입만 살짝 벌려 대답한다.

세훈　　제가 이따 연락할게요. (스태프에게) 저기요, 저는 그, 지적인 느낌으로- 아시죠? 스마트한 느낌.

분장스태프 눈 감으세요.

세훈　　아 넵.

천장이 높은 이 스튜디오는- 일반 사진관이나 웨딩 촬영 공간과는 다르게 마치 패션화보 촬영장을 방불케 한다. 빠릿하게 움직이는 스태프들. 그중 일부는 맞춤 제작 교복을 스팀 다림질하는데-
상현은 에디터 겸 포토그래퍼 정쌤(40대)의 카리스마 넘치는 디렉팅에 따라 포즈를 잡아 본다.

정쌤　　그뤠잇- 턱선 좋고~ (찰칵) 살짝 고개만 숙였다가 45도 위로 노려본다. (찰칵) 그렇지. 노려보지만 화는 안 났다. 나는 카리스마 그 자체- (찰칵) 뿜어낸다~ 코어에 있는 아르기닌을 뿜어낸다~ (찰칵) 그뤠잇- 그뤠잇 보이- (카메라 확인하고) 오케이, 굳잡! (돌아보며) 넥스트!

탈의실 커튼이 열리며- 수줍게 등장하는 발. 돌아보는 현진, 멈칫하는 상현, 미소 짓는 정쌤.

정쌤　　유어 네임?

정희　　(부끄러운) 윤정희요. 아임 미셸 윤.

정쌤　　그뤠잇! 미셸~ 아주 좋아~ (손짓하며) 컴 온~

잔뜩 꾸민 것이 영 어색한 정희, 수줍은 걸음으로 정쌤에게 다가간다.

정쌤	오케이~ 살짝 샤이하지만 살짝 귀엽게~ (카메라를 들며) 느낌 살짝 올려서- (찰칵) 걸어간다. 이제부턴 당당하고 자신 있게! (찰칵) 오늘 밤 주인공은 바로 나! (찰칵) 난 이제 더 이상 소녀가 아니에요! (찰칵) 무릎 꿇어 이것들아! (찰칵)

그런대로 잘 해내는 정희를 거울 너머로 보면서 감탄하는 상현과 현진과 세훈.

현진	역시! 우리 정희는 예쁘지.
상현	(끄덕) 저 정도면 괜춘하지.
세훈	(절로 감탄이 나오는) 와 윤정희... 와 정말... 와...씨.
분장스태프	'와' 말고 (입 모양 하며) '우' 하세요. '우'.
세훈	우우.

시간 경과. 쉬는 시간, '에디터 / 포토그래퍼 정쌤 Jung Sam'의 명함을 보고 있는 상현.

상현	우리도 이런 거 만들까?
현진	괜찮네. 심플하고!
세훈	(현진을 따라 하는) 좋네요, 심플하고!
정희	(끼어들며) 그럼 이 뒷면에다가 공약 같은 걸 넣을까요?
현진	아니야... 공약은 재미없고. (세훈에게) 노세, 뭐 재밌는 거 없을까?
세훈	생각 좀 해볼게요.

스티브 잡스의 시그니처 포즈를 취하며 생각하던 세훈, 문득 테이블에 놓인 디퓨저를 집어 들며-

세훈	선배! 만약에... 명함에서 향기가 나면 어떨까요?
현진	(잠깐 생각하더니) 오, 향기... 향수를 명함에다가 뿌릴까?
상현	아예 시향지로 명함을 만드는 거지.
현진	그뤠잇- 그럼 애들도 받자마자 버리진 못할 거야!

정희 그럼 앞면엔 숫자 '1'하고 곽상현, 윤정희, 노세훈.

뒷면엔 '온리 유, 온리 원'이라고 갈까요? 재미없는 공약 대신? 심플하게?

정희의 말에 화들짝 놀라는 세훈, 숨이 멎을 것 같다.

세훈(V.O) 와 씨! 이 순간에도 깨알같이 지 아이디어만! 근데 왜 내 이름이 세 번째냐고!

어디론가 전화를 걸고 있는 현진.

현진 네 실장님, 명함 사이즈로 시향지 천 장 정도 만들려고 하는데- 아, 잠깐만. (휴대폰을 손으로 가리며) 심플하게 이름은 빼자. 앞면에 숫자 1, 뒷면에 온리 원! (상현을 보며 씨익) 향은 두 가지 할 건데 후보 좀 뽑아 줘요. 팜므 옴므 하나씩~

상현, 손가락으로 오케이- 하며 끄덕거린다. 통화를 마치는 현진.

상현 (포토그래퍼를 흉내 내며) 오케이 굳잡!

이때 열리는 스튜디오 출입문. 양손에 커피를 한 아름 들고 나타나는 재원.

재원 커피 왔습니다!
현진 재원아, 이따 우리 단체 샷 하나 박을까?
재원 (웃으며) 박기는 새끼야, 크크.
정쌤 (뒤에서 나타나는) 회의들 끝났어? 열심히들 하네.
상현 하하. 네.
정쌤 (박수를 치며 흥을 돋우는) 오케이! 다음 누구야?
세훈 저요!

다시 음악 소리가 커지며, 촬영을 재개하는 스튜디오 내부.

잔망스럽게 분위기를 돋우는 정쌤과 모델 노세훈.

처음엔 좀 어색한 세훈. 그러나 조금씩 긴장을 풀면서 나름의 포즈와 표정을 만들어간다.

흐뭇하게 바라보는 상현과 현진, 재원. 웃음을 참으며 구경 중인 정희.

F.O

#413   고깃집 앞+치킨집 앞 / 번화가 / 실외 / 밤

밖에서 본 고깃집 내부- 상현, 현진, 정희, 세훈이 소고기구이를 먹고 있다.

잠시 후 일행들에게 양해를 구하고 자리에서 일어나는 세훈, 고깃집 출입문을 열고 나온다.

교복은 원래 것을 입었지만 메이크업이나 헤어 상태는 아까 스튜디오 촬영 때 그대로다.

휴대폰으로 어딘가에 전화를 거는 세훈.

세훈   어, 밥 먹었냐?

지훈(F)   지금 먹고 있어.

세훈   늦게 먹네.

지훈(F)   우리도 늦게 끝나서... 촬영은 잘했냐?

세훈   (멋쩍은 웃음) 졸라 빡셌지.

잠시 침묵, 세훈은 휴대폰 화면을 확인하더니-

세훈   여보세요?

지훈(F)   어-

세훈   (길가에 세워 둔 고깃집 메뉴판을 발로 툭툭) 니넨 뭐 먹냐? 닭갈비 먹냐?

지훈(F)   아, 아니. 지금 치킨집 왔어.

세훈   치킨? 사거리에 있는 거?

휙 뒤돌아보는 세훈, 얼굴에 반가운 기색이 돈다. 휴대폰 든 손을 흔들며-

세훈   (손을 흔들며 부르는) 야 닭지훈!!!

치킨집 앞- 머리에 고깔을 쓴 지훈이 주변을 두리번거린다.

세훈(off) (주변 소리에 의해 파편화된 소리) ㄷㅏㄹㄱㅈㅣ ㅎㅜㄴ!!!

소리가 들리는 쪽을 보는 지훈. 길 건너 고깃집 앞에서 손을 흔드는 세훈이 보인다. 같이
손드는 지훈.
지훈의 P.O.V- 멀리서 무어라 말하는 세훈. 그러나 주변 소음 때문에 목소리가 잘 들리지
않는다.

고깃집 앞 세훈, 흔들던 손을 내리며 다시 통화를 이어간다.

세훈의 P.O.V- 고깔을 쓴 지훈도 휴대폰을 귀에 가져간다.
(지금부터는 세훈과 건너편 지훈의 단독 쇼트가 교차 편집된다. 두 사람을 한 쇼트에 담
지 않는다.)

지훈   뭐라고? 못 들었어.
세훈   머리에 그건 뭐냐고, 유치하게.
지훈   그니깐 말야. 쪽팔리게.
세훈   혹시... 너.

이때 치킨집에서 나오는 누군가, 지훈에게 들어오라 소리친다. '박지훈 케이크 자르자!'

세훈   (이제 생각난) 맞다! 너 오늘 생일이지?
지훈   응, 이제 세 시간밖에 안 남았지만.
세훈   (미안한) 아씨, 그래서 너! ...야, 말을 하지!!
지훈   (피식) 누가 지 생일을 떠벌리고 다니냐, 빙신아.

세훈의 등 뒤로 열리는 고깃집 출입문. 현진이 빼꼼히 내다보며-

현진 노세! 뭐 해? 와서 아이디어 좀 내라!
세훈 (현진에게) 넵!

건너편을 물끄러미 바라보던 세훈, 뭔가 아쉽고 미안하고 복잡한 표정이다.

세훈 야 암튼, 우리 밥은 다 끝나고 나중에 먹자. 내가 쏠게 제대로! 기대해라!
지훈 (피식) 그래. 닭갈비 백만 원어치 쏴라.
세훈 크크 미친놈. 알겠어! 나 이제 들어가 볼게.
지훈 가라.
세훈 아 맞다! (잠시) 여보세요?

급히 휴대폰을 확인하는 세훈. 통화는 끊어졌다. 길 건너를 향해 외치는 세훈.

세훈 생일 축하해! 박지훈!!

넓은 쇼트- 서로 닿을 수 없는 두 사람. 지훈은 세훈의 축하를 듣지 못하고 가게 안으로 들어간다.
세훈 너머로 보이는 치킨집- 기호 2번 지지자들로 보이는 여러 명이 폭죽을 터뜨리는 등 지훈의 생일을 축하하고 있다. 안에는 원대도 보이고, 유경도 보이고, 경태와 의준도 보인다.

#414 시청각실 / 학교 / 실내 / 오후

INS- 방과 후- 텅 빈 학교의 구석구석.
시청각실에는 회의 중인 세 사람이 보인다. 상현, 정희, 세훈.

상현 (세훈의 공약을 보며) 학생 참여형... 징계 위원회? 이거 내 친구들이

ppy
nday
박 지 훈

엄청 싫어할 거 같은데? 너 재원이한테 암살당할 수도 있어. (웃음)

세훈   (웃음) 에이- 재원이 형은 착하잖아요.

정희   (두툼한 문서를 꺼내며) 저...이거, 작년에 당선된 회장단들 공약 모아
본 건데요.

상현+세훈 (이구동성) 회장단...들?

정희   네, 아직 100개는 못 채웠는데 그래도 보실래요?

상현   (엄청난 흥미를 보이는) 그걸 구했다고? 어떻게?

정희   학교에 전화해서 벤치마킹 좀 하고 싶다니깐, 메일로 보내줬어요.

상현   (문서를 살피며) 와... 윤. 정. 희!!!

세훈   (위기감을 느끼며 토를 다는) 근데 작년 거 남의 학교 공약이... 도움이
될까요?

정희   (무시하며) 그 학교들의 공약 중에서- (다른 문서를 펼치며) 중복되는
것들 랭킹을 매겼어요. 한마디로 트렌드 분석이 가능하죠.

상현   (감탄하는) 좋은데? 정희야! 언제 이런 걸 다 준비했어?

정희   (새침한 말투로) 그냥 집에서 틈틈이?

세훈(V.O) 거짓말하고 있네. 졸라 노력했을 게 뻔해. 잘난 척하고 싶어서.

상현   (정희에게) 이거 작업한 파일도 볼 수 있어?

정희   네, 이미 메일로 보내 놨어요. 시간 날 때 참고하시라구.

세훈   (정희에게) 나는?

정희   (무표정하게) 너는, 다른 일 하면 되잖아. 두 사람이 왜 같은 일 하면서
힘을 빼?

상현   그래 세훈아- 이쪽은 우리한테 맡기구. (문서를 보면서) 너는 그... 배
너랑 피켓 같은 거 설치할 자리들 좀 둘러보고 올래? 응 지금.

세훈   (자리에서 일어나는) 네에-

상현   그것도 중요한 일이야. 알지?

터벅터벅 교실 밖으로 향하는 세훈. 시청각실 문을 닫으며 정희와 눈이 마주친다.

정희는 세 번째 손가락으로 안경을 추켜올린다.

#415   현관 앞 길 / 학교 / 실외 / 오후

뻑적지근한 표정으로 학교 안을 돌아다니던 세훈, 일부 떨어진 포스터를 다시 붙인다.

세훈(V.O) 말은 그렇게 하지만, 사실상 이건 유배를 보낸 거나 다름없다. 흑산도
로 떠나는 정약전이 된 기분이야.

Inter Cut / Flash Back- #414에서의 상현... '그래 세훈아 이쪽은 우리한테 맡기구.'

세훈(V.O) '우리'? '우리'한테 맡기라니... 참 나, 그럼 난 뭐야.

이때 윽- 하며 뭔가를 밟는 세훈. 신발을 들어보면 껌이 지잉- 늘어난다. 온 인상을 찌푸
리는 세훈.

세훈(V.O) 이렇게 3인자로 찌그러질 수는 없어! 그래! 정약전도 결국 흑산도에서
자산어보를 만들어내고 말았지! 나도 뭔가를 보여주자!!!!

그러나 일단은- 화단에 쪼그려 앉아 신발 바닥에 묻은 껌을 떼어내고 있는 세훈.

#416   거실 / 세훈의 집 / 실내 / 밤

세훈의 가족이 도란도란 둘러앉아 피켓을 만들고 있다. 색지를 자르고 있는 세훈 엄마, 글
루건으로 알록달록한 장식을 붙이는 세훈 아빠, 대형 폼 보드에 POP 글씨 쓰는 세훈.

세훈엄마 좀 깔끔하게 붙이라니까! 콧물 같잖아.
세훈아빠 간만에 하니까 어렵네. (세훈을 보며) 우리- 한 4년 만인가?
세훈 　응 그쵸. 초딩 때 선거였으니깐.
세훈아빠 그래. 그 뒤로 중학교 가서는 잠잠하길래. 아빠는 솔직히 걱정했어.

너 왕따 된 줄 알고.

세훈   (왠지 뜨끔?) 왕따는 무슨.

세훈엄마   근데 이거 모자라지 않을까?

세훈   (씨익) 일단 내일 이걸로 반응을 좀 보구, 삼십 개 더 만들어야 할 수도 있죠.

세훈아빠   아이구야~ 그땐 아예 연차를 써야겠네.

세훈엄마   아우 됐어. 누가 보면 대선 나가는 줄 알겠어.

#417   시청각실 / 학교 / 실내 / 오후

시청각실 안의 인원들. 만족스러워하는 사람들의 얼굴 클로즈업.

어깨깡패   오올! 이거 좋은데!!!

현진   괜찮아? 느낌 있지?

상현   시간도 별로 없었을 텐데, 생각보다 훨씬 고퀄이다.

정희   (끄덕거리며) 음...

시바   (다시 가면을 썼다) 음~ 훌륭하구만~

이들 사이에 끼어있는 세훈의 얼굴, 웃음기를 머금고 있다.

상현   (세훈을 보며) 세훈아.

세훈   네.

상현   미리 얘길 하지.

세훈   (떨떠름한) 그러게요.

세훈의 어깨 너머를 힐끗 살피는 정희. 저쪽 구석에 찬밥 신세가 된 세훈의 피켓 3종이 보인다.

남의 속도 모르는 나머지 학생들은 현진이 디자인하고 주문 제작한 초호화 LED 피켓과 세련된 디자인의 배너 등등을 보며 감탄하는 중이었던 것이다.

상현   (위로하는) 현진이가 진작부터 계획이 다 있었는데-
현진   (세훈의 어깨를 주무르며) 그래~ 이런 건 나랑 같이하자. 오케이?
세훈   (아쉽지만) 네에.
상현   (지지자들에게) 자 각자 하나씩 골라보자!

다들 현진이 만들어 온 것을 하나씩 고른다. 구석에 덩그러니 남아있는 세훈의 가내수공업 피켓들.

저벅저벅 걸어가는 발. 카메라 틸트업 하면 그것들을 집어 드는 상현이 말하길-

상현   이것도 좋지 않냐? 약간 레트로 느낌 나구.

위로해 주는 무드에 결국 완전히 마음을 푸는 세훈, 정희와 눈이 마주친다. 묘한 기류.

#418   정문+진입로 / 학교 / 실외 / 오후

교문 쪽으로 걷고 있는 두 남녀의 뒷모습. 한 팀이건만 냉랭하기 그지없다.

둘 사이에 차량 하나쯤은 지나갈 만한 거리를 유지한 이 둘은- 정희와 세훈이다.

정희   야, 노세훈.

걸음을 뚝 멈추며 세훈을 부르는 정희. 두 발짝쯤 더 나아간 세훈이 정희를 돌아본다.

세훈   어, 왜.
정희   그런 거 할 거면 같이해.
세훈   그런 거?
정희   너 어제 만든 거.

세훈　　(발끈) 그러는 니는? 혼자 통계 만들고 어쩌고 다 해놓구선! 그렇게 잘
　　　　보이고 싶냐? 그래 만든 건 그렇다 쳐! 메일도 형한테만 보내주고 나는
　　　　대놓고 따시키냐?

급발진하는 세훈을 보며 당황한 정희의 표정.

정희　　(말을 머뭇거리는) 그거는 사실-
세훈　　사실 뭐?
정희　　그 표 밑에 보면... 니 이름도 같이 있어서...
세훈　　내 이름? 내 이름이 왜?
정희　　(수줍) '우리 둘'이 한 걸로 해서 제출할라 그랬지. (잠시) 100개가 다 채
　　　　워지면-
세훈　　(엥?) 우리... 두울?
정희　　(수줍) 으응.

헉- 살짝 두뇌 회로가 멈추는 세훈.

세훈(V.O) 뭐야 윤정희... 알고 보니, 설마, 진짜로 나를? 진심?

시선을 내리깔며 수줍어하는 분위기의 정희. 이 분위기 뭐지...?

세훈　　(그러나!) 뻥치시네! 전혀 그렇게 안 보이던데- 아주 그냥 일한 거 티
　　　　내고 싶어서 눈알 튀어나올라 그러던데! '우리 둘' 같은 소리 하고 있네!
　　　　딱 봐서 반응 안 좋으면 같이한 것처럼 퉁칠려고 그런 거 아니야?
정희　　(다시 평소의 무표정으로 돌아오는) 응 맞아. 생각보다 머리가 돌아가네.
세훈　　야, 너!

세훈 따윈 가볍게 무시하고 교문을 향해 걷기 시작하는 정희. 세훈도 정희를 따라 걷기 시
작한다.

두 사람의 뒷모습, 아까보다는 거리가 가까워졌다. 원래 애들은 싸우면서 크는 법.

정희   (앞만 보며 걷는) 아무튼 너, 나랑 자꾸 라이벌 구도 만들지 마.
세훈   (정희를 슬쩍 보며) 내가 언제?
정희   (앞만 보며 걷는) 뭘 언제야, 보면 보여.
세훈   (앞만 보며 걷는) 웃기고 있네. 무슨 라이벌 구도냐.
정희   (세훈을 보며) 하긴 라이벌 성립 자체가 안 되지.

그간 냉전을 유지해오던 두 사람. 티격태격하는 모습이 오히려 귀여웁다.

세훈   쳇, 내가 어이가 없어서 말을 말지.
정희   맞아. 내가 볼 때 넌, 쓸데없는 말을 좀 줄일 필요가 있어.
세훈   쓸데없는 말? 뭔 말?
정희   응, 이런 거. 따져 묻기 전에 좀 곰곰이 생각을 해보시지?
세훈   참나. 너 설마 나 좋아하냐?
정희   (가만히 보고 있다가) 엄청 싫어하거나 증오하는 수준은 아니야.
세훈   뭐어?
정희   사실 연민이나 무시에 가깝지.
세훈   와 나. 개어이없네.

그런데 이때 교문으로 진입하는 경찰차 몇 대!
바싹 붙으며 길을 피해 주는 두 사람.
경찰차들을 돌아보는 세훈과 정희.

#419   세훈의 반 교실 / 학교 / 실내 / 오전

화면 가득, 떫은 미소를 지어 보이는 세훈.
교실 안 TV에는 아침 뉴스 화면이 나오고 있다.

TV 뉴스 화면- 경찰서 안 자료화면. 보이스 피싱 일당의 각종 증거물들이 책상 가득 펼쳐 져 있다.

자막- '보이스 피싱 조직 총책 권남구 검거'

기자　경찰은 사고 차량에서 발견한 장부와 휴대폰 등을 통해, 지난 3년간 서 울 인천 지역을 떠들썩하게 했던 보이스 피싱 조직의 총책으로 쉰여섯 살 권남구를 검거했다고 발표했습니다.

오올~ 반응하는 세훈의 반 친구들. 손에 TV 리모컨을 쥔 경태가 반 친구들에게 말한다.

경태　봐라. 나도 깜짝 놀랬다니깐.

그런 경태를 힐끗 보는 세훈. 여전히 떫은 표정이다.

#420　TV 뉴스 화면 / 실외 / 오후

경찰서 안 자료화면. 보이스 피싱 일당의 각종 증거물들이 책상 가득 펼쳐져 있다.
그 위로 삽입되는 증명사진, 바로 원대의 증명사진이다.
자막- '고교생의 영리한 대처가 검거에 결정적 역할'

기자　그간 수사망을 빠져나가던 권 씨는 서울 서초구의 한 도로에서 졸음 운전을 하던 중 주차된 화물차와 충돌해 부상을 입은 상태에서, 하교 중이던 한 고교생에게 목격된 것으로 알려졌습니다.

기자의 멘트가 나오는 동안, 사건 현장의 그래픽이 보인다.

기자　이 고교생은 권 씨의 차량 안에서 수십여 대의 휴대폰과 수억 원이 든 현금 가방을 발견하고 부상당한 권 씨의 도주를 저지하며 경찰에 신고

했습니다.

교장실- 학교에 방문한 고위직 경찰에게 명예시민 경찰 표창장과 포상금을 받는 원대의
모습.

경찰서 앞 (or 학교 앞)-

기자   이에 경찰은 서울 영진고등학교 2학년 양원대 군의 용감한 행동이 범
            인 체포에 결정적인 역할을 한 것으로 보고 시민 경찰 표창장과 포상
            금을 수여했습니다.

자막- '세대에 귀감이 되는 용기 있는 고교생' / '서울영진고 양원대 학생에 표창장 수여'

#421   본관 구름다리 / 학교 / 실외 / 오전

뭔가 김샌 표정으로 소란스러운 복도 끝을 보는 세훈.

세훈(V.O) 정말로 나 때문에 어디서 사고라도 친 걸까 싶어 걱정도 했었다.

세훈의 P.O.V- 시민 경찰 표창장을 든 원대가 지지자 학생들에게 둘러싸여 있다.
원대와의 셀카를 찍으려 줄 선 지지자 학생들. 신난 유경과 지훈은 득달같이 몰려드는 학
생들을 진정시키느라 바빠 보이고.

표정 관리가 안 되는 세훈.

세훈(V.O) 하지만- 막상 이렇게 되고 보니.

세훈의 P.O.V- 전국구 스타처럼 학생들의 지지를 받는 원대, 활짝 웃는다.

서울종양지방경찰청
"경찰이 시민이고, 시민이 경찰이다."
우리
동네
시민경찰
우
그
팁니다.

뒤돌아 걷는 세훈, 원대 쪽을 등지고 걷는다.

세훈(V.O) 사고 친 게 차라리 나았을지도.

복도를 걷는 세훈의 어깨에 손을 올리며 등장하는 상현.

세훈   형.
상현   그럼 그렇지. 괜한 걱정을 했네, 하하.
세훈   그러게요.
상현   왜 이렇게 다운됐어? 너 설마 기대했던 거 아니지? 양원대가 사고 치고
       그런 거.

걸음을 멈추는 세훈, 원대 쪽을 본다.

세훈(V.O) 기대했을지도 모른다.

세훈의 P.O.V- 꽃다발을 한 아름 받은 원대, 급기야 일부 학생들은 원대를 헹가래 하기 시
작한다.
저쪽에서 껄렁껄렁 다가오는 재원과 현진이 상현 쪽으로 합류하며-

재원   씨발 난리 났네. 아주 그냥.
현진   부러우면 지는 거다.

또다시 들리는 함성 소리와 '양원대'를 연호하는 학생들. 이를 보는 네 사람.

상현   계속 부러울 거냐? 여기 서서 계속?
세훈   아뇨.
재원   가자. 씨발.
현진   가자.

상현   그래 가자.

몰려오는 민심을 거슬러 등지고 걷는 네 사람.

세훈(V.O) 시민 경찰 양원대.

세훈의 표정은 제법 매섭게 보인다.

세훈(V.O) 우리 학교에 스타가 탄생했다.

타이틀 인 Title IN- [본격 명랑 정치 드라마, 러닝메이트] EP 4 스타 탄생

-에피소드 4 [스타 탄생] 끝-

전쟁의 서막

요즘 1학년 4반 분위기는 세훈의 선거 출마로 후끈 달아올랐다. 반장인 조한별을 필두로 뭉친 기호 1번 캠프 지원자들, 게다가 태세를 급변한 기재와 종수 일당들까지 말이다.

유세 하루 전, 하굣길 버스 안에서 세훈은 그토록 보고 싶었던 미나를 만나게 된다. 먼저 하차하는 미나를 용기 내어 쫓아가는 세훈.
얼마 후 두 사람은 짙은 석양의 잠수교에서 석양만큼이나 짧은 시간을 공유한다.
—

미나와 인생 첫 외박, 인생 첫 섹스를 나눴다고 생각해 온 세훈에게 그녀가 말해준다. "그때 우리 아무 일도 없었어." (술 취해서 기억이 안 나나 본데 절대 아무 일도 없었다규)
혼자 해 버린 착각에 쥐구멍이라도 찾고 싶은 세훈, 당연히 잠수교에 쥐구멍은 없으니 한강으로 투신이라도 해야 하나 싶은데, 미나는 그녀만의 우아한 '간접키스'로 세훈을 달래준다. 그렇게 또다시 두근대는 마음으로 밤잠을 설치는 세훈.

다음 날 아침부터 시작되는 첫 번째 등굣길 유세.
선거관리위원장 준규 선생의 지도 아래 유세 전쟁을 준비하는 각 캠프의 후보자들과 지지자들.
다들 긴장되고 예민해진 이 시점에서 아직도 등장하지 않은 이가 있었으니-

버스에서 졸다가 정류장을 지나쳐 버린 인간 노세훈이다. 게다가 기호 1번 유세용으로 특별히 제작한 개량 체육복을 잃어버리고, 학교 사물함에 굴러다니던 체육복을 걸치게 된 세훈은 유세 현장에서 웃음거리가 된다.
때마침 상대편에서 유세를 펼치는 지훈의 선전과는 너무나 비교되는 세훈.
상현이 이 꼴을 그냥 둘 리 없다.

역시 전반전에 바로 교체 아웃되는 인간 노세훈, 졸라 우울하다. 열정적인 정신교육 타임 이후 세훈과 따로 면담 시간을 가지는 백인경.
그녀는 2년 전 상현의 형과 선거에 나서 부회장을 역임한 바 있는데, 현재 고3임에도 이번 선거를 도울 수 있는 까닭은 미국 대입 수시모집에 지원했기 때문이리라. 아무튼 인경은 세훈에게 짤막한 프레임론을 설파한 후 은근히 뭔가를 캐묻기 시작한다.

그날 저녁, 집으로 돌아오는 길. 세훈은 집 근처 한적한 곳에서 스쿠터 뺑소니를 당한다.

#501   세훈의 반 교실 / 학교 / 실내 / 오후

'수고하셨습니다!' 종례 후 준규 선생이 교실을 빠져나가자 교실을 나서는 일부 학생들.

한별을 필두로- 박재석, 한재익, 민지안, 강은채, 구하나, 김고은의 7인이 세훈 앞에 선다.

한별	얘들은 내가 뽑은 정예야. 알지? 얘들 나 때문에 너 돕는 거?
재석	응 졸라 귀찮지만-
지안	이왕 하는 거-
은채	확실하게 보여줄게-
하나	그 대신 떨어지면-
재익	손해배상 청구할 거니깐-
고은	잘해라 노세-

초긴장하는 세훈. 이들은 도우러 온 걸까, 협박하러 온 걸까?

세훈	어, 그럼 알지- 이따 시청각실에서 오리엔테이션 한다니깐 거기로 가면 돼.
한별	오키. (의준을 가리키며) 유의준, 넌 그쪽 캠프에서 응원단장 맡았다며?

의준	응 원대 선배가 무조건 하래서... (세훈에게) 어쩔 수 없다. 미안-
세훈	뭐 사실 예상은 하고 있었어.
의준	알지 노세? 몸은 거기 있어도 마음은 너다.
세훈	(웃으며) 됐거든-

이때 꾸물거리며 뒷문으로 들어오는 기재와 일당들, 그리고 맨 뒤에 따라 들어오는 종수.
종수는 목 부위에 파스와 얼굴에 안티푸라민 등으로 떡칠이 되어 있는데...

세훈	헉! 최종수! 너... 괜찮냐?
기재	(종수의 상태를 가리키며) 눈까리 삐었냐? 이게 괜찮아 보여?
종수	(기재를 나무라며) 야 쫌, 그만해라.
기재	니가 강재원한테 꼰질러서 종수 어제 세 시간 동안 대가리 박고 있었 잖아!
종수	(기재에게) 씨발아 그만 좀 하라고.
	(화를 누르며) 암튼 노세, 그동안 미안했다. 많이 힘들었지?
세훈	재원이 형한테... 맞았어?
종수	(억지로 웃으며) 아니지, 그 형은 머리카락 하나 안 건드렸어. 재원이 형은 완전 비폭력주의자니깐.
기재	시발, 차라리 한 대 맞는 게 낫지. 이게 뭐냐.
종수	(기재에게) 김기재 아가리 안 닥치냐? 왜 니가 난리야?
	(세훈의 어깨를 잡으며) 노세, 너는 이제 우리가 지킨다.
세훈	뭘 지켜? 아니야 괜찮아.
종수	(세훈에게) 나 이제 니 경호실장이다.
도하+웅+민구+동호	와 씨발. 뭔 실장? 아 존나 허접해 캬하하!
종수	(위의 네 명에게) 웃지 마 새끼들아. 니들 포함이야. 김기재 너도.

이로써 세훈의 반에서 11명, 경호실장 종수까지 총 12명의 기호 1번 캠프 지원자가 나오
게 된 것이다.

기호 1번 캠프의 오리엔테이션 시간.
커다란 강의용 칠판에 적힌 글자. 'SPY' 유명한 일타강사처럼 밑줄을 쫙- 그으며 돌아보는 인경.

인경　우린 오늘부터 투철한 스파이 정신으로 무장해야 돼.
　　　화장실에 숨어서 애들 뒷담화 주워듣거나, SNS상에서의 여론은 어떤지 캡처하고, 저쪽 캠프 유세 중에 뭔가 핫한 냄새를 맡았다 그러면 깽판도 좀 치고-
한별　윽, 깽판이요?
인경　(웃으며) 그치? 약간 추잡해 보일 수도 있는데- 어차피 이기면 장땡이거든? 자, 따라 한다. '나는 스파이다. 이기면 장땡이다.'
일동　나는 스파이다. 이기면 장땡이다!

맨 뒤쪽에 앉은 종수와 기재 일당들, 그냥 머릿수나 채울 요량으로 앉아있는데- 뒷자리에 엎드려 있던 재원이 불쑥 몸을 일으키며 종수와 기재의 어깨에 손을 슬쩍 얹는다.

재원　야 이 새끼들아 대충할래? 다섯 시간 동안 대가리 박고 싶냐?

두 녀석을 보며 피식 웃음이 나오는 세훈. 기재는 그런 세훈에게 가운뎃손가락을 날린다. 그러다가 또 재원에게 후두부 딱밤을 맞는 두 사람. 재원 옆에는 생일파티 때 있던 어깨깡패 완식과 시바 두영도 보이고. (두영은 학교에서도 시바 가면을 쓰고 있다)
cut to

박스 테이핑을 뜯어내는 현진. 사이즈별로 포장된 개량 체육복이 보인다. 줄 서서 받아 가는 100 사이즈 학생들.

현진　사이즈 100들 가져가시고-

세훈	(연신 감탄하며) 와, 이게... 재질도 뭔가 다른 거 같아요.
현진	원단! 핏! 마감! 부자재 디테일 하나까지 완전 새롭지. 니네가 입던 학교 츄리닝하고는 차원이 달라. '애슬레틱 스포츠룩..' 이 랄까?
상현	(학생들에게) 유세 때 꼭 입어야 하니깐, 집에서 놓고 오면 안 된다. 알지?
학생들	네에 + 오케이!
재원	(피식) 그런 말 하면 꼭 놓고 오는 새끼들이 있지.
상현	(교탁에 놓인 포토그래퍼 버전 포스터를 보여주며) 이따가 메인 포스 터로 교체할 사람들은 1층 현관 앞에서 모이기로 하고. 자, 그럼- (포스터를 내려놓으며) 드디어 내일부터 유세 시작인데... 다들 신나게 재밌게 한번 해봅시다!

박수를 유도하는 상현. 박수 소리로 가득한 시청각실 내부. 상현이 어깨 깡패에게 사인을
보내면-
아마도 기호 1번의 프론트맨인 어깨 깡패가 일어선다. 현진이 이들에게 손짓하며 알려주
는데-

어깨깡패	(아직 어색한) 온리 원! 온리 유!
현진	(캠프 인원들에게 가르쳐주듯) 나를 위한 최고의 선택!
어깨깡패	(아직 어색한) 온리 원! 온리 유!
현진	(캠프 인원들에게 가르쳐주듯) 기호 1번 곽상현! (돌아보며) 오케이?
일동	네엡!
현진	단톡으로 동영상 보낼 테니깐 다들 빡세게 외워 와! 완식이 너도!

시끌벅적하게 해산하는 곽상현 캠프. 다들 하이파이브 하거나 의기투합하며 시청각실을
나선다.
이때 학교 어디선가 울려오는 북소리!

#503 음악실 / 학교 / 실내 / 오후

신나게 북을 치는 용락.

기호 2번 캠프의 오리엔테이션 시간.

캠프 구성원들은 경태와 오대희를 포함하여, 유경의 절친인 윤해라와 정여은.

합창부 윤소영, 조빛나리, 한하영, 남지현, 양혜정 등의 여학생들과

합창부 이상오, 채인호, 오용락, 한찬, 강해, 채예수, 양태민 등의 남학생들로 구성되어 있다.

뜨거운 호응과 함께 맨 앞에 선 원대가 쭉 뻗은 한 손을 주먹 쥔다. 멈추는 북소리.

원대　이번 선거 도와줘서 너무 고맙고. 다 끝났을 때 후회 없게끔 파이팅
　　　해보자! (지훈과 유경을 보며) 유경아 지훈아-

유경　우리 캠프에 참여 못한 친구들도 엄청 많은데요. 그 친구들 대신해서
　　　열심히 할게요!

지훈　저한테 이런 기회 주셔서 다시 한번 고맙습니다. 열심히 하겠습니다!

원대　그리고 우리 응원단장- 유의준.

'오올~ 유의준' 하며 반응하는 기호 2번 캠프 학생들.

유인물을 나눠주기를 마친 의준이 앞으로 나온다.

의준　지금 나눠드린 거는 우리 캠프 구호하고 응원가 가사구요. 내일까지
　　　다들 외워야 됩니다.

'에이~ 초장부터 빡세다 유의준~' -하는 소리에 웃는 원대와 유경, 지훈.

의준　아니 명색이 우리가 합창분데- 대충해서 되겠습니까, 여러분? 자 갑시다!

경태　가즈아!!!!

의준의 리드로 분위기를 끌어올리는 기호 2번 캠프.

#504 구령대 교정 / 학교 / 실외 / 오후

나란히 걷고 있는 세훈과 정희, 지난번과 달리 가까워진 간격의 두 사람.

세훈   (본관을 돌아보더니) 와아... 저쪽 팀도 난리 났네. (쭈뼛거리며) 야, 윤
         정희. 뭐 좀 먹으러 갈래? 나 용돈 받았는데...
정희   (조금의 주저함도 없이) 아니.
세훈   (발끈) 어 나도 그냥 해본 소리거든?
정희   (세훈을 처다보며) 47분 뒤에 수학 과외 있어서.
세훈   (질린다) 아, 그러냐? 대단하다. 47분.
정희   (다시 정면을 보며) 나중에 먹어.
세훈   (약간 수그러든) 그래 그럼.

타이틀 인 Title IN- [본격 명랑 정치 드라마, 러닝메이트] EP 5 전쟁의 서막

#505 버스 안 / 진일예고 앞길 / 실내외 / 오후

통로를 사이에 두고 각자 좌우로 2인 좌석에 나누어 앉은 세훈과 정희.
심심한 세훈은 괜히 말이라도 걸어보는데-

세훈   (마치 뭔가 생각난 척-) 아 맞다! 그 있잖아-

그러나 귀에 이어폰을 끼운 채 휴대폰으로 뭔가를 보고 있는 정희.
김이 새는 세훈. 창밖을 보며 고개를 절레 젓는다. '쟤하고 친해지긴 글렀어 젠장'
이때 정차하는 버스. 세훈은 창밖으로 보이는 진일예고 건물을 올려다본다.
버스 창에 얼굴을 대고 진일예고 학생들 하나하나 살펴보는 세훈. 왠지 아쉬운 표정인데...
잠시 후 뭔가 냄새를 맡은 듯 코를 벌름거리다가- 눈이 휘둥그레지며 옆으로 고개를 홱-
돌리면- 옆자리에 미나가 사뿐하게 앉아있다. 콩닥거리는 세훈의 심장박동이 들려오기

시작하고-

세훈   (뭐라고 해야 할까) 어.. 음.. 아..
미나   안녕?
세훈   (저도 모르게 얼굴이 달아오른다) 누나...

정류장 앞- 정차했던 버스가 산뜻하게 출발한다.
다시 버스 안- 어색하고도 친밀한 두 사람.

미나   이제 끝난 거야?
세훈   네에...

세훈의 P.O.V- 화면 가득한 미나, 기품 있는 자세, 군살 없는 몸 선, 아름다워서 '美나' 일까?

미나   (전방을 주시하며) 그날 잘 들어갔어? 난 엄청 혼났는데.
세훈   (눈알로만 힐끗거리며) 아, 네에.
미나   너... 막 엄청 전화할 듯이 그러더니. (이제야 세훈을 보며) 연락 없더라?
세훈   네?
미나   기억은 나?

세훈의 무릎 위 가방의 작은 옆 주머니에 손을 넣는 미나.
그 안에서 꼬깃꼬깃 접은 종이를 꺼내는 미나의 손. 종이를 펼치면 폰 번호와 이름이 적혀
있다.

미나   폰 못 찾아서. 내가 적어줬잖아.
세훈   (전혀 기억이 없지만) 아아... 맞다. 깜빡했나 봐요.

그런 세훈의 얼굴을 빤히 살피던 미나는 폰 번호 적은 종이를 본인 가슴 쪽 교복 포켓에
집어넣는다.

쭈뼛쭈뼛 손을 뻗는 세훈, 하필 가슴 쪽이라 함부로 손을 댈 수도 없다.

세훈　　(우물쭈물) 어?! 그거 왜 다시-
미나　　(새침) 니가 깜빡했으니깐, 이건 이제 압수야.

고개를 숙인 세훈. 미안하고 아쉽고 아깝고 자신이 원망스럽다.
그런 세훈을 재미있게 바라보는 미나, 미소 짓는다.
그리고.. 알콩달콩 두 남녀를 곁눈질하는 정희. 정희는 귀에 이어폰을 끼우고 있지만... 카메라 틸트다운하면 이어폰 플러그를 배배 꼬고 있는 정희의 손이 보인다. 정확하게 묘사하자면 플러그는 이미 빠진 채-

#506　　버스 정류장도 아닌 곳 / 아파트 단지 앞 / 실외 / 오후

급정차하는 버스. 뒷문이 열리면 뛰어내리듯 하차하는 세훈. (이 모습을 지켜보는 버스 안의 정희)
달려가는 세훈, 온 힘을 다해 달린다! 그러자 저만치 보이는 미나의 뒷모습.

세훈　　누나!!

돌아보는 미나, 깜짝 놀란 표정이다.

미나　　뭐야?
세훈　　(심장이 터질 것 같다) 그... 저기... 헉헉- 마시는...
미나　　뭐라고?
세훈　　헉헉- 맛있는 거 먹으러 갈래요? 제가 살게요!

살짝 당황한 미나, 가만히 뭔가를 생각하는 듯 뜸을 들이다가 방긋 웃으며-

미나   (방긋) 아니.

#507   OO대교 위 (또는 잠수교) / 한강 / 실외 / 석양

OO대교 위 난간, 멍한 눈으로 지는 석양을 바라보는 세훈.

세훈   하아...
미나(off)   어때?
세훈   좋아요.

알고 보니, 대교 난간에 나란히 서 있는 세훈과 미나. 노란 석양이 묻은 두 사람의 얼굴.

세훈   이 시간에 한강엘 와본 게 되게 오랜만인 거 같아요.
미나   나도 그래.

미나의 옆모습을 쳐다보는 세훈. 미나는 눈을 감은 채 강바람을 느끼고 있다.

세훈   (미나를 보며) 저, 누나...
미나   (눈을 감은 채) 응?
세훈   상현이 형 생일파티 때요, 그날 밤에... 있었던 일.
미나   (눈을 감은 채) 응.
세훈   저 그거... 해본 거 처음이에요. 사실 기억은 잘 안 나지만...
미나   (눈을 뜨는) 그때 우리.

세훈을 쳐다보는 미나. 강바람에 흩날리는 그녀의 머리칼.

미나   우리 아무 일도 없었어.
세훈   네?

178

미나   아무 일도 없었다구. 잔뜩 취해서 푹 잤지 뭐.

세훈   아... 근데 그때 분명히 둘 다 옷을-

미나   (웃으며) 진짜 기억 안 나? 니 옷 빨아주다가 너 땜에 내 옷까지 다 젖었
         잖아, 멍충아.

세훈   아...

깔깔거리며 웃는 미나.

세훈은 얼굴이 달아오른다. 분명히 석양을 받은 얼굴이건만 더욱 불그스름해진다.

세훈   죄송해욧!

쪽팔림에 도망치려는 세훈. 미나 등 뒤로 미친 듯 달려가...려는데 텁-

세훈의 가방을 붙잡는 미나. 순간 뒤로 자빠질 뻔한 세훈, 이 모든 건 관성 때문이다.

차분하게 세훈을 붙잡아 돌리는 미나. 마주 선 두 남녀.

미나   (옅은 미소로 세훈을 올려다보는) 내일부터 유세 시작이랬지?

세훈   (미나와 눈을 마주치지 못하는) ...네.

미나   또 착각하면 가만 안 둘 거야.

세훈   네?!

마치 정지된 것처럼 마주 서 있는 두 사람.

미나는 자기 손가락에 쪽- 뽀뽀하고는, 그 손가락을 세훈의 볼에 갖다 댄다. 촉-

눈을 번쩍 뜨는 세훈. '이런 게 바로 간접 키스?!'

INS- 세훈이 멘 가방 위에 살포시 앉은 나비 한 마리. **(VFX)**

미나   (미소) 잘해.

세훈   (당황) 아, 네에-

빠앙~ 소리에 돌아보는 세훈.

교각 위를 지나던 차량이 두 청춘을 응원하듯 경적을 울리고 멀어진다.

그리고 다시 미나 쪽으로 고개를 돌리면- 이미 멀찌감치 걸어가고 있는 그녀.

방금 간접 키스 받은 자기 볼을 더듬어보는 세훈. 불그레 지는 세훈의 얼굴.

INS- OO대교 위 전경. 일몰의 짙은 앰버는 지금 막 불붙기 시작한 세훈의 심장과도 같다.

#508　세훈의 방 / 세훈의 집 / 실내 / 밤

세훈의 방 앞-

'믿음, 소망, 사랑. 그중에 제일은 사랑이라'는 성경 구절이 붙어있는 세훈의 방문.
(**Focus on** '사랑')

방 안- 책상 앞에 앉아있는 세훈의 뒷모습. 누군가와 통화를 하는 것 같다.

세훈　　누나 뭐 해요? 저 내일부터 유세 나가는데... 잠깐 만날 수 있어요?
　　　　(잠시) 아니요... 그냥 좀 보고 싶기도 하고, 뭐 좀 물어볼 게 있어서요.

의자를 돌리는 세훈. 알고 보면 혼자서 '미나와의 통화 시뮬레이션'을 하고 있었던 것.

세훈　　(혼잣말을) ...근데 뭘 물어보지...
cut to

창틀을 만지작거리는 세훈의 손가락. 손가락이 창틀을 훑어가다 보면, 커튼에 가려진 창
틀 바로 아래 벽지, 그 위에 자그맣게 볼펜으로 적힌 'PMN' 박미나의 이니셜이 보인다.
창밖을 올려다보는 세훈. 보름달이 두둥실 떠 있다.
어쩌면 인간 노세훈 생애 역대급 슈퍼문일지도. (**VFX**)

세훈　　보고 싶다.
cut to

PC 화면- 지난번 상현과의 남산 데이트 때 찍은 3인 셀카 사진.

사진을 프린트하는 세훈, 상현의 얼굴 부분은 가위로 잘라버리고- 마치 미나와 둘이 찍은

사진인 양 상현이 사준 다이어리의 안쪽에 붙인다. 뿌듯한 마음으로 사진을 보는 세훈.

포커스 이동하면 디지털시계가 알리는 현재 시각, 새벽 3시 50분이다.

F.O

#509　정문+진입로 / 학교 / 실외 / 오전

비장한 음악이 흐르며 **F.I**

subtitle- 선거 D-4, 유세 첫째 날.

정문 앞 게시판- 학교 여기저기에 부착된 각 캠프의 선거 공식 포스터.

본관 게시판- 학교 여기저기에 부착된 각 캠프의 선거 공식 포스터.

본관 구름다리- 학교 여기저기에 부착된 각 캠프의 선거 공식 포스터.

학생식당 게시판- 학교 여기저기에 부착된 각 캠프의 선거 공식 포스터.

CG- 각 캠프별 지지율 〉〉 기호 1번 곽상현 : 기호 2번 양원대 = 25% : 75%

교문 기준 양옆으로 왼쪽에 자리 잡은 기호 1번 곽상현 캠프와 오른쪽의 기호 2번 양원대

캠프.

각 캠프 양쪽 합쳐 60여 명의 유세 인원이지만 누가 어느 쪽 캠프인지는 확실히 분간할

수 있다. 개량 체육복을 입은 쪽은 모두 곽상현 캠프일 테니. (반면 합창부원들은 거의 양

원대 캠프다.)

준규선생　자, 오늘 유세 첫날- 다들 싸우지 말고 준비한 대로 열심히 해보자. 그
　　　　　리고- 유권자들한테 상품권이나 비싼 굿즈, 이런 걸로 뇌물 주다 걸리
　　　　　면 즉시 아웃이야.

준규 선생이 말하는 동안 각 후보들을 한 명 한 명 훑는 카메라. 상현, 유경, 지훈, 정희, 원대.

준규선생   우리가 배운 대로, 배운 만큼만 하자. 문의 사항은 쌤한테 다이렉트로
          질문하구.

일동   네에~

준규선생   (학생회 학생들에게) 학생회는 문제 될 거 같은 부분들 전부 체크하자.

분주하게 세팅하는 양 캠프 인원들. 학생회 학생들은 흩어져서 이것저것 체크하기 시작
한다.

학생회녀1 야, 니네 2번-

경태   (피켓을 슬금 내리는) 엇? 왜요?

학생회녀1 (피켓을 뒤집어 보며) 이거 못 보던 건데. 도장 어딨어?

경태   (당황) 네? 도장... 지워졌나?

학생회녀1 지워지긴 개뿔. (돌아보며) 야, 탁정아.

저쪽에서 달려오는 학생회녀2, 손에 카메라를 쥐고 있다.

학생회녀2 네, 선배.

학생회녀1 이런 거 좀 찍으라고. 이거 무허가잖아.

경태가 들고 있는 무허가 피켓을 촬영하는 학생회 학생.

경태   (눈치 보며) 야, 탁정아. 좀 봐줘.

학생회녀2 그러게 미리미리 신고하던가.

경태   (눈치 보며) 어젯밤에 만든 걸 언제 신고하냐. 오늘 신고하면 내일 쓸
          수 있는데-

학생회녀2 아 몰라. (속삭이는) 안 찍으면 저 언니 지랄한다고.

이번에는 곽상현 캠프 쪽에서 들려오는-

학생회남(off)   야, 탁정아!
학생회녀2   네에! 오빠!

벌써부터 이것저것 시비 거는 학생회 학생들.
'이 비싼 초콜렛이 여기서 왜 나와?' '이따 나 혼자 먹을라구.' '혼자 사백 개를 드시겠다?'
'혼자 사백 개를 먹을 수 없을 거라는 편견을 버려!'
흐뭇한 표정으로 이 귀여운 광경을 둘러보던 준규 선생이 상현에게 다가가서 말한다.

준규선생   근데- (둘러보며) 어째 우리 반 후보는 안 보인다? 아직 안 왔어?
상현   아뇨 학교는 온 거 같은데... (현진에게) 아직 안 왔어?

상현이 현진에게 눈짓하면, 그 뒤로 휴대폰을 붙들고 있는 정희가 보인다.

현진   (정희에게) 아직 안 왔어?

#510   버스 안 / 도로 / 실내외 / 오전

버스 창가에 기대어 행복한 얼굴로 졸고 있는... 아니 아예 딥슬립 중인 세훈의 얼굴.

안내방송(F) 이번 정류소는 영진고등학교 후문입니다.

#511   버스 정류장 / 학교 앞 / 실내외 / 오전

버스 하차 문을 통해 와르르 내리는 학생들.
학생들이 화면 앞을 지나고 나면- 버스 차창 안, 그대로 앉아있는 세훈의 얼굴이 보인다.

#512　정문+진입로 / 학교 / 실외 / 오전

정희　(화를 억누르며 휴대폰에 대고) 야, 노세훈! 너 어디야!

#513　길거리 / 어딘가 / 실외 / 오전

얼굴에 땀을 뻘뻘 흘리며 달리고 있는 세훈. 버스 창에 눌린 머리는 통곡의 벽처럼 높고 가파르다.

세훈　어, 윤정희! 나 거의 다 왔어. 좀만 기다려! (잠시) 어?! 체육복? 아 맞다!

달리기를 멈추는 세훈. 터져 나올 것 같은 눈으로 뒤돌아보면-

#514　버스 안 / 도로 / 실내외 / 오전

버스 바닥 어딘가에 떨어져 있는 투명 봉투. 세훈의 개량 체육복이 들어있다.

안내방송(F) 이번 정류소는 국립현충원입니다.

#515　정문+진입로 / 학교 / 실외 / 오전

깔쌈한 애슬레틱 스포츠룩의 곽상현 캠프 무리. 그 중간에 썩은 이빨처럼 덩그러니 끼어 있는 세훈.

CG- 각 캠프별 지지율 〉〉 기호 1번 곽상현 : 기호 2번 양원대 = 20% : 80% (2번 상승)

한별　너 머리는 어쩔 건데? 절벽 같애. 개쪽팔려.

세훈	아씨- 많이 이상해?
기재	근데 이 옷은 어디서 째뺏냐?
세훈	그냥 1층 탈의실에서 아무거나 입고 왔어.
한별	그거, 입학할 때부터 굴러다니던 거 아니야?
종수	너 아무거나 주워 입다가 자지에 병 걸린다.
한별	야. (기겁하며 종수의 등짝을 때리는)
기재	(깐족) 진짜... 이거 똥 자국 같은데? (쿵쿵) 와 씨발 냄새도 나!
세훈	(안절부절못하는) 아.. 씨.
기재	사퇴해라, 새꺄. (투덜) 뭔 이런 새끼를 경호하래. 쪽팔리게.

눈알을 굴리다가 저쪽의 현진과 눈이 마주치는 세훈. 움찔하며 반대쪽으로 눈알을 굴린다.
그러나 이번에는 반대쪽의 상현과 눈이 마주치는 세훈. 움찔하며 정면으로 눈알을 굴리면-
반대편 정면에 선 지훈과 눈이 마주친다. 서로 제스처를 하며 마음의 대화를 나누는 두 사람.

세훈(V.O) (제스처 + 자막) 미치겠다.
지훈(V.O) (제스처 + 자막) 그래 보인다.
세훈(V.O) (제스처 + 자막) 죽고 싶어.
지훈(V.O) (제스처 + 자막) 그게 나을 듯.

#516 정문+진입로 / 학교 / 실외 / 오전

드디어 시작되는 등굣길 유세, 기호 1번 캠프의 퍼포먼스!
한별 등 10명과 상현의 생일파티 때 봤던 시바까지 합세하여 기호 1번 홍보 퍼포먼스를
하면- 멋쩍게 피하는 학생들도 있고, 리액션 춤을 같이 추는 학생도 보인다.
몸을 까딱거리면서 기호 1번 명함과 유인물을 나누어 주는 기재와 종수, 길거리 호객꾼
같기도 하고.
한여름마냥 민소매만 입은 어깨 깡패 완식이가 공격적으로 외친다. (하의는 체육복)

어깨 깡패 기호 1번 출동 준비   /   **기호 1번 캠프** 어이!

어깨 깡패 영진고의 선두 주자   /   **기호 1번 캠프** 꽉꽉 꽉 잡아! 곽곽 곽상현!

어깨 깡패 양원대가 어느 대냐   /   **기호 1번 캠프** 꽉꽉 꽉 잡아! 곽곽 곽상현!

어깨 깡패 학생회장 가보자고   /   **기호 1번 캠프** 꽉꽉 꽉 잡아! 곽곽 곽상현!

두둥둥- 하는 북 리듬을 시작으로 유세 레퍼토리를 시작하는 의준과 기호 2번 캠프.

의준   이쯤에서 우리 양원대 후보님 한 말씀 들어보겠습니다!

근처에서 학생들과 악수를 나누던 원대가, 뱃심을 주고는-

원대   (엄청난 울림통) 우리 기호 2번! 학교 바꾸러 가즈아!

기호 2번 캠프   가즈아!!

의준   원대 선배님! 우리 정말 수학여행 부활하는 겁니까!!

원대   (엄청난 울림통) 우리 이제 다시! 수학여행 가즈아!

기호 2번 캠프   가즈아!!

북을 치는 기호 2번 캠프. 둥둥둥 둥둥-

기호 2번 캠프 양!   /   **의준** 양파처럼 까도까도 멋있는~!

기호 2번 캠프 원!   /   **의준** 원대한 꿈을 가진~!

기호 2번 캠프 대!   /   **의준** 대 영진고의 자랑~!

다같이   양원대를 위하여! 원대한 영진을! 위하여!

이에 질세라 어깨 깡패가 리드하는 기호 1번의 목소리도 맞불을 놓으며, 섞여가는 양 캠프의 구호-

#517   정문+진입로 / 학교 / 실외 / 오전

NE ONLY YO
2

시간 경과. 각자 준비한 피켓과 응원 도구를 흔들며 구호를 소리치는 각 캠프의 지지자들.
상현과 현진 주위에 몰린 여학생들은 향수 명함에 코를 박고 호들갑이다.
고급 시향지를 베이스로 하여 앞면에는 양각으로 1이 적힌 명함.

2학년여A (킁킁) 미쳤어 완전 좋아! (명함 뒷면을 보며) 니넨 뭐 공약 없어?
상현   (미소) 궁금해?
2학년여A 당연하지! 뭘 알아야 뽑지.
상현   (공약 카드를 건네며) 몰라두 뽑아. 무조건 최상급으로 해줄 테니깐.

한편, 정희 주변에는 학구파 및 얼리어답터 학생들이 제법 몰려있다.

정희   유튜브나 인강 많이 보시죠? 이젠 책상에서 태블릿이나 핸폰 충전도
            할 수 있어요-
학구파+얼리어답터 오올~ / 몇 개까지? / 그럼 무선 충전도 가능? / 아이폰도 가능?
정희   그건 제가 확인해 볼게요. (메모장에 받아 적으며) 하나씩 말씀해 주
            세요~

유권자들의 다양한 니즈를 꼼꼼하게 메모하는 정희. 그리고 그 너머로 보이는 초라한 한
남자-

세훈   (명함 내밀며) 안녕하세요, 기호 1번 노세훈입니-

그러나 세훈을 무시하며 쌩- 지나가는 학생들. '뭐야- 발기남, 붕신 같애'라며 수군댄다.
절로 한숨이 흘러나오는 세훈, 때마침 인파 속에 있던 상현과 눈이 마주친다. 그리고 이런
뻘쭘한 분위기를 흔드는 기타 조율음, 느닷없다. 소리 나는 2번 캠프 쪽으로 고개를 돌리
는 세훈과 상현-
반대편 캠프에서는 하얀색 일렉기타를 멘 지훈이 보인다. (with 앰프+마이크)

지훈   저는 저희 대표 공약 중 하나를 주제로 해서 존경하는 윤종신 님의 노

래를 개사해 봤는데요- 아시다시피 엄혹한 코로나 대유행을 지나는 동안 우리 학교에서는 은근슬쩍 1, 2학년 수학여행과 3학년 졸업여행을 사실상 폐지시켰습니다. 게다가 학교 측은 면학 분위기를 핑계로 이참에 영원히 수학여행을 뿌리 뽑을 예정이라고 하니 참으로 개탄스러운 일이 아닐 수 없습니다!

(둘러보며) 이제는 감히 말씀드립니다. 입시도 물론 중요하지만, 우리들의 잃어버린 추억. 학우 여러분은 보상받아야만 합니다! 누가 할 수 있습니까?

기호 2번 캠프　　　양원대! 양원대! 기호 2번 양원대!

지훈　　　그래서 불러봅니다. 〈직감적으로〉

가슴이 웅장해지는 기호 2번 캠프 인원들과 유권자 학생들.
지훈의 능숙한 스트로크와 함께 윤종신의 곡을 개사한 노래를 부르기 시작하는 지훈.

지훈　　　(노래) 직감적으로 느껴졌어 / 수학여행 간다는 걸 / 원대 공약 수학여행 / 짜릿한 전율을 잊지 못해 / Oh- oh- oh- / 투표 전엔 모르겠지 / 뽑고 나면 알 수 있어 / 힘든 고3 시간 지나 / 졸업 사진 보면 느낄 거야 / Oh- oh- oh-

합창부원들과 유경은 기호 2번의 1번 공약, '학년별 수학여행과 졸업여행 부활' 관련한 유인물을 나누어 주고 있다. 지훈의 노래가 후렴구에 접어들면 함께 흥얼거리며 구경하는 유권자 학생들.

지훈　　　(노래) 내가 투표한 2번을 난 믿겠어 / 내가 택했던 원대를 / 내 생 최고의 여행일지 / 이번 여행도 취소일지 / 뽑아야 아는 게 공약이지 / 직감적으로 뽑아볼까 / Oh- oh- oh-

〈직감적으로〉에 쏠리는 학생들의 시선과 관심.
어떤 학생들은 1번의 향수 명함만 챙겨서 2번 캠프 앞으로 구경을 가기도 한다.

이때 교문 앞에 정차하는 노 실장의 SUV. 먹을 것을 사 온 재원이 유세 현장을 흥미롭게
바라본다.

각자 프론트 라인에 서 있는 상현과 원대의 찌릿한 시선 교환.

cut to

반대편 후보들의 활약을, 넋 놓고 구경하는 세훈의 멍청한 표정.

근처에 있던 정희가 그런 세훈의 옆구리를 푹 쑤시며 말한다.

정희　　명함하고 공약 카드 다 떨어졌어. 구경할 시간에 그거나 좀 가져오시지?

세훈　　아, 응.

cut to

캐리어를 열어젖히는 세훈, 공약이 적힌 카드와 향수 명함 뭉치를 꺼낸다. 이때 등장하는
현진.

현진　　(세훈의 '주워 입은' 체육복을 매만지며) 고생했네. 이거라도 구해오느라.

현진의 등장에 움츠러드는 세훈.

세훈　　죄송해요. 기껏 준비해 주셨는데-

현진　　괜찮아~ 후보가 돼가지구 너무 쪼그라든 거 아니야?

세훈　　…티 많이 나요?

현진　　(씨익-) 들어가서 좀 쉴래?

세훈　　아뇨, 괜찮아요.

이때 스윽 나타나는 상현. 노트북 가방을 세훈에게 내민다.

상현　　쉬는 게 아니라- 니가 좀 정리할 게 있어서 그래. 그 옷도 좀 갈아입고.

한숨을 쉬며 본관 건물로 향하는 세훈. 슬쩍 뒤돌아보면- 다들 일사불란하고 바빠 보이며, 손발이 척척 맞는다. 다시 시작된 기호 1번과 기호 2번의 유세 대결!

#518 시청각실 / 학교 / 실내 / 오후

INS- 학교 전경.

점심시간, 곽상현 캠프 유세 인원들은 샌드위치를 먹으며 선동꾼 백인경의 열정적인 스피치를 듣고 있다. (인경의 스피치 동안 교화되는 캠프 인원들의 얼굴이 툭툭 편집된다)

인경　This is War. 이건 전쟁이야. For what? 집권. 권력을 잡기 위한 거지. 교칙 개정? 교내 환경 개선? 수학여행? 이딴 건 결국 권력을 쥔 놈이 정하는 거야.
(한쪽을 가리키며) 니네 웃지? 웬 애들 선거 주제에 권력이냐? 일단 이겨 봐. 이기면 알게 돼. 니네 방구석에서 하던 공상 나부랭이들, 앞으로 눈앞에 그대로 펼쳐질 거다 이 말씀이지. 그럴려면 어떻게 해야 할까?

테이블에 놓인, 포장도 열지 않은 샌드위치를 주먹으로 팍- 뭉개는 인경.

인경　'내가 지지하는 놈 대가리를 반드시 저 학생회장 자리에 걸어놓겠다.'
(뭉개진 샌드위치를 흔들며) 이런 생각으로 싸워야 돼. 뭔 말인지 알아들어?
일동　네!
인경　(짐짓 둘러보다가 갑자기 웃으며) 먹어! 먹어 애들아!

비장한 표정의 유세 인원들과 정희, 세훈.
상현은 아직 달려있는 자기 목 주변을 더듬으며 미소 짓는다.

상현　(웃으며) 어우 씨, 빡센데?

#519   학생식당 / 학교 / 실내 / 오후

같은 시각, 양원대 캠프 유세 인원들은 옹기종기 모여 원대의 스피치를 듣고 있다.

원대   오늘 봤지? 쟤네들 별거 없어. 겉보기에는 삐까뻔쩍하지만 진정성이
없단 말이야. 애들 반응 봤잖아. 교복 자율화나 책상 바꿔주는 거보다
수학여행 부활 공약이 훨씬 먹힌다고.
(기호 1번의 향수 명함을 꺼내며) 이딴 거? 향수 다 날라가면 쓰레기
라니깐? (명함을 던지는) 우리는 진정성! 실용성! 그런 걸 로 승부 본다.
쟤들은 노하우가 없어. 뭘 해봤어야 알지. 학교 돌아가는 거, 문제의
핵심들은 내가 지난 1년 동안 쭉 지켜봤단 말이야. 나만 믿고 가자! 무
조건 이긴다! 알겠지?

일동   네!

원대의 스피치에 경도된 유세 인원들이 박수 치면, 식당 내 다른 사람들도 은근히 동화된다.

#520   [교차편집] 시청각실+학생식당 / 학교 / 실내 / 오후

시청각실- 대형 스크린에 학교 층별 도면과 빨간색 화살표로 표시된 이동 동선이 보인다.
점잖은 표정으로 지켜보는 상현. 세훈과 정희에게 손짓하는 인경.

인경   각 반별 지지 동향 파악했어?

정희   (문서를 내미는) 3학년은 아직 파악 중이구요. 이건 2학년.

세훈   (문서를 내미는) 1학년이요.

인경   (앉은 이들을 보며) 전쟁의 핵심은 전략과 전술을 어떻게 짜느냐야.
전략은 최종적으로 이기기 위한 Big picture 같은 거구, 전술은 그때그
때의 형세에서 이길 줄 아는 Trick인 거지.
현재 지지도가 낮은 반, 높은 반들이 (문서 흔들며) 여기 체크돼 있어.

So, where should we go?

한별　　(손 들며) 지지도 낮은 반이요!

(교차편집) 학생식당- 원대가 손 들고 있는 경태를 가리키며 씨익 웃는다.

원대　　아니지. 오히려 거꾸로 생각해야 돼. 우리를 지지하는 사람들부터 확실하게 잡아두는 거지. 한마디로- '광적인 우리 편들을 먼저 만들어라!' 왜냐하면-

(교차편집) 시청각실-

인경　　같은 머릿수라고 해도- 걔네들 목소리가 훨씬 더 크니까.
한별　　(깨달음) 아...
인경　　그러니까 쉬는 시간 게릴라 유세는 무조건-

(교차편집) 학생식당-

원대　　(진지한) 우리 편 지지하는 반에 우선으로 간다.. 가서 말할 때는- '너희 누구 뽑을 거야? 우리 좀 뽑아줄래?' 그딴 식으로는 안 돼.

마침 바로 옆을 지나가던 학생 하나를 붙잡는 원대. 붙잡힌 학생은 황당해하지만-

원대　　'당연히 너는 우리 뽑을 거니깐, 다른 애들한테도 잘 말해줘.'
2학년A　　(엉겁결에) 아... 알았어.
원대　　(캠프 인원들을 둘러보며) -요런 느낌으로 가는 거야. 알겠지?

(교차편집) 시청각실-

인경　　(열정 폭발하는) 니가 사람 새끼면! 우리 학교 학생이면 당연히 기호

1번이지! 대충 대학이나 쉽게 갈려고 재선 노리는 양원대 뽑을 거야?
그런 새끼 탐욕에 속아 넘어갈 거야? 너 제정신이니?

잔뜩 압도된 인원들. 상현과 현진만 재밌는 얼굴로 보고 있다.

인경 -라는 말을 우리 입이 아니라 supporters 입에서 나오도록 만드는 거지.
    우리는 늑대 꼬리(or 꼬랑지)에 불만 붙여주는 거야. 그러니깐!

(교차편집) 학생식당-

원대 (갑자기 정색하며 나직하게) 가자. 가서 다 데리구 와. 나한테.
    (폭발) 걸어 다니는 인간 편의점인가 뭔가 그 새끼 말고! 다 내 앞으로
    데리고 오라고! 줘패서라도! 알겠어?
일동 네엡!!!

(교차편집) 시청각실-

인경 (한 명씩 가리키며 독려하는) 각자 위치로 쳐들어간다! 다 죽여 버려!
    불 질러버려!
일동 네엡!!!
어깨깡패 (우렁찬 목소리로) 가자!! (시바에게) 달려 이 세끼야!
시바 레쓰고!!!!

투지와 의욕으로 불타오르는 곽상현 캠프.
세훈은 유세 인원들과 섞여 전쟁터로 나가려는데-

인경 세훈아! Just a moment.
세훈 네?
인경 (은근히) 너는 나랑 면담 좀 할까?

#521 시청각실 / 학교 / 실내 / 오후

아이패드 화면에는 '충격! 기호 1번 발기남'이라는 SNS 게시물이 보인다.

EP.1 에서 찍힌 '귀싸대기 맞는 발기남' 사진을 보며 책상 앞에 나란히 앉은 인경과 세훈.

세훈	(얼굴이 화끈거린다) 아씨.. 이게 아직도...
인경	알아. 살다 보면 이렇게 꼬일 때가 있지. 그냥 삑사리가 났을 뿐.
세훈	맞아요.
인경	이 계정, 아마 양원대 쪽 애들 중 하날 거야.
세훈	(분노로 눈이 번쩍) 누굴까요?
인경	그건 중요한 게 아냐. 근데 확실한 건 이제 '프레임 전쟁'이 시작됐다는 거지.
세훈	(알듯 말듯) 프레임...?

인경은 근처에 놓여있던 간식 상자에서 네모난 빵을 하나 꺼내 책상 위에 놓는다.

인경	이건 어떻게 생겼어?
세훈	네모나게... 사각형으로...?

그러자 책상에 올려둔 세훈의 텀블러를 여는 인경.

텀블러 뚜껑으로 네모난 빵을 찍어 누르고는 나머지 바깥 부분을 제거한다.

이를 의아하게 보고 있는 세훈.

그런 세훈을 보며 미소 짓던 인경이 텀블러 뚜껑을 들어 올려 보여준다.

인경	지금은? 지금도 네모난가?
세훈	아뇨... 이제는 그냥 동그란데요?

텀블러 뚜껑 안쪽에만 남아있는 빵. 그 너머로 인경의 얼굴로 포커스 이동하면-

인경   응, 이게 바로 프레임이야. 니가 원래 어떤 애인지는 하나도 관심 없어.
       이제 쟤들은 쟤들이 원하는 방식으로 너를 자르고 깎아 낼 거야. 제일
       구린 모습으로.

세훈   (진심으로 감명받은) 아!!!! ....그러면 이제 전 어쩌죠?

인경   너는 뭐... (진지한 태도를 풀며) 그냥 나랑 얘기 좀 하는 거지.
       Just talking about.

자기 휴대폰을 만지작거리는 인경. 세훈 앞으로 놓으며-

인경   이번 선거, 어쩌면 니 역할이 제일 클지도 몰라. 우리 중에선 양원대
       쪽 애들에 대해 니가 제일 잘 알잖아. 얼마 전까지 합창부였구, 박지
       훈이하고도 친하다며.

세훈   예. 그렇긴 하죠.

인경   그럼 이제 하나씩 풀어보자. 기호 2번 애들에 대한 소문들.

세훈   소문이요?

인경   응, 소문도 좋고. 팩트여도 좋고. 세훈이 니가 잘 알고 있는 걔들에 대
       한 얘기들.

머뭇거리는 세훈의 표정. 시청각실 문 쪽을 스윽 보는 인경.

#522   본관 게시판 앞 / 학교 / 실외 / 오후

INS- 게시판에 붙어있는 선거 후보자 공고문, 학생들의 낙서나 스티커 등으로 엉망이다.

INS- 특히 윤정희와 노세훈 아래에 '개구리년'과 '발기남'이라는 낙서가 눈에 띄는데, 게시
판 낙서를 보고 있는 정희와 세훈. 세훈의 얼굴에 짜증이 가득하다.

상현   괜찮아. 무관심보단 차라리 악플이 낫지.

196

돌아보는 세훈과 정희.

세훈　　형.

주머니에서 기호 1번 스티커를 꺼내는 상현, '개구리년'과 '발기남' 위에 착착 붙인다.

상현　　(웃으며) 그래도 웃어. 웃는 놈이 이긴다.

주변을 둘러보는 세훈과 정희. 하교 중인 학생들과 눈을 마주친다.

상현　　두 사람, 오늘 수고했고 내일은 더 잘해보자.
정희+세훈 네.
상현　　그리고 세훈아.
세훈　　(움찔) 네 형.
상현　　(미소를 잃지 않으며 또박또박) 이제 다시는 나 쪽팔리게 하지 마라.
　　　　　알지?
세훈　　네에.
상현　　오늘 보니깐 쟤네들 잘하더라. 지훈이도 그렇구. (보며) 간다. 내일 보자.

먼저 걸어 나가는 상현. 세훈은 결연한 표정으로 그의 뒷모습을 본다.

정희　　노세훈.
세훈　　왜.
정희　　올리브영 갈래?
세훈　　엥? 올리브영엘 가자구? 너 혹시 화장품 같은 거 사러? (너 따위가?)
정희　　왜? 사면 안 되냐?
세훈　　하하. 흐흐. 크크. 웃기고 있네.
정희　　(티격) 너 죽을래?
세훈　　(태격) 미쳤냐 내가? 니 손에 죽게.

정희   아 됐어. 가기 싫음 말구.
세훈   나도 살 거 있거든.

티격태격하며 화단 쪽으로 걷는 두 사람.

#523   버스 정류장 / 번화가 / 실외 / 밤

(쇼핑을 마친 후) 버스를 기다리고 있는 정희와 세훈. 정희는 세훈이 든 선물 포장을 힐끗
거린다.

정희   누구 줄라고?
세훈   비밀인데.
정희   어, 그러든가.

이제 막 도착하는 버스에 탑승하려는 세훈. 그러나 정희는 세훈을 따라 탑승하지 않는다.

세훈   안 타냐?
정희   어, 나 안과 좀 갈려고.
세훈   그렇지, 지금쯤 튀어나올 때도 됐지. 잘 보이고 싶어서.
정희   응 꺼져.
세훈   응 너나.

이렇게 만나기만 하면 티격대는 두 사람이지만, 비어 있는 창가 좌석에 앉은 세훈은 버스
밖의 정희에게 손을 흔든다. 슬쩍 손을 흔들며 인사하는 정희.
나름 훈훈한 분위기의 음악이 흐르며 다음 장면으로 이어지면-

#524   오솔길 / 근린공원 / 실외 / 밤

귀에 이어폰을 꽂은 세훈, 인적 드문 오솔길을 걷고 있다.

잠시 후 걸려 오는 휴대폰 진동음에 전화를 받으면- (이때 멈추는 훈훈한 분위기의 음악)

세훈   여보세요.

태오   혹시 서울 영진고등학교 1학년 4반 노세훈 씨 핸드폰 맞나요?

세훈   (피식 터지는) 응, 너 안태오지?

태오   어 맞아.

세훈   뭔 일이야? 전화까지 하고-

태오   어… 노세훈. 내가 접때 좀 흥미로운 걸 발견했는데. 니 입장에서 흥미
        로울지 어떨지는 잘 모르겠네.

세훈   흥미로워? 뭐가?

태오   학교에서 보여줄게. 대신 그 출처가 나라는 사실에 대해서는 묵과해
        줬으면 좋겠어.

세훈   (피식) 알았어. 묵과할게.

태오   그래, 난 그럼 이만.

세훈   (통화를 마치고) 뭐야 안태오. 뜬금없이.

괜히 피식 웃음이 나오는 세훈.

방금 전 멈춘 부분에서 다시 재생되는 훈훈한 분위기의 음악. 그런데-

피식 웃는 세훈을 향해서 달려오는 시커먼 무언가! (사실 아까부터 화면 속에 있었던 것
이다)

세훈의 머리를 뭔가로 가격하려던 바로 그 순간!

기척을 느낀 세훈이 가까스로 피한다.

피하며 근처 기둥과 바닥에 머리를 찧는 세훈, 경황이 없는지 시선이 흔들거린다.

세훈의 P.O.V- 스쿠터 운전자는 빤히 세훈을 보고 있다.

세훈   도와…주세요.

그러나 짙은 색 바이저의 헬멧을 쓴 운전자는 급히 스쿠터를 몰아 도망친다.

세훈의 P.O.V- 멀어지는 스쿠터, 시야가 흐릿한 탓인지 어두워서 그런지 번호판 식별이 전혀 되지 않는다.

머리에 피를 흘리며 쓰러진 세훈.
떨리는 세훈의 손, 그 옆으로 떨구어진 쇼핑백.

-에피소드 5 [전쟁의 서막] 끝-

몬스터

뺑소니는 누구의 소행일까? 단지 우연한 사고였을까? 이 이야기를 여기까지 지켜본 여러분들은 극 중 등장하는 친구들 중 이륜차 탑승자들 몇 명을 꼽아 볼 수 있을 게다.

바이크매니아 재원, 부모님이 운영하는 족발집 배달 일을 돕곤 하는 원대까지 총 두 명.
사고 장면의 CCTV도 없을 뿐만 아니라, 세훈의 기억에 따르면 뺑소니 스쿠터 는 번호판이 가려져 있었단다.
이렇게 오리무중이 되고 마는 뺑소니 사고. 그나마 다행인 점은 세훈이 크게 다치지 않았고 머리에 네 바늘을 꿰매는 정도로 수습되었다는 것이다.

일종의 동정심 유발이랄까? 드레싱을 하고 나타난 후보자 노세훈을 적극적으 로 케어해주는 지지자들과 친구들.
그간 세훈을 아니꼽게 봐오던 원대의 오른팔 남경태 녀석이 떠드는 음모론 같 은 걸 제외하고는 대체로 그러한 분위기다.
이러한 훈훈한 분위기(?) 속에서 이어지는 두 번째 유세! 어제보다 조금 나아 진 기호 1번에 비해 유경과 지훈의 꽁트로 꾸려진 기호 2번의 유세는 더욱 돋 보인다. 그래서인지 자꾸 세훈을 닦달하는 상현, 이젠 심한 말도 서슴지 않는다.

선거에서 상대편이니만큼, 이전보다 거리감이 생겨버린 세훈과 지훈. 그런 이유로 씁쓸해 하던 세훈에게 무언가를 보여주는 최상위권 모범생 안태오. 그것은- 선거 출마를 앞둔 얼마 전, 1학년 후보를 정하기 위해 원대가 메모해 둔 인물평 리스트이다.
마치 국가정보원의 엑스파일(X-file)처럼 1학년 우등생들의 사사로운 신상 정보 따위가 빼곡히 적힌 찌라시성 문서인데..
문제는 그 안에 묘사된 세훈의 인물평이다.

그것을 거듭 읽는 동안 원대에 대한 적개심이 점점 커지는 세훈. 그런 그에게 기름을 끼얹는 사건이 벌어졌으니- 이름하여 '성희롱 양심고백'!

이미 처벌이 끝난 교내 성희롱 사건을 굳이 다시 또 꺼내 들며 유권자 학생들의 비난을 구하는 경태의 대자보.
글 속에는 함께 가담했다던 세훈의 이름도 들어가 있는데. 사실과는 다르게 성희롱 공범이 되고만 세훈.
이 모든 건 세훈을 지독히도 싫어하는 경태의 공작이다. 그리고 그런 경태 뒤에는 늘 원대가 있었다. 그의 마타도어를 지시라도 하듯.

자꾸 세훈을 다그치는 상현, 열등감에 가득 차서 사사건건 자극하는 경태, 뻔뻔함을 넘어선 원대의 기만까지 더해지자, 세훈의 심연에 도사리고 있던 괴물이 반응하기 시작한다.

#601   응급실 / 대형병원 / 실내 / 밤

황급히 달려가는 발. 응급실 문을 열고 들이닥치는 재원, 심각한 얼굴로 다가가면-
세훈의 부모님과 상현, 그리고 병상에 누워 있는 세훈이 보인다.
뒤통수에 밴드를 붙이고 식염수 수액을 맞고 있는 세훈. 재원을 쳐다보는 상현.

재원   뺑소니라매? 어떤 씨밸럼이 그랬냐? 잡았어?
상현   정확하게는 미수.
재원   괜찮냐 노세?
세훈   네 형.

-라고 말하다가 세훈의 부모님과 눈이 마주치는 재원. 상스러운 자기 입을 가리며 꾸벅
인사한다.

세훈   (부모님에게) 재원이 형이야.
재원   (세상 예의 바른 태도로) 안녕하십니까!
세훈아빠 네, 그래요. 이분은 졸업생 선배신가?
재원   아뇨, 졸업은 아직 멀었습니다.

세훈엄마 그래, 뭐 좀 마실 것 좀 사다 줄게.

상현 아니요, 어머니. 괜찮아요.

세훈아빠 아니야, 형들 왔는데 편하게 얘기하구 있어.

자리를 내어주는 세훈의 부모님. 재원은 어른들께 꾸벅 인사한다. 이를 보며 웃는 세훈.

재원 왜 임마.

세훈 형 예의가 엄청 바르시네요.

재원 (평상시 모습으로 돌아오는) 씨벌럼이, 뒈질라구. (상현에게) 어떻게 된 거야?

상현 스쿠터에 치였대. 아파트 단지에서.

재원 어디 딸배냐?

세훈 잘 모르겠어요. 그냥 검정색인데.

재원 번호판은 봤고?

상현 경황이 없어서 못 봤대.

재원 (세훈의 뒤통수를 살피며) 뚝배기 깨졌냐?

세훈 (뒤통수를 가리키며) 네 꿰맸어요.

재원 전치 몇 주 나왔는데?

상현 몇 주까진 아니고, 네 바늘 꿰맸어.

재원 아 씨발. 개놀랬네. (수액 링거를 올려다보며) 근데 이거는 왜 맞고 자빠졌냐?

상현 맞으면 좋지. 어쨌거나 피는 흘린 거니깐.

재원 엄살떨고 있어 개새끼가.

세훈 (웃으며) 아뇨, 저는 괜찮은데 상현이 형이 뭐든 다 맞으라고 해서요.

상현 (웃으며) 죽어도 입원은 안 한다길래.

재원 (웃으며) 이 정도로 입원하면 처맞아야지. 안 그러냐?

세훈 (웃는) 네 형. (상현에게) 아무튼 죄송해요. 이제 막 유세 시작인데.

상현 (웃는) 야, 뭔 소리냐 섭섭하게. 두 다리 멀쩡하면 같이 유세 뛰어야지.

재원 그래 씨발. 두 배로 뛰어 새꺄.

이때 다가오는 응급실 간호사.

응급실 간호사　　　혹시 영진고등학교?
세훈　　　(웃다가) 네. (간호사 쪽을 보며 움찔) 어?!

세훈의 시선을 따라 고개를 돌리는 상현과 재원. 스쿠터 헬멧을 벗으며 응급실로 들어오는 원대.

세훈　　　선배님. 여긴 어떻게?
원대　　　세훈이 너였구나… (상현과 재원을 보더니) 다행이네. 괜찮은 거 같아서.
세훈　　　여기 저 있는 거 알고 오신 거예요?
원대　　　어, 그게 좀. (자기가 생각해도 어이가 없는지) 아저씨한테 전화…를 받아서.
상현　　　아저씨?
원대　　　(멋쩍게) 아니, 그… 경찰 아저씨. 우리 학교 학생이 다쳐서 신고 들어왔다길래.
세훈　　　아!
상현　　　(비꼬는 듯?) 그렇네, 원대가 또 '명예시민 경찰'이다 보니.

이때 원대를 위아래로 훑는 재원. 눈빛이 예사롭지 않은데-

세훈　　　저는 또, 저 땜에 오신 줄 알고.
원대　　　응 그건 맞지. 너도 우리 학교 학생이니깐.
상현　　　(농담처럼 진심인 듯) 근데 경찰들이 안 바쁜가 보다. 너한테 연락까지 다 주시고.
원대　　　(겸손한 듯 진심처럼) 에이 뭐. 그냥. 내가 '얼굴마담'이잖아. 우리 학교.

이상하리만치 냉랭한 분위기, 이런 미묘한 기류 속에서 두 형들을 슬쩍슬쩍 눈치 보는 세훈.

재원	근데- 너 무릎은 괜찮냐?
원대	어? (바지를 내려다보더니) 아까 좀 삐끗했다. 급하게 오느라. 넘어졌어.
재원	급하게 여길 오다가?
원대	그렇지, 뭐.
재원	(정색) 뭐 타고 왔는데?
원대	스쿠터... 타고.
재원	(예리하게) 니 스쿠터 색깔은 뭐냐?
원대	(표정이 변하며) 그게 무슨 소리야?

재원의 이상한 추궁 타임(?). 때마침 돌아온 세훈 엄마에게 95도로 깍듯하게 인사하는 원대.

원대	어머니 안녕하세요! 저- 원대예요.
세훈엄마	어머, 원대 오랜만이네. 근데 여긴 어떻게 왔어?
세훈	아... 방금 전까지 그 얘기 하고 있었는데-

타이틀 인 Title IN- [본격 명랑 정치 드라마, 러닝메이트] EP 6 몬스터

#602 후문+진입로 / 학교 / 실외 / 오전

subtitle- 선거 D-3, 유세 둘째 날.
CG- 각 캠프별 지지율 〉〉 기호 1번 곽상현 : 기호 2번 양원대 = 20% : 80%
등굣길 유세를 준비 중인 양쪽 캠프 인원들. 기호 1번 캠프에서는 한별을 비롯한 1학년들
이 세훈을 에워싸고 있다. 머리에 그물망 드레싱을 하고 있는 세훈. 양파처럼 생긴 게 코
스프레마냥 보인다.

한별	그래? 아파트 근천데 CCTV도 없어?
세훈	응 하필 거기만 없던데? (통증을 느끼는) 앍!
한별	엄살이야!

한별과 분장 팀원들은 그물망 드레싱을 한 세훈의 머리에 뭔가 스타일링(?)을 시도하고 있다.

한별　야, 너는 경호실장이 뭐 했어.

기재와 함께 몇 발치 떨어져 있던 종수가 선글라스를 벗으며 말한다.

종수　무슨 대통령도 아닌데 집 앞까지 쫓아다니냐.

저쪽에서 오는 상현. 세훈과 1학년들은 꾸벅 인사한다. '안녕하세요!'
인사하고 흩어져 자기 할 일을 하는 기호 1번 인원들. 세훈에게 다가오는 상현.

상현　어 세훈아. 좀 괜찮아?
세훈　네, 형. 아침에 좀 욱신거리긴 했지만.
상현　(세훈의 그물망 스타일링을 살피며) 이건 무슨 손오공 같기도 하고. (웃음) 그래도 어제보단 낫네.
한별　(세훈에게) 거봐. 괜찮다니깐.
상현　조금이라도 이상하면 말해. 내가 큰삼촌한테 다 얘기해 놨으니깐.
세훈　네. 감사합니다.
상현　야, 집안에 병원 하는 사람이 있는데 이럴 때 써먹는 거지.
세훈　흐흐. 부모님도 엄청 고마워하세요.
상현　(웃으며) 됐구. 빨리 낫기나 해. (잠시) 근데 그, 미수범은 어떻게 됐대?
세훈　글쎄요, 목격자 현수막을 걸긴 했는데... (장난스레) 근데 형 집안에 경찰은 없어요?

키득거리는 세훈과 상현. 그 둘 사이로 끼어드는 한별과 분장 팀원들(?).
(미리 말씀드리지만 분장팀이라 해서 전부 여학생일 것이라는 편견은 버리시길)

한별　(끼어드는) 선배, 잠시만- 노세 분장 마무리 좀 할게요. (분장 팀원들에

게) 야 모여! 컨셉을 좀 바꿔야겠어. (남자 팀원에게) 야 고데기!

웃으며 뒤로 빠지는 상현. 한별과 분장 팀원들은 각종 미용 도구로 세훈을 꾸며주기 시작한다.
학생들에게 유별난(?) 관심을 받게 된 세훈, 불의의 사고를 당한 것치고는 흐뭇하다.
그런 모습을 보고 있는 기재와 종수.

기재   뷰웅신, 좋댄다.

종수   부럽냐?

기재   좆까.

종수   어, 너도. (선글라스를 쓰는)

그런 모습을 보고 있는 기호 2번 캠프의 경태와 의준.

경태   시발 어이없네.

의준   왜 또.

경태   지가 자빠져서 쳐 다친 거 가지고 웰케들 호들갑을 떠냐 짱나게.

의준   나는 언제부턴가 니가 더 짜증 나. 혹시 너 그거 정신병 아닐까?

그러거나 말거나 의준의 어깨를 돌리며 심각한 표정으로 말을 이어가는 음모론자 남경태.

경태   생각해 봐. 뺑소니, 미쓰, 어쩌구 하는데 저렇게 멀쩡할 거면 대가리에 저런 걸 왜 하냐고.

의준   또 뭔 소리야.

경태   졸라 약한 상처겠지. 근데 걍 동정표 받을라고 저 지랄하면서 쇼하는 거 아니냐?

의준   (어이없는) 일부러 저러구 왔다고? 동정표 받을라구?

경태   아니. 어쩌면- 사고 난 거 자체가 개쌉구라일지도 몰라. 요즘 세상에 CCTV도 없다는 게 말이나 되는 소리냐? 21세기에?

의준　　야 남경태. 어느 정신 나간 새끼가 다쳤다고 구라를 치겠냐, 선거가 코
　　　　앞인데-

경태　　그치? 바로 그거야! 노세 저 새끼가 그렇다니깐. 항상 허를 찌르는 새
　　　　끼야.

이쯤 되자 말리는 의준도 두 손 두 발 다 든 상황.

대희　　(뒤에서 다가오며) 뭐? 노세훈 사고 난 게 구라라고? 자작극???

경태　　들었냐? 일리 있지? 오대희? 존나 미쓰라니깐. (경태는 '미수'를 모른다)

의준　　(진저리 치며) 새끼 존나 가짜 뉴스 만들구 있네. 아우 미친놈. 그만 좀
　　　　해라.

#603　　후문+진입로 / 학교 / 실외 / 오전

INS- 학교 전경.

오늘부터 안경을 벗은 정희는 엄청난 미모(?)를 자랑하는데! 기호 1번 캠프의 뜨거운 반응.

특히 바로 옆에 서 있는 '양파망 대가리' 인간 노세훈은 할 말을 잃었다.

세훈(V.O) 어제 안과 간다더니... 성형을 하고 온 건가... 와씨 윤정희.

정희　　왜? 놀랍냐?

세훈　　아니 전혀 아닌데.

cut to

현진이 만든 기호 1번 응원가에 맞춰 유세를 시작하는 기호 1번 캠프. 몸을 씰룩거리는
시바는 쟁반 가득 작은 사이즈 콜드브루를 들고 웨이터마냥 유권자 학생들에게 권한다.
그 옆에는 향수 명함을 나눠주는 세훈과 공약 카드를 나눠주는 정희가 보이고. 박자에 맞
추어 피켓을 흔드는 유세 인원들.

기호 1번 캠프   only one only you! 나를 위한 최고의 선택.

only one only you! 기호 1번 곽상현 yeah! 1, 2, 3, 4.

1번을 찍자. (1번을 찍자)

상현이를 찍자. (상현이를 찍자)

나를 위한 선택. (나를 위한 선택)

1번을 찍자. (1번을 찍자)

유세 스피치를 외치는 상현-

상현   저희 기호 1번과 함께해 주신다면- 내년부터는 교내에 '빽다방 영진고점'을 유치할 수 있도록 힘쓰겠습니다. 또한 학생 1인당 월 10잔 무료로 즐길 수 있는 쿠폰을 지급하도록 반드시 밀어붙이겠습니다!

프론트맨 어깨 깡패의 리드로 구호를 외치는 기호 1번 캠프.

어깨깡패 아싸 상현!   /   **기호 1번 캠프** everybody 상현!

어깨깡패 아싸 1번!   /   **기호 1번 캠프** everybody 1번!

cut to

교문을 지나는 육상부 남녀 학생이 콜드브루를 마시며 이야기를 나눈다. (EP 3 이후 재등장)

육상부남 근데 저게 가능해? 학교에 빽다방이?

육상부녀 꽉꽉이네 엄마 7촌인가 8촌이라던데, 백종원 아저씨.

육상부남 와씨... 인맥 쩌네.

cut to

INS- 바닥에 툭툭 떨어지는 빗물?

화면 가득, 처참한 표정을 짓고 있는 지훈. 쏟아지는 빗물을 그대로 맞고 있다. 교복도 흠뻑 젖어있는 상태. 빗물을 가득 머금은 가방에서는 물이 줄줄 흐르고-

Only One
Only You
전교부회장후보
2
[RE:BU
교회장후보
곽상현

어디선가 들려오는 처연한 바이올린 선율. 이때 화면 밖에서 들려오는 외침!

유경(off) (애가 탄다) 야, 박지훈! 너 괜찮아?

지훈 (안 괜찮아 보이지만) ...괜찮아.

유경 (폭발하는 감정톤) 괜찮기는! 신발도 다 젖었잖아!!

발아래를 내려다보는 지훈. 흠뻑 젖은 운동화를 힘겹게 벗어서 뒤집으니 고여있던 물이 한 바가지 쏟아진다. 이런 상황과 걸맞게 바이올린 선율은 더욱 애간장을 녹이는데-
맨발의 지훈 앞으로 툭- 떨어지는 샌들, 그리고 커다란 우산을 펼치며 등장하는 유경, 지훈의 옆에서 우산을 씌워준다.

지훈 고마워. (갑자기 카메라 보며) 매번 빗나가는 일기예보. 우산이 없어서 곤란하시죠?

유경 (지훈을 따라 카메라 보며) 아끼는 내 신발! 비에 젖으면 짜증 나거든요!

지훈+유경 그래서 저희는-!

지훈 교내 우산 대여소를 설치하고!

유경 비 오는 날 샌들 착용을 할 수 있도록 학교에 건의하겠습니다!

한 방 맞은 얼굴로 굳어있는 상현과 세훈, 정희 등 기호 1번 캠프 인원들.
넓어진 화면, 젖은 지훈과 우산을 받쳐 든 유경의 머리 위로 마술동아리가 급조한 강우기가 보인다. 주변의 기호 2번 캠프 인원들은 계속해서 물을 공급하거나, 강우기를 붙잡고 있다.

응원단장 의준의 리드로 구호를 외치는 기호 2번 캠프.

기호 2번 캠프 영진고의 자랑 양원대가 왔다 / 기호 2번! 양원대!
영진고 지켜 시민 경찰 원대 / 기호 2번! 양원대!
양원대! 양원대~~
영진고의 자랑 양원대가 왔다 / 기호 2번! 양원대!

와아 하며 반응하는 유권자 학생들.

콩트를 마친 지훈을 큰 수건으로 닦아주는 합창부 여학생들. '지훈아 괜찮아?'라며 자꾸
묻는다.

합창부 학생들과 금세 친해진 지훈을 보며 왠지 떨떠름한 기분을 느끼는 세훈.

#604 계단 / 학교 / 실내 / 오전

유세를 마치고 교실로 돌아가는 길, 나란히 계단을 오르는 세훈과 지훈.
뒤에서 따라오던 기호 2번 캠프 여학생이 지훈을 건드리며 무어라 속삭이고 지나가면-
깔깔거리며 올라가는 나머지 2번 캠프 학생들. 이런 장면을 보고 있자니 괜히 쓸쓸해지는
세훈.

세훈(V.O) 불과 며칠 전까지 같은 합창부였지만, 이젠 나한테 아는 척도 안 한다.

지훈   (세훈의 그물망 드레싱을 보며) 어떻게 된 거야? 왜 말 안 했어?

세훈   백 바늘 꿰맨 것도 아니고.

지훈   범인도 못 잡는다며? 뺑소니.

세훈   그게 백퍼 뺑소니라기보다는... 미수? 뭐 그런 거든데.

지훈   엥? ('미수' 뜻을 모른다) 암튼... 뺑소니는 무조건 잡아 족쳐야지!

세훈   내가 다쳤는데 왜 니가 난리야. 그럼 니가 잡아주든가. (잠시 가라앉히
         고는) 간다.

대충 인사하고는 자기 갈 길을 가는 세훈. 뒤에서 따라오던 유경이 말한다.

유경   노세는 니가 편한가 봐. 너한테 제일 막 대하는 거 같애.

지훈   (웃어넘기는) 괜찮아. 나도 엄-청 막 대하니깐.

유경   (지훈의 팔을 잡아끌며) 나랑 저기 좀 가보자.

지훈   어디?

유경   (눈치 주는) 이따가 오잖아. (귓속말로 무어라 하는)

지훈   아 맞다! 몇 시에 온댔지?

한편, 복도를 걷던 세훈은 걸음을 멈추고 지훈 쪽을 돌아본다.
세훈의 P.O.V- 반대편 복도 쪽으로 나란히 걸어가는 지훈과 유경. 시야에서 멀어지는 두
사람.
지훈에게 괜히 예민하게 군 것 같아 찜찜하고 미안한 얼굴의 세훈.
그런 세훈의 어깨를 톡톡- 두드리는 태오.

태오   노세.
세훈   어, 안태오. (생각났다) 그래, 너 어제 그게 뭔데?
태오   (완전 진지) 이런 데서 꺼낼 만한 얘기가 아니야. 따라와.

태오의 진지한 모습에 괜히 헛웃음이 나오는 세훈, 일단 따라가 본다.

#605   [플래시백] 음악실 / 학교 / 실내 / 석양

[태오의 플래시백] 휴대폰을 만지작거리며 빈 음악실로 들어오는 태오.

태오(V.O) 접때 음악한테 따질 게 있어서 음악실엘 갔었거든.
세훈(V.O) 음악한테? 뭘?
태오(V.O) 우리 가창 시험 말이야. 노래 실력이라는 게 타고나는 건데 그걸로 점
          수를 매긴다는 게 형평성에 어긋난다고 생각했지.
세훈(V.O) 아, 그래. 그래서 뭐?

빈 음악실 안을 둘러보던 태오는 지휘 단상 위에 놓인 무언가를 발견한다. 호기심이 이는
태오.
태오의 P.O.V- 누군가의 노트 사이에 끼워진 출력물의 일부가 보인다. 출력물의 일부에
는 윤정희로부터 시작되는 열댓 명의 학생들 이름이 인쇄되어있고.

216

태오(V.O) 다시 한번 말하지만, 나는 볼려고 한 게 아니란 것만 알아둬. 애초에 내
이름이 안 보였으면 관심도 없었을 거야. 나는 내가 제일 중요하니깐.

주변을 두리번거리다가 출력물을 슬쩍 빼보는 태오, 조심스럽게 휴대폰으로 촬영한다.
*이 장면의 대화는 모두 다음 장소에서 촬영할 수 있음.

#606   도서실 / 학교 / 실내 / 오전

짠- 하고 휴대폰 화면을 보여주는 태오. 그걸 받아 드는 세훈, 내용을 대충 읽어보면-

세훈   '1학년 1반 윤정희... 인성 논란. 안티 많은 듯. 으마으마한 쌍년?' (웃음)
태오   내가 분석할 때 이건 중간고사 성적서열과도 일치하거든.
세훈   뭐야 이게?
태오   전교 1등부터 15등까지 인물평 같은 걸 적어 뒀어. (비밀스럽게) 국정
원 X파일처럼.
세훈   (읽으며) '안태오. 제법 똑똑함. 모범생들 중에서 인기 굿' (태오 보며)
엥? 그랬어?
태오   (거만한 표정을 지으며) 정보의 신뢰도는 제법 높다고 할 수 있지.
세훈   (이제 깨닫고) 그럼 여기에?
태오   한참 내려가면 니 인물평도 있지. 그게 포인트야.

확대한 휴대폰 사진을 아래로 스크롤 하며 읽어보는 세훈. 눈을 부릅뜬다.
세훈의 P.O.V- 휴대폰 화면, 12 / 1학년 4반 / 노세훈 / 요새 지가 얼마나 호구 새끼인지
전혀 모름.

세훈(V.O) 1학년 4반 노세훈. 요새 지가 얼마나 호구 새끼인지 전혀 모름.

세훈의 P.O.V / 클로즈업- 요새 지가 얼마나 호구 새끼인지 전혀 모름.

얼굴이 화끈거리는 세훈, 욱하며 소리친다.

세훈　　뭐야? 누가 쓴 건데 이거!

#607　[플래시백+판타지] 음악실 / 학교 / 실내 / 석양

태오(V.O) 그다음 날 너가 양원댄가 그 사람하고 선거 나간다길래 좀 황당했지만 이해는 가더라구. 어쨌든 간에 그 사람은 우리 같은 우등생이 마스코트로 있어야 할 테니깐.

때마침 열리는 음악실 내실문. 곧이어 내실에서 나오는 음악 선생과 원대.
음악 선생은 태오에게 오라 손짓하고, 원대는 황급히 지휘 단상 위 노트를 챙겨 음악실을 나선다.
내실로 들어가던 태오와 음악실을 나서던 원대가 서로를 의식하며 돌아보는 그 순간,
빠르게 트랙아웃 하는 카메라- 음악실 한구석에서 원대의 인물평 문서를 읽는 세훈이 보인다.

원대(V.O) (#107 대사) 야, 솔직히 말해서 딴 애들은 잘 모르겠고 난 너한테서 가능성을 봤다니깐.

클로즈업- 분노와 모멸감으로 눈가가 촉촉해지는 세훈.

원대(V.O) (#107 대사) 노세훈 이미지 회복 좀 해보자. 응?
세훈　　양원대...

클로즈업- 분노와 모멸감으로 눈알이 터질 것 같은 세훈.

원대(V.O) (#107 대사) 나랑 선거 나가자.

세훈   양원대 이 가식적인 새끼야! 거기 서!

원대의 인물평 문서를 구겨버리는 세훈, 그를 쫓아 음악실을 뛰쳐나간다.

#608   [판타지] 음악실 앞 복도 / 학교 / 실내 / 석양

복도를 달려가는 세훈, 저만치 걷고 있는 원대의 뒷모습이 보인다. 원대를 붙잡는 세훈.
웃으며 세훈을 돌아보는 원대의 낯짝에 주먹을 휘두르는 그 순간 퍽- 하는 타격음과 함께.
cut to

#609   도서실 앞 복도 / 학교 / 실내 / 오후

측면 클로즈업- 벽을 강타한 세훈의 주먹, 부들부들 떨린다.
측면 클로즈업- 수치심과 분노로 불타는 세훈의 눈. 마음을 다스리는 콧숨 소리가 쌕쌕-
거리지만-

괜한 포스터에 분풀이하느라 주먹만 아플 따름이다. 그 통증에 춤을 추듯 비틀거리는 세훈.
벽에 붙어있는 기호 2번 포스터 속 원대의 얼굴, 그런 세훈을 비웃듯이 미소 짓고 있다.

이때 울리는 스마트워치 알림, 스마트워치로 메시지를 읽는 세훈. 급히 어딘가로 달려가
는데!

#610   음악실 / 학교 / 실내 / 오후

요즘 가장 핫한 인플루언서가 유튜브 예능 콘텐츠를 촬영 중이다.

인플루언서 그때- 느낌이 꽉 왔어요? 아 이 사람, 뭔가 좀 쎄하다?

원대 전에 제가, 보이스 피싱 시사프로를 본 적이 있었는데요, 이동형 중계기?
  그게 차 안에 있더라구요. (제스처 하며) 이렇게 작은 캐리어 안에-

인플루언서 근데 그게 순수하게 업체 직원이나 전문가일 수도 있잖아요?

원대 그래서 제가, 일부러 응급처치하는 척을 하면서 눈치를 봤거든요. 근데
  그 사람이 계속 묻는 거예요. '신고했냐?' '경찰에 한 거냐?' '언제 했냐?'

인플루언서 그때 감 잡았구나- 아, 이거 뭔가 수상하다.

원대 네, 그러면서 바로 신고를 했죠. 문자로-

인플루언서 오?? 경찰 신고가 문자로 돼요?

원대 저도 몰랐는데- 지난번에 이 친구가 알려준 적이 있었거든요.

유경을 가리키는 원대.

유경 밤에 집에 갈 때, 막 그... 뭐라 그러지? 스토커? 추격자? 가 있어서. 그
  때 해봤거든요. 문자로 신고가 되더라구요.

인플루언서 아! 그래서?

지훈 근데 스토커는 아니고 그냥 동네 주민이었대요.

하하하- 즐거운 분위기의 촬영 현장.

인플루언서 아~ 그렇구나. 근데 이번에 원대 학생이 회장 선거 준비 중이라구요?

원대 네, 이 친구들하고 이번에 같이 나갑니다.

열려있는 음악실 문 사이로- 싸늘한 표정의 상현과 세훈이 보인다.
세훈의 P.O.V- 유쾌하게 토크를 이어가는 인플루언서와 기호 2번 후보자들. (자기소개 타
이밍) 때마침 눈이 마주친 지훈은 세훈에게 웃는 낯으로 눈을 찡긋거리고-

슬쩍 미소 지으며 지훈에게 엄지척하는 세훈. 그런데-

상현(off) 야 노세훈.

이제서야 상현의 목소리가 귀에 들어오는 세훈, 돌아보면 몇 발치 걸어간 상현이 세훈을 보고 있다.

상현 계속 구경만 하고 있을 거야?
세훈 네?
상현 가자고 좀.

불쾌한 끝맛을 남기고는 뒤돌아 걷는 상현, 구경꾼 학생들의 관심과는 반대 방향으로 걸어 나간다.
CG- 각 캠프별 지지율 〉〉 기호 1번 곽상현 : 기호 2번 양원대 = 10% : 90% (2번 상승)

#611 선관위 안 > 앞 복도 / 학교 / 실내 / 오후

황당한 얼굴의 준규 선생과 학생회 학생들.
선관위 안을 가득 채운 '여러분의 지킴이, 시민 경찰 양원대' 등신대 여러 개가 보인다.
유세 허가를 받기 위해 줄지어 선 '양원대 복제품'들.

경태 쌤, 이거 내일 쓸 거니까 빨리 도장 좀 찍어줘요.
준규선생 (감탄하는) 대단들 하다 니들. (잠시) 근데 유튜브 촬영은 누가 신청했어?
경태 유경이가 지 친구들, SNS 인맥 총동원했대요. 게시판 마비됐다던데요.
준규선생 와… 유경이가 인맥 개쌉오지는구나?
경태 어설프게 애들 말투 따라 하지 말구요, 빨리 처리 좀 해주세요.

이때 들어오는 상현과 세훈. 경태는 두 사람을 보고는 자리를 뜬다. '갈게요 쌤. 빨리 좀요.'
세훈은 거의 실제 사이즈로 만들어진 양원대 등신대 수십 개를 보며 위화감을 느낀다.

세훈   윽!

상현   (양원대 등신대를 보며) 이런 것도 만들어요? 유치한데?

준규선생 (경태가 이미 나간 쪽을 힐끗하고는) 양원대 완전히 칼을 갈았네, 이
         번에.

상현   근데 저거 좀 반칙 아니에요?

준규선생 교장쌤이 허가한 거라, 반칙...은 아니지 않을까?

상현   반칙이죠. 저거 완전 언론 플레이잖아요.

준규선생 에이, 언론 플레이는 좀 과했다.

따지는 학생과 주눅 든 선생의 미묘한 대립에 그저 눈알만 굴리고 있는 세훈.

상현   선관위를 맡으셨으면 이런 건 제대로 체크하셔야죠. 왜 미리 말 안 하
         셨어요?

준규선생 아, 그게... 나도 어젯밤에 들었어. 일방적으로.

상현   암튼 앞으로 좀 신경 써줘요. (싸늘하게) 부탁 좀 드릴게요.

준규선생 (시선을 먼저 피하며) 그래, 그래야지. 당연히. (끄덕거리는) 알겠어.

시선을 어디에 둘지 몰라 바로 옆에 선 양원대 등신대만 보고 있는 세훈.

cut to

선관위 앞 복도- 문을 열고 나서는 상현과 세훈.

세훈   형, 우리도 저런 거 만들까요? 세우는 거?

상현   됐어. '시민 경찰' 파는 거 이제 좀 지겹지 않나? 난 별로던데.

세훈   (맞춰주는) 하긴. 그죠. 별로예요.

상현   저게 무슨... 마트 행사도 아니고.

세훈   (맞춰주는) 맞아요, 너무 가식적이어서 좀 짜증 나는?

상현   (웃으며) 씨발 저거 확 다 부숴버릴까?

세훈   (화들짝) 네?

상현   (웃으며) 아님 그냥 불이라도 지르든가.
세훈   (약간 무섭다) 허엉.

가만히 상현을 보는 세훈. 상현도 가만히 세훈을 본다. 이때 울리는 학교 차임벨 소리.
차임벨 멜로디가 흐르는 동안- 웃는 낯으로 세훈에게 무어라 말하는 상현. 표정이 굳어가는 세훈.
상현의 말소리는 멜로디에 묻혀서 들리지 않는다.

#612   버스 안 / 어딘가 / 실내외 / 오후

버스 좌석에 앉아있는 세훈. 심각한 표정으로 차창 밖을 보고 있다.
잠시 후 휴대폰을 꺼내는 세훈, 아까 태오가 보내준 원대의 인물평 사진을 다시 읽고 있다.
세훈의 P.O.V- 휴대폰 화면, 12 / 1학년 4반 / 노세훈 / 요새 지가 얼마나 호구 새끼인지 전혀 모름.
이때 세훈의 머릿속에 울리는 학교 차임벨 소리.

#613   [플래시백] 선관위 앞 복도 / 학교 / 실내 / 오후

(#611과 동일) 차임벨 멜로디 볼륨이 웅웅거리며 흐르는 동안-
도저히 웃는 낯에 어울리지 않는 말을 뱉어내는 상현.

상현   (웃는 낯으로) 그러니깐, 씨발 아가리만 털지 말고. 뭐라도 해보라고.
         호구 새끼처럼 구경만 처하지 말란 말이야, 아까부터.

#614   버스 안 / 어딘가 / 실내외 / 밤

여전히 뒷자리에 앉아서 표정이 굳은 세훈. 상현의 말이 자꾸 맴돈다.

상현(V.O) 그러니깐, 씨발 아가리만 털지 말고. 뭐라도 해보라고. 호구 새끼처럼
　　　　　구경만 처하지 말란 말이야, 아까부터.
세훈　　　(중얼) 호구 새끼처럼 구경만 처하지 말란 말이야, 아까부터.

힐끗거리는 버스 안의 직장인들. 신경질적으로 그물망 드레싱을 벗는 세훈.
그리고 눅눅하고 음산한 음악이 흐르기 시작한다.

#615　　정문+진입로 > 운동장 / 학교 / 실외 / 밤

경비실 앞- 경비의 감시를 피해, 몸을 숙여 학교 안으로 진입하는 세훈. 경비실 구역을 벗
어나면.
운동장- 어두운 운동장을 달리는 세훈.

#616　　선관위 앞 > 안 / 학교 / 실내 / 밤

선관위 앞- 선관위 문틈 위로 손을 대보는 세훈, 스윽 훑으면- 금속 소리와 함께 열쇠를
획득한다.
선관위 안- 외부의 밝기에 의해 실루엣만 보이는 상황, 마치 열댓 명의 사람이 떼 지어 서
있는 것처럼 보인다.
휴대폰 라이트를 켜는 세훈, 필통 안에서 샤프펜슬을 꺼낸다.
양원대 등신대 쪽으로 라이트를 휙 비추며 세훈이 돌아보는 바로 그 순간!
cut to black

#617　　놀이터 / 근린공원 / 실외 / 밤

F.I

INS- 근린공원 놀이터 전경.

터벅터벅 걸어가는 세훈, 땅만 보며 걷고 있다.

상현(off)　노세! 머리에 드레싱한 건 왜 벗었어?

깜짝 놀라며 소리가 난 곳을 쳐다보는 세훈. '힙한' 전기자전거에 앉아있는 상현이다.

세훈　　엇?! 아.. 답답해서요. 근데 웬일이세요? 이 시간에-
상현　　(스쿠터에서 내리며) 뭘 웬일이냐. 너 보러 왔지. 뭐 했냐. 전화도 안
　　　　　받고.
세훈　　아, 무음으로 해놓고 깜빡했어요.

상현은 빵빵하게 가득 찬 비닐봉지를 세훈에게 내민다.

상현　　다 식었겠다.
세훈　　(받으며) 잘 먹을게요.
상현　　(긁적) ...요즘 자꾸 예민해지고, 그러다 보니 너한테도 좀 막 대하는
　　　　　거 같고. 아까 학교에선 말이 좀 심했네, 그치?
세훈　　아, 괜찮아요.

품 안에서 무언가를 꺼내는 상현, 세훈이 선물로 샀었던, 다음 날 유경이 가지고 있던 만
년필이다!

상현　　좋더라. 이거. 고마워.
세훈　　엇!! 저는... 실수로 딴 사람 준 줄-
상현　　넌 무슨 고백을 남의 선물 빼돌려서 하냐.
세훈　　고백..이요?
상현　　그랬다며? 완전 술- (주변을 살피고는) 술 꼬라 가지고는 첫사랑이네

어쩌네-

세훈   (괴롭고 쪽팔린다) 아.... 씨..... 기억이 안 나요.

상현   (씨익) 남의 생일에 지가 취해가지고는 주먹질을 하지 않나. 고백을 하
지 않나.

세훈의 목덜미를 붙잡는 상현. 텁- 움찔하는 세훈.

상현   생일 때, 그때 봤다. 니 안에 억눌려있던 거.

세훈   (민망) 그날 취해서-

상현   아니, 그거 말구. 니 안에 들어 있는 거. 완전 미친놈이던데?

세훈   (뜨끔) 아... 죄송해요.

상현   (정색) 좋던데 뭐.

세훈   네?

상현   그거 다 꺼내서 터뜨리는 거야. 빡치면 티 내고, 누가 지랄하면 물어
뜯고.

세훈   엥? 물어요?

손을 내리는 상현, 아까처럼 편안한 태도로 돌아온다.

상현   (웃으며) 며칠 안 남았는데. 미친 척하고 함 달려보잔 얘기야. (시동 거는)
갈게.

세훈   네 형, 내일 봐요.

떠나는 상현의 전기자전거.
한 손에 든 비닐봉지 안을 열어보는 세훈. 떡볶이와 순대, 튀김 등이 한 가득이다.
얼굴에 씁쓸한 미소가 번져가는 세훈.

F.O

#618　복도 > 선관위 / 학교 / 실내 / 밤

랜턴을 들고 복도를 살피는 누군가의 실루엣, 경비가 학교 내부를 순찰 중이다.
계단 아래를 비춰보는 경비, 쥐 죽은 듯 조용한 계단 아래.
cut to

다른 복도를 순찰하고 있는 경비. 방금 지나쳤던 창문을 돌아보며, 안쪽으로 랜턴을 비춘다.
소스라치게 놀라며 뒷걸음질 치는 경비.
cut to

선관위 문을 삐걱 열며 그 사이로 랜턴을 비춰보는 경비.
'아이구야...' 랜턴 불빛을 받는 내부에는, 눈이 뚫린 양원대의 등신대 여러 개가 보인다.
게다가 뚫린 눈 주변으로 빨간색 락카 스프레이가 뿌려져 있어 더욱 기괴하고 끔찍하다.
꺄악! 하는 비명 소리가 선행되며...

#619　분리수거장 / 학교 / 실외 / 오전

겁에 질린 유경, 노려보는 지훈, 굳은 표정의 상현, 무표정한 정희, 입을 다문 세훈.
심각한 얼굴의 준규 선생, 눈을 감고 마음을 다스리는 원대. 숨소리로 추측건대 많이 참고
있다.
경태 등 기호 2번 지지자들이 분리수거장으로 옮긴 양원대 등신대, 검은자위가 뚫리고 피
처럼 락카를 뒤집어쓴 원대의 얼굴 수십 개가 보인다. 어디선가 들려오는 아침 까마귀 소
리. 까악까악-

subtitle- 선거 D-2, 유세 셋째 날.
주변에서 경계 중인 학생회 학생들은 구경꾼들을 물리는 데 여념이 없다.

준규선생　정말 너흰 아는 거 없어?

상현　　　네. 모르겠습니다.

경태　　　(부글부글) 쌤, 1번 쪽에 극성인 애들 있는데, 그중에 누군가가-

세훈　　　(폭발하는) 남경태! 헛소리하지 마! 우리가 뭘 어쨌는데? 증거 있어?

언제였을까? 세훈이 사람들 앞에서 소리를 질렀던 적은? 아마도 없었을 것이다. 취했을 때 말고는.

세훈을 제외한 모두가 순간적으로 그런 생각을 하며 세훈에게 시선을 집중한다.

그중 혼자만 만족스러운 표정을 짓는 상현.

경태　　　(살짝 누르며) 야 그럼 우리가 그랬겠냐? 무슨 증거가 필요한데?

준규선생　　그만해라 두 사람.

세훈　　　막말로- (지훈에게) 니네 중 누군가가 우리 엿 먹일라고 일부러 자작극 할 수도 있는 거 아니냐?

유경　　　자작극? 너 미쳤어 노세훈?

세훈　　　안될 게 뭐 있어? (네 바늘 꿰맨 자기 뒤통수를 가리키며) 니네 이거 갖고도 자작극이니 어쩌니 그랬다며? 내가 모를 것 같아?

원대　　　(가만히 듣다가 경태에게) 그랬어, 정말로?

경태　　　아니 저-

세훈　　　똑바로 말해 남경태! 내가 들은 애들이 한둘이 아니야.

상현　　　됐어, 세훈아. 그만해.

경태　　　(준규 선생에게) 쌤! 기호 1번 애새끼들 전부 지문이라도 확인하면 안 돼요?

세훈　　　애새끼? 너 말 똑바로-

준규선생　　(일갈하는) 조용히 안 해!!

준규 선생의 일갈에 시비를 멈추는 모두들.

근처의 폐지를 돌돌 말아 라이터 불을 붙이는 준규 선생, 불붙은 폐지를 등신대 더미에 던진다.

준규선생 비상시에 쓸려고 올려둔 거를, 열쇠 위치까지 알아가지구... CCTV 확
인해서 증거 나오면 그 즉시 생활지도부에 보낼 거야. 엉?! 이건 단순
히 선거 홍보물 훼손이 아니야. 야간 주거 침입은 범죄라구 이놈들아!

심각한 얼굴의 세훈, 뭔가를 생각한다.
락카 스프레이까지 덮어쓴 양원대의 등신대는 녹듯이 타들어 간다.
그 꼴을 보기 싫어 시선을 돌리는 원대. 이글이글 타오르는 지훈. 눈시울이 터질 것 같은
유경.

준규선생 다들 너무 과열됐어. 오늘 유세는 좀 자중하고 자숙하는 차원에서 살
살들 하자.
일동 네에...

발걸음을 돌리는 준규 선생과 뒤따라 나가는 각 후보자들. 상현은 세훈의 어깨를 토닥이
며 걷는다.
가장 뒤에 서 있던 원대는 경태의 어깨를 붙잡으며 말한다.

원대 남경태 일루 와봐.
경태 예?
원대 (사람들이 나간 걸 확인하고는) 야, 상대편이면 그냥 막 해도 돼?
경태 왜요?
원대 쟤들은 니 선배 아냐?
경태 맞는데요?
원대 근데 대놓고 그딴 소리를 해?
경태 뭐가요?

짝- 경태의 따귀를 쳐올리는 원대. 욱- 하려던 경태는 그냥 고개를 숙이며-

경태 죄송합다.

원대　너 말조심 좀 해야겠다?

경태　예.

원대　아프냐?

경태　괜찮아요.

이런 상황을 벽 너머에서 듣고 있는 지훈.

#620　구령대 교정 / 학교 / 실외 / 오후

CG- 각 캠프별 지지율 〉〉 기호 1번 곽상현 : 기호 2번 양원대 = 10% : 90%

점심시간 유세가 한창인 이 시각, 심상치 않은 분위기의 유세 현장.

X자가 붙은 마스크를 착용한 원대와 유경, 지훈. 손 글씨가 적힌 커다란 전지를 나누어 들고 있다.

'지난밤 사건을 기억합니다. 선거 홍보물 훼손 사건은 우리 학생 유권자들에 대한 테러입니다.'

마치 반전 시위를 하는 것 같은, 상대 진영을 보며 찜찜한 표정을 짓는 상현과 정희, 세훈.

의준　오늘 저희 후보들은, 하루 동안 침묵 유세를 하기로 결정했습니다. 그대신! 저희 기호 2번 지지자의 찬조 연설을 들어보겠습니다. 1학년 4반 남경태 학생!

상주 복장을 한 경태가, 등신대 영정사진 앞 분향소 앞으로 걸어 나와 묵념을 한다.

경태　안녕하십니까. 저는 기호 2번 캠프 선거전략팀, 그리고 합창부에서 베이스를 맡고 있는 1학년 4반 남경태라고 합니다. (잠시) 저는 오늘 비통한 마음으로 유권자 여러분께 한 말씀 올리겠습니다.

당찬 태도로 스피치를 이어가는 경태.

선거홍보물 훼손은
앗긴 영진고의민주주의
려내라!
선거홍보물
훼손 테러
처벌하라!
빼앗긴
영진고의
민주주의
돌려내라!

경태　　　　아무 경험도 없는 사람이 학생회장이 된들 뭘 바꾸겠습니까?

유권자 학생들과 인사를 나누던 상현이 삑적지근한 표정으로 경태를 돌아본다.

경태　　　　(손가락 1 제스처) 한 번도 해본 적 없는 후보보다!
　　　　　　　(손가락 2 제스처) 두 번째! 해보는 후보가 더 낫지 않겠습니까?
　　　　　　　이미 검증된 후보! 현재 부회장인 양원대 후보를 밀어주십시오!

귀싸대기 한 대 맞고 전투력이 상승한 경태의 스피치.
결코 거기에 눈길을 주지 않는 원대는 참으로 결연해 보인다.

경태　　　　우리는 지킬 수 있는 약속만 하겠습니다! 인생에 3년뿐인 고등학교 생
　　　　　　　활! 우리 양원대 후보와 함께 갑시다! 당장 내년부터 수학여행 갈 준
　　　　　　　비를 합시다! 짐 싸세요, 학우 여러분!

의준과 2번 캠프 인원은 스티커 패널을 세팅한다.
스티커 패널에는 '가고 싶은 수학여행지... 제주, 일본, 경주, 홍콩, 화성 등등'이 구분되어
있다.

의준　　　　가고 싶은 수학여행지에 스티커 붙여주시면 됩니다.
2학년B　　정말이야? 이거 붙이면 간다고?
의준　　　　네, 일단 붙여주세요.

유세 활동을 하다가 건너편 세훈과 눈이 마주치는 의준, 움찔거리며 미안한 표정을 짓는다.
씁쓸한 듯 끄덕거리는 세훈은, 정희와 함께 유권자 학생들에게 홍보 중인데.
오늘도 역시 웨이터처럼 쟁반을 들고 온 시바, 쟁반 위에는 팔찌가 놓여있다.
기호 1번임을 여실히 드러내는 이 팔찌를 유권자 학생들 손목에 채워주는 세훈과 정희.

상현　　　　학생 여러분의 안전과 건강, 지금 채워 드리는 이 '팔찌'가 도와드릴 수

는 없습니다. 하지만 저희는 이 '팔찌'가 전교생 보급 '스마트워치'가 될 수 있도록 전폭적으로 지원하겠습니다.

어깨 깡패가 리드하는 기호 1번 캠프의 구호가 이어진다-

기호 1번 캠프   only one only you! /
             명품학교 명품회장 기호 1번 빅토리! /
             학생회장 곽! 상! 현!

한편 종수의 어깨에 팔을 두르고 히죽히죽 웃고 있는 재원.
쭈뼛거리면서도 최선을 다하려고 하는(?) 표정의 종수가 서 있다. 등을 떠미는 재원.

종수   저희는! (어버버) 그..기호 1번의! 그 학우 여러분께! (크흠) 그냥!! 몸으로 보여드리겠습니다!

바리깡을 꺼내 기재의 머리카락을 붙잡는 종수. 정가운데를 시원하게 밀어버린다.
여기저기서 들리는 비명 소리! 어쩐지 울먹거리는 표정의 기재. 이를 흐뭇하게 지켜보고 있는 재원.
누군가 외치는 '잘한다 최종수!' 학생들 틈새에서 구경하고 있는 대표 모범생 태오와 기웅.

기웅   김기재 새끼 머리 밀리니까 속이 다 시원하다.
태오   (안경을 치켜올리며) 근데 피부와 머리카락의 경계선을 보니까 가발 같은데?
기웅   근데 왜 울고 난리야? 쌍노무새끼.

#621   3학년 교실 / 학교 / 실내 / 오후

점심시간 유세. 상현을 중심으로 교탁 옆에 선 세훈과 피켓을 든 팀원들. 교실 분위기는 냉소적이다.

피곤한 학생들이 태반이고, 입시 막바지의 예민함이 혼재된 얼굴들. 귀찮고, 시끄러울 뿐
이다.

상현　　선배님들! 이번엔 꼭 투표하셔야 합니다!
　　　　매년 3학년 무효표 50퍼센트! 이거 사실상 기권인데 부끄럽지 않으십
　　　　니까?

책에 집중하고 있던 3학년 덩치남이 안경을 벗자, 감춰져 있던 험악한 인상이 드러난다.

3학년 덩치남　　야, 우리가 3년 동안 속았는데 또 속냐? 그딴 소리는 1학년들
　　　　　　　　한테나 해. (비웃는) 솔직히 니네 입시용 스펙 쌓기 하는 거 아
　　　　　　　　니냐? (중얼) 시발 것들이...

맞아 맞아, 여기저기서 동조하는 웅성거림이 커지고.

상현　　아닙니다. 저희는-
3학년 덩치남　　됐고, 옆에 따까리! 니가 말해 봐.
세훈　　네?

움찔하는 세훈, 슬쩍 상현을 살핀다. 상현은 세훈의 목덜미를 붙잡는다. 어젯밤에 그랬듯
이 턱-

3학년 덩치남　　임마 형들 누나들이 기권할 때는 다 이유가 있는 거야. 좀 있으
　　　　　　　　면 졸업인데 투표한들 뭐 하냐? 니들만 좋지. 안 그래 따까리?

가슴이 콩닥거리는 세훈. 그 안에서 울리는 어젯밤 마법의 주문...

세훈(V.O) 빡치면 티 내고, 지랄하면 물어뜯고.

세훈　　　　네, 맞습니다.

빈정거림을 즉각 받아치는 세훈. 옆에 선 상현은 옅은 미소를 띤다.

세훈　　　　근데 그게 그렇게 억울하세요? '우리 때 속은 것처럼 니들도 당해 봐라'
　　　　　그런 거 완전 꼰대 틀딱들 보상 심리 아닙니까?
3학년 덩치남　　　　꼰대?

예상치 못한 1학년 놈의 도발에 모두의 이목이 집중된다. 커터 칼을 뽑아 드는 소리도 들
리고...

세훈　　　　그럼 그렇게 하세요. 그 대신, 나중에 대학 가서 마주쳐도 후배니 어쩌
　　　　　니 하면서 선배 행세하지 마십시오. 죄송하지만 저도 그런 분들 선배
　　　　　라고 하기 싫거든요.
3학년 덩치남　　　　햐, 쥐좆만 한 새끼가 고3들 역린을 건드리네.

예민한 고교 3학년들의 전투력이 상승한다. '맛탱이 갔네.' '유세 온 거야 개기러 온 거야.'
아까부터 유세 따위는 신경도 쓰지 않고 공부 중이던 3학년 창백녀가 머리를 쓸어올리며
말한다.

3학년 창백녀　　　　(3학년들에게) 야 됐고- (세훈을 보며) 그래서- 뭐 어쩔 건데?
세훈　　　　뭐를요?
3학년 창백녀　　　　(아침에 받은 공약 카드를 보여주며) 이런 걸로 구라 까지 말고,
　　　　　뭐 어떻게 할 수 있는지 그대로 말해봐- 그래야 뽑든지 말든
　　　　　지 정하지.
세훈　　　　(다행이다) 아 그건- (상현을 돌아보는)
상현　　　　(나서며) 제가 말씀드리겠습니다.

선수 교체하는 세훈과 상현.

3학년 창백녀   (세훈에게) 그리고 너 따까리! 대학 가서 보자. 졸라 괴롭힐 거
                니깐.

세훈   (훗) 네에.

처음보다는 마음을 열고 관심을 가지는 3학년들. 상현은 손짓발짓하며 3학년들을 설득
한다.
문득 교실 창밖을 보는 세훈, 지켜보고 있던 원대와 눈이 마주친다. 찌릿-
두 사람 시선 사이로- 손짓발짓하는 상현과 지나가는 학생들.
CG- 각 캠프별 지지율 〉〉 기호 1번 곽상현 : 기호 2번 양원대 = 40% : 60% (1번 상승)

#622   3학년 교실 복도 / 학교 / 실내 / 오후

나름 응원을 받으며 3학년 교실을 나서는 상현과 세훈 등 유세 일행.
상현은 세훈의 어깨를 든든하게 잡으며 만족스러운 표정을 짓는다. 저쪽에서 다가오는
현진과 정희.

상현   (세훈을 가리키며) 봤어?
현진   노세 개멋있다.
세훈   하하. 아닙니다.

훈훈한 분위기의 기호 1번 유세 인원들. 그들을 향해 달려가는 시선! 헐레벌떡 나타난 기
재다.

기재   노세! (세훈에게) 너 식당 앞에 좀 가 봐야 할 거 같은데?
세훈   왜?
기재   그 씹새끼가! (선배들의 눈치를 보더니) 양심선언 어쩌구 하면서- 암튼
                빨리 가 봐!
상현   양심...

236

현진   선언?

#623   복도 > 구름다리 > 계단 > 학생식당 / 학교 / 실내 / 오후

도서실 앞 복도- 미친 듯이 달려가는 세훈, 눈빛이 매섭다.

경태(V.O) 저는 최근 방과 후 동아리 활동 중 같은 합창부 하유경 양을 성희롱한
　　　　　사실이 있습니다. 평소 장난으로 야한 만화를 그리기도 했던 저는-

본관 구름다리- 본관과 별관을 잇는 구름다리 위를 달려가는 세훈. 흥분한 세훈을 피하는
학생들.
이미 지나간 구름다리 끝에서 의아한 얼굴로 세훈의 뒷모습을 보는 지훈.

경태(V.O) 피아노 치는 하유경 양의 나체를 그려 같은 합창부 1학년 오대희, 노세
　　　　　훈 군과 돌려보며 성희롱을 저질렀습니다.

총알계단- 총알처럼 계단을 내달리는 세훈.
까르르 장난치는 학생들을 피하다가 미끄러지는 세훈, 다시 일어나 달린다.

경태(V.O) 이후 그 사실을 알고 찾아온 하유경 양에게 사과는 했지만 양심의 가
　　　　　책으로 마음이 무거워 이렇게 학우들 앞에 나섰습니다.

학생식당- 헐떡거리며 도착한 세훈, 모여서 웅성거리는 학생들 사이를 헤집고 들어간다.

경태(V.O) 저와 그리고 함께 가담했던 오대희 군, 노세훈 군의 성희롱 범죄를 부
　　　　　디 용서해 주시길 부탁드립니다. 비난은 달게 받겠습니다.

세훈을 알아보며 불쾌해하는 일부 선배들. '합창부 기강이 좆같네.' '새끼 순수한 줄 알았

더니.'

식당 앞 게시판, [과거 성희롱 사실을 양심선언 합니다] 라는 제목의 널따란 대자보가 붙
어있다.

눈에 불똥이 튀는 세훈! 단번에 대자보를 뜯어낸다. 마침 근처에 서 있던 어깨 깡패와 시바

어깨깡패   쎄훈이, 이거 뭐야? 진짜야?
시바   (팔짱을 끼고) 음... 옳지 않아.
세훈   아니요! 절대 아닙니다!

화를 누르며 사람들 사이를 빠져나오는 세훈, 뒤쫓아온 상현과 현진도 다가온다.

현진   뭔데 그거?

세훈이 쥔 대자보를 빼앗는 현진, 그대로 펼쳐서 대자보 내용을 재빨리 훑는 현진과 상현.

현진   (읽는) ...뭐야, 누가 쓴 거야?
상현   (읽는) ...남경태 올림.

펼쳤던 대자보를 내리는 상현과 현진. 그러나 이미 시야에서 사라진 세훈.

#624   음악실로 향하는 복도 / 학교 / 실내 / 오후

핸드헬드- 분노로 가득 찬 세훈의 얼굴. 쿵쾅거리며 복도를 바삐 걷는다.

세훈   남경태. 이 씨발 개새끼.
세훈(V.O) 빡치면 티 내고, 지랄하면 물어뜯고.

핸드헬드- 어느 교실 앞, '기호 2번, 작은 변화가 만드는 큰 학교'라고 적힌 공약 홍보용 우

산꽂이에서 기호 2번 홍보용 장우산을 꺼내 드는 세훈. 이를 보며 움찔하고 물러나는 학생들.

긴 복도를 지나면 저쪽에 음악실이 보이는데-

목소리(off) 노세.

핸드헬드- 세훈의 시선을 따라 움직이는 카메라, 코너 쪽 벽에 기대어 휴대폰 통화를 마치는 재원이 보인다. '응 왔네. 여기.'

성난 세훈. 평소와 달리 조곤조곤 말하는 재원.

재원   (우산을 가리키며) 그걸로 뭐 어쩌게?

씩씩거리는 세훈의 눈은 붉게 충혈되어 있다. 확실히 예전과는 달라진 세훈인데...

재원   눈깔 힘 안 빼?
세훈   (재원의 시선을 피하는) ...후우.
재원   그거 줘라.

재원에게 장우산을 내미는 세훈. 재원은 장우산을 받으며 세훈의 몸을 왔던 방향으로 돌려준다.

재원   교실로 가.

눈물이 차오르는 세훈의 등을 억지로 떠미는 재원.

세훈   형, 저 정말 남경태 이 새끼-
재원   (발끈) 걍 가라고 씨발아. 어디서 불량한 무드를 처 잡고 있어 이 개새
        끼가.

#625 음악실 / 학교 / 실내 / 오후

같은 시각, 음악실에는 갈가리 찢긴 대자보 조각들이 바닥에 흩어져있다.

유경 니 멋대로 성희롱하고 니 멋대로 양심선언을 해? 미쳤어? 제정신이야?

경태 (유경의 시선을 피하며) 그냥 난, 잘못했으니까 잘못했다고 한 건데?

유경 (슬슬 화가 오른다) 그날 벌받고 다 끝난 거 아니야? 왜 그 일을 다시 꺼내?

경태 ...적어 놨잖아. 양심의 가책 때문에 마음이 무겁-

유경 (소리치는) 야!

분노와 수치심, 황당함으로 눈빛이 부들부들 떨리는 유경.

유경 너 진짜 이기적이다! 니 양심은 그렇게 챙기면서, 다른 사람들 입장은 생각 안 해봤어? 난 지금 너 땜에 쪽팔려 죽겠어!
그리고 오대희나 노세훈 이름은 왜 파는데? 그린 건 너잖아! 니가 만들어서 애들 보여줘 놓고 이제 와서는 양심 때문이라고? 그게 말이 된다고 생각해?

경태 (여전히 다른 곳을 보며) 미안하게 됐다. 너한테는-

유경 '나한테는'? ...그게 무슨 소리야?

경태 ...

유경 (경태를 뜯어보며) ...너 일부러 노세훈 욕 먹일려고 이런 거야?

경태 (드디어 유경을 쳐다보는) 야 하유경.

대답 없는 유경, 일단 경태의 말을 들어나 보자는 태도다.

경태 난 원대 형이 그 새끼 밟을 수만 있으면 뭔 짓이라도 할 거야!

유경 그니깐 왜!

경태 노세 그 새긴 씨발 배신자 새끼잖아.

유경   걔가 너한테 배신했어? 왜 니가 난리냐고!
경태   난 그 새끼가 잘되는 게 존나 싫어. 졸라 과대 평가됐다니깐 그 새끼?
        지 까짓 게 뭐라도 된 줄 알잖아!

더 이상 듣기 싫은 유경, 흐트러진 교복을 정돈하며 나설 채비를 한다.

유경   됐고- (가리키며) 붙인 건 이게 다야?
경태   …식당 앞에 하나 더 있어.
유경   (어이가 없는) 하아… 부탁하는데 제발 이런 짓 좀 하지 마.

음악실을 나서는 유경.
혼자 남은 경태는 의미심장한 쓴웃음을 짓는다. '어차피 나 말고 누가 이럴 수 있는데?'

경태   …쳇.

#626   별관 3층 화장실 / 학교 / 실내 / 석양

INS- 방과 후 학교 전경.
INS- 텅 빈 별관 복도. 어디선가 들려오는 발소리.
문이 열리면 텅 빈 화장실 내부가 보인다. 약간의 햇볕만 들고 있는 어둑한 이 공간.
조심스럽게 걷는 누군가의 다리, 열려있는 변기 칸 앞을 지난다.
그리고 맨 마지막 변기 칸 앞에 서는 다리. 마지막 변기 칸은 닫혀있다. 똑똑- 노크하는 소리.
그러자 안에서 나오는 세훈은 좀 지쳐 보인다.

세훈   너 혼자 온 거 맞지?

종수는 세훈을 내려다본다.

종수	뭘 또 보재, 맨날 보면서. 뭔 일인데?
세훈	아 그게...

머리를 감싸며 벽에 기대는 세훈. 종수는 조심스럽게 양말 안쪽에서 전자담배를 꺼내다
멈칫-

종수	형들한테 또 꼰지를 거냐?
세훈	아니, 피워 그냥.

전자담배를 한 모금 뿜어내는 종수. 세훈의 분위기를 살피며 은근하게 묻는다.

종수	야, 무슨 일인데? 뭔데 노세.

#627 분리수거장 / 학교 / 실외 / 석양

찢긴 대자보 조각으로 가득 찬 투명 비닐봉투를 들고 분리수거장으로 들어오는 경태.
종이류 수거함에 툭 던지고 돌아서면, 원대가 서 있다.

원대	남경태.
경태	예.
원대	유경이는 뭐래냐.
경태	엄청 빡쳤죠.
원대	...형은 경태 니가 유경이, 지훈이 이런 애들보다 더 중요하다고 생각해.
경태	그래요?
원대	걔들은 그냥 내 백업이야. 넌 다르고.
경태	어떻게 다른데요?
원대	넌 내 그림자 같은 거야.
경태	쳇... 씨발...

뭔가 북받친 건지, 눈시울이 뜨거워지는 경태.

원대는 그런 경태를 가슴 깊이 뜨겁게 안아준다.

원대　　고생했어. 다 끝나간다 이제.

원대에게 안긴 경태도 원대의 허리춤을 강렬하게 끌어안는다. 아무도 모르는 둘만의 모멘트.

#628　별관 3층 화장실 / 학교 / 실내 / 석양

전자담배 수증기로 뿌옇게 된 화장실 내부. 석양의 짙은 앰버가 몽롱하다.

세훈　　남경태, 그 새끼 좀... 어떻게 좀 해줄 수 있어?

종수　　그게 뭔 소리냐?

세훈　　겁 좀 줄 수 있냐고. 그만 좀 깝치게. 너도 봤잖아? 오늘 그 지랄한 거.

종수　　근데 그걸 왜 나한테 부탁하냐? 좆같으면 니가 직접 까든가.

세훈　　지금 부탁하는 거 아닌데?

종수　　(살짝 당혹) 어? 뭐라고?

세훈　　(희번덕거리며) 부탁하는 거 아니야. 종수야. 나 지금 부탁하는 거 아니라고.

순간, 세훈에게서 공포감을 느끼는 종수. 움찔하며 한 발짝 물러난다.

종수　　이 새끼 분위기 왜 이래. 노세.

세훈　　야, 최종수.

종수에게 다가가는 세훈. 희번덕거리는 눈. 분노에 가득 찬 목소리로 횡설수설 종수를 압박한다.

세훈　　씨발- 나는 지금 선거 나가니깐! 나는 직접 할 수가 없잖아 지금. 그니
　　　　간 니가 좀 해. 어? 반 죽여버리는 거야.
　　　　…아니면 너- 오토바이 탈 줄 알아? 어? 이렇게! 응?!?

적개심으로 불타는 세훈에게 압도되는 종수.
뿌연 앰버빛 공간 속에서 괴물처럼 으르렁거리는 세훈.

-에피소드 6 [몬스터] 끝-

세훈　　씨발- 나는 지금 선거 나가니깐! 나는 직접 할 수가 없잖아 지금. 그니
　　　　간 니가 좀 해. 어? 반 죽여버리는 거야.
　　　　…아니면 너- 오토바이 탈 줄 알아? 어? 이렇게! 응?!?

적개심으로 불타는 세훈에게 압도되는 종수.
뿌연 앰버빛 공간 속에서 괴물처럼 으르렁거리는 세훈.

익명의 SNS 계정에 노출된 상현의 술 파티 동영상 캡처 이미지들. 해당 계정
의 팔로워가 거의 없기에 아직은 본 사람이 많지 않다.
하지만 퍼지는 건 시간문제라 결론 내린 상현은 익명의 제보자를 색출하기 위
해 온갖 수단을 고민한다.

같은 시각, 어느 근린공원에서 세훈은 상현의 뒷담화를 떠드는 익명의 2인조
를 발견한다.
그중 하나는 상현의 술 파티 사실을 알고 있는데, 위기감을 느낀 세훈은 그의
얼굴을 확인한 후 재원에게 일러바친다.
언제부턴가 상현의 행동대장이 재원이라 여겨왔기에, 세훈은 익명의 그 녀석
을 재원이 응징해 주리라 믿었던 것이다.
하지만 세훈의 기대와는 달리 약간 투박하고 약간 의젓하게 충고하는 재원.

"아무리 지금 상황이 좆같아도, 사람이 너무 좆같이 행동하면 안 돼. 그러다가
정말 좆되는 거야."

양아치 같아만 보였던 재원의 충고에 머릿속이 맑아진 세훈은- 종수에게 남
경태 테러를 사주했음을 재원에게 털어놓는다.

그리고 그 테러의 시간이 다가오고 있다!

도로를 내달리는 바이크와 그 위에 탄 재원과 세훈, 가까스로 남경태 테러를
막아내는데-
이 두 사람이 구해낸 것은 단지 남경태 한 사람이 아니라, 인간성과 양심 그
자체였을지도.
그리고 이 사건을 계기로 가장 안 어울리는 이 두 사람이 돈독해지기 시작한다.

그렇게 접어드는 유세 4일차!
오늘은 좀 무사한가 싶었으나 전혀 예상치 못한 위치에서 예상치 못한 놈이
예상은 했던 내용의 현수막을 펼치며 폭로전이 불거진다!

< 기호 1번의 술 파티 의혹 VS 기호 2번의 인성 논란과 성적표 위조 판매 의혹 >

그런데 하필 지훈을 저격하는 변조 음성의 주인공은 세훈 본인이다. 언젠가
몰래 녹음된...

성적표 위조 의혹으로 멘붕이 된 지훈의 집 앞을 찾아간 세훈은 원대에게 폭
언과 절교 선언을 듣게 되고, 술 파티 의혹 첫 제보자의 정체를 밝혀낸 상현
일당은 그 녀석을 찾아가 린치를 가한다. 누군가에게는 먹먹하고 누군가에게
는 핏빛의, 오늘은 별이 빛나는 밤이다.

#701 텅 빈 홀 / MM스터디룸 / 실내 / 밤

모니터 화면 속 거친 이미지- #313에서, 펀치가 놓인 쟁반을 들고 돌아다니는 시바.
#313에서, 교복을 입고 펀치를 마시는 세훈의 모습.
#313에서, 호석에게 분노의 주먹질을 하는 세훈의 모습.

현진　　아까 얘기한 게 맞아. 사진은 아닌 거 같고 동영상을 캡처한 거야.

맥북 앞에서 심각한 표정을 짓고 있는 현진과 팔짱을 끼고 노려보는 상현, 벽에 기대어 있
는 재원.

현진　　아예 노리고 몰카를 찍은 거 같은데.
상현　　야, 강재원. 완식이하고 뭐 했냐 니네? 확실히 한다며?

상현의 이런 태도가 약간 거슬리는 재원, 그러나 크게 내색하지 않으며-

재원　　…누가 저 지랄할 줄 알았겠냐.
상현　　(현진에게) 누구 계정인지는 모른다고?

현진	이거 때문에 새로 판 계정 같아. 게시물도 이게 다고.
재원	팔로워는 없다며.
현진	근데 이 새끼가 얘 이름으로 해시태그를 달아버린 게 문제지. 까딱하면 퍼지는 거 시간문제야.
재원	저 날 온 새끼들 싹 다 확인해 볼까?
상현	뭐 어떻게 확인하게? 괜히 입 털다가 소문만 더 나지.
재원	혹시 하유경은 아니겠지?
현진	응, 걔는 좀 나중에 왔거든. (상현에게) 이제 어쩔 거냐?
상현	(현재 시각을 확인하는) 이런 거 전문적으로 하는 업체 있지 않냐? 너 접때-
현진	(기억났다) 아, 오케이. 내가 함 물어볼게.
상현	(재원에게) 나 담배 하나만-
재원	아까 다 피웠는데-

더 이상 말을 잇고 싶지 않은 상현, 싸늘한 표정으로 무언의 신호를 보낸다.

| 재원 | 다른 거 뭐 필요한 거 없지? 갔다 올게. |

오토바이 헬멧을 챙겨 나서는 재원. 재원이 나가면 상현이 말한다.

상현	현진아 너 접때 그랬잖아? 양원대 그 새끼 승부욕 개쩐다고.
현진	응. 특히 축구할 때 개새끼지. 물불 안 가리던데 보니깐.
상현	(맥북 가리키며) 우리 이거, 양원대 쪽에 들어가면 좆된다. 정말.

타이틀 인 Title IN- [본격 명랑 정치 드라마, 러닝메이트] EP 7 별이 빛나는 밤에

#702　정자 / 근린공원 / 실외 / 밤

INS- 근린공원 위로 보이는 밤하늘, 별들이 총총 떠 있다.

(#128에서 원대와 만났던) 텅 빈 공원의 정자에 앉아있는 세훈의 뒷모습, 통화 중이다.

세훈   닭지훈 뭐 하냐? (잠시) 아니 뭐, 그냥 걸어봤어. (잠시) 그래. 어, 들어
                가라.

통화를 마친 세훈은 아련한 얼굴로 밤하늘을 올려다본다.

세훈의 P.O.V- 맑은 가을 밤하늘에 반짝이는 별 몇 개.

이때 갑자기 캔 음료를 따는 소리가 푸쉭- 들리며, 세훈이 돌아보면-

원대   고맙다 세훈아.

세훈   (매운 족발을 집고 있다) 네?

원대   조용히 학교생활 잘하고 있는 사람을 괜히 끌어들인 게 아닌가 싶기도
                하고.

세훈   (내려놓으며) 아니에요. 좋습니다 저는. (or 그저 웃음 짓는 세훈)

원대   혹시나 선거 결과가 안 좋더라도, 너무 힘들어하지 말고…
                다시 처음으로 돌아가는 거야. 형이 도와줄게, 형만 따라와.

발끝을 내려다보며 생각이 많아지는 세훈.

세훈   …근데 다시 처음으로 돌아갈 수 있을까요?

대답 없는 원대 쪽을 돌아보는 세훈. 원대는 없고 적막한 공원만 보일 뿐이다.

이때 걸려 오는 전화. 한숨을 쉬며 전화를 받는 세훈, 심각한 얼굴이다.

세훈   어. 알았어. 다른 애들한테는 절대 비밀로 해줘. (잠시) 응 그렇게.

#703   오솔길 / 근린공원 / 실외 / 밤

터벅터벅 오솔길을 걷고 있는 세훈. 정자 부근보다 어둡고 스산한 분위기다.

무표정으로 걷는 세훈의 귓가에 익명의 2인조 목소리가 들려오는데-

익명A   야, 이거 그 썹새끼 술 파티 영상 캡처한 건데-

익명B   술 파티? 누구랑? 오오! 여기 뭐야?

익명A   곽상현이 그 새끼네 집이잖아.

상현의 이름을 캐치하고는 반사적으로 나무 뒤에 웅크리는 세훈.

공원 시설물 뒤에서 뻑뻑 피어오르는 뿌연 담배 연기가 보인다.

먼 쪽의 가로등 밝기 때문에 실루엣으로만 보이는 익명의 흡연자들.

익명B   걔네 아파트 산다고 하지 않았냐?

익명A   다 시발 개조한 거지. 아파트 몇 집을 뚫어서. 존나 불법으로.

익명B   오! 이 새끼- 일 학년 양파 대가리 새끼다! 술 처먹고 싸우네 이거.

웅크린 자세로 익명 2인조의 이야기를 엿듣는 세훈의 눈빛이 반짝인다.

익명A   그니깐. 뺑소니 그거 다 구라라니깐. 술 처먹고 싸우다 다친 거겠지.

익명B   와씨 양파 대가리. 아까도 성희롱 어쩌고 했다던데.

익명A   쌉새끼들. 끼리끼리 모이는 거지.

cut to

공원을 벗어나는 익명의 2인조. 세훈과 같은 학교 교복이다!

숨어서 휴대폰을 내미는 손. 찰칵- 사진을 찍자마자 단숨에 도망치는 세훈.

#704   카페 / 번화가 / 실내 / 밤

INS- 어느 번화가의 카페.

카페 창 안쪽으로 단둘이 앉아있는 원대와 유경. 마치 데이트 중인가 싶은데...

원대　　　　너도 갔다며? 곽상현 생일날 술 파티할 때.
유경　　　　(당황) 아... 저는... 술은 안 마셨어요.
원대　　　　그니깐. 가긴 갔었네. 그 자리.
유경　　　　...네.

화를 삭이느라 포크로 디저트를 누르는 원대.

원대　　　　니가 거길 왜 가?
유경　　　　...
원대　　　　말 안 해?
유경　　　　오빠, 오해가 있는 거 같은데-
원대　　　　니 핸드폰 줘 봐.
유경　　　　네?
원대　　　　하유경, 너 첩자야?
유경　　　　(억울한) 저 아니에요!
원대　　　　그니깐 빨리 내놔 봐. 핸드폰.
유경　　　　오빠 지금-
원대　　　　억울한 표정 짓지 마라. 지금 폭발할 거 같으니깐.

주섬주섬 휴대폰을 꺼내는 유경, 차마 원대에게 내놓지는 못하고.
유경의 휴대폰을 낚아채는 원대.

유경　　　　오빠!
원대　　　　확인만 할게. (휴대폰 패턴 잠금을 내밀며) 풀어.

마지못해 휴대폰 잠금을 푸는 유경.
심각한 표정으로 유경의 각종 메신저와 메시지를 확인하는 원대.

이런 상황에 겁을 먹은 유경은 눈가가 촉촉해진다. 훌쩍이는 소리와 함께.

원대   (휴대폰 화면 보며) 울지 마. 니가 당당하면 눈물이 왜 나.

이 모든 상황을 등지고 엿듣는(?) 누군가의 모습.
시간 경과. 고개를 푹 숙인 유경. 그녀에게 휴대폰을 돌려주는 원대.

원대   하유경.
유경   네.
원대   고개 들어.

고개를 드는 유경의 눈은 붉다.

원대   (저쪽을 향해) 지훈아. 됐어. 너도 와라.

화들짝 놀라며 고개를 돌리는 유경. 뒤에서 쭈뼛쭈뼛 다가오는 지훈이 보인다.
유경의 옆자리에 나란히 앉는 지훈.

원대   유경이 니 사생활은 내가 더 이상 말 안 하겠는데. 선거 때는 확실히 해라.
유경   네.
지훈   (분위기를 살피며) 괜찮...은 거죠? 별문제 없죠?

지훈의 질문에 대답하지 않는 원대, 유경만을 빤히 쳐다보고 있다.

원대   미안해. 나도 알게 된 이상 어쩔 수 없었어. 너무 수치스럽게 생각하지
         말고. 응?
유경   (참았던 서러움이 터지며) 저 아니에요. 첩자 같은 거. 그냥 다 친해서
         그런 거란 말이에요.

엉엉 우는 유경을 옆에서 토닥이는 지훈. 원대는 씁쓸한 입맛을 다시다가 창밖을 본다.

원대 알겠으니깐 넌 앞으로 선거만 신경 쓰고- 혹시라도 학교에서 말 나오
면 넌 그냥 불러서 늦게 간 건데 아무것도 모른다. 술 파티고 뭐고 절
대 잡아떼는 거야. 알겠어?

유경 (끄덕) 네.

두 손을 꼭 모으고 간절하게 말하는 원대.

원대 이제 앞으로 오빠는 유경이 너 무조건 믿는다. 알겠지?

유경 네.

원대 미안하다 유경아, 정말.

#705 계단 > 옥상 위 / 오래된 연립주택 / 실내 > 실외 / 밤

후드를 푹 덮어쓰고 얼굴을 마스크로 가린 한 남자, 어둑한 연립주택 계단을 오르고 있다.
계단을 올라갈수록 잡동사니들이 꾸역꾸역 쌓여 있어 후드남은 이리저리 피해서 오르기
바쁘다.

끼익- 하며 열리는 연립주택의 옥상 출입구, 휴대폰으로 불을 밝힌 후드남이 나타난다.
어두운 한쪽 구석으로 바삐 움직이는 후드남. 아래층으로 이어지는 비상계단 루트를 확
인하고-
옥상 담장 너머로 슬그머니 고개를 빼는 후드남.
후드남의 P.O.V- 다섯 층 아래, 연립주택의 출입구와 동네 전경이 보인다.
담장에 기대어 앉으며 휴대폰 게임을 하기 시작하는 후드남.

#706 기호 1번 선거전략실 / MM스터디룸 / 실내 / 밤

세훈의 휴대폰으로 익명A의 사진을 보고 있는 재원. 잠시 후 자기 휴대폰을 세훈에게 건넨다. (휴대폰을 건네는 재원의 왼쪽 팔목과 세훈의 오른쪽 팔목에는 똑같은 스마트워치를 차고 있다)
재원의 휴대폰으로 SNS에 올라간 자기 이미지를 보는 세훈.

세훈　어?! 이거 맞는 거 같아요! 형도 알고 계셨어요?

재원　우리도 아까 전에 알았어. 근데- (익명A의 사진을 보여주며) 이 형은 아니야.

세훈　아니라구요? 아니 제가 분명히-

재원　이 형네 '형'이 왔었지. 그날 대학생 한 명 있었는데 기억나냐?

기억을 되새기는 세훈의 얼굴에 알록달록한 조명이 훑고 지나가면-
Inter Cut / Flash Back- #311 상현의 집 거실...

대학생　(웃으며) 꽉꽉이! 나 전학 갈래! 나도 투표 좀 해보자!

상현　(웃으며) 대학생은 학점 관리나 잘해!

눈이 커지는 세훈, 기억난다. 그 대학생!

세훈　아! 기억나요!

재원　어른이 돼 가지고 애들 몰카나 찍고... 개새끼가.

세훈　이제 어떡하실 거예요? 그 대학생은?

재원　(정색) 뭐가? 뭘 어떡해?

재원의 정색에 당황하는 세훈.

세훈　아니요... 전 왠지 형들이 조치를 ...취할 거 같아서.

재원　하아... 노세.

세훈　네.

재원   니가 뭘 잘못 생각하고 있는 거 같은데... 하아...
      (머뭇) 내가 이런 소리 하면 좀 좆같이 들을 수도 있겠다, 글치?
세훈   아뇨, 그렇게 생각 안 해요.
재원   (나름의 논리?) 새끼야. 아무리 지금 상황이 좆같아도, 사람이 너무 좆
      같이 행동하면 안 돼. 그러다가 정말 좆되는 거야. 뭔 말인지 알겠냐?

재원의 말을 곱씹으며 무언가를 생각하는 세훈.

재원   실수도 반복하면... 그..... (무슨 말인지 기억이 안 나는) ...알지, 뭔 말
      인지?

설명할 수 없는 자괴감으로 고개를 푹 숙이는 세훈.

재원   가자. 뭐 좀 먹자 씨발. 배고프다.

심란한 얼굴로 뭔가를 고민하던 세훈이 이윽고 입을 연다.

세훈   (번쩍 고개를 들며) 형! 사실은 제가- (or 형! 저 좆됐어요!)

#707   옥상 위 / 오래된 연립주택 / 실외 / 밤

아까와 똑같은 자세로 휴대폰 게임을 하는 후드남. 이때 걸려 오는 전화. '노세' 전화를 받
는 후드남.

후드남   어 노세-

그러나 배터리가 바닥났는지 그대로 꺼지는 휴대폰.
인상을 팍 쓰며 후드를 훌렁 벗는 그는 바로, 최종수다.

종수   에이씨.

#708   재원의 오토바이 / 도로 / 실외 / 밤

도로를 질주하는 재원의 오토바이, 뒤에는 세훈이 타고 있다.

휴대폰으로 누군가에게 전화를 걸고 있는 세훈.

세훈   야 남경태! 너 어디냐? (그러나 일방적으로 통화를 끊은 경태) 에이잇!!!
재원   뭐래냐?
세훈   꺼지래요!
재원   씹새가 뒈질라고! (세훈에게) 꽉 잡아!

#709   앞 골목길+옥상 위 / 오래된 연립주택 / 실외 / 밤

오래된 연립주택이 보이는 골목길-

귀에 이어폰을 꽂고 걸어가는 경태. 음악 소리가 새어 나와 골목길에 울릴 지경이다.

경태 너머로 저 위에 연립주택 옥상이 보인다. 빼꼼히 지켜보고 있는 종수. 경태는 모른다.

옥상 위-

다가오는 경태를 내려다보며, 더러운 포대를 옥상 담장에 걸쳐놓는 종수.

더러운 포대 안에는 건축폐기물 등으로 추정되는 조각들이 담겨 있다.

골목길-

연립주택 출입구로 다가오는 경태, 여전히 귀에서는 음악 소리가 새어 나오고-

그 뒤로 저쪽에 급정지하는 재원의 오토바이! 총알처럼 튀어나오는 세훈! 멀리서 외친다-

세훈   남경태애애애!

그러나 경태는 알아채지 못하고-

경태를 향해 달려가는 세훈의 뒷모습을 빠르게 쫓아가는 카메라!

세훈이 옥상을 올려다보면, 카메라도 옥상 위 종수를 비춘다.

옥상 위-

연립주택 출입구에 거의 다다른 경태를 내려다보며 포대 내용물을 쏟으려는 종수.

그런데 이때- 저 뒤에서 달려오는 세훈을 포착한다. '남경태애애!'

지금 막 쏟아지려는 포대를 가까스로 붙잡는 종수. '어우 씨발! 개깜놀!'

연립주택 출입구 앞-

경태를 거의 따라잡은 세훈, 2~3미터 앞이다. 인기척을 느낀 듯 그제야 돌아보는 경태.

세훈   (다행이다!) 야! 너 계속 불렀는데! 헉헉!

경태   (귀찮다는 듯이) 왜? 난 너하고 별로 할 말 없다니깐.

세훈   (숨을 고르며) 그게 아니라- 뭐 좀 물어볼려고 했는데.. 까먹었다.

경태   (어이가 없는) 미친놈, 어이없네.

옥상 위-

아무도 다치지 않고 중단된 상황에 만족하는 종수, 비니를 벗으며 입에 전자담배를 문다.

종수   (만족스러운) 아이 새끼... 진작에 하질 말지. (전자담배를 한 모금)
           존나 쫄았네.

그러나 무심코 놓아버린 손에, 아슬아슬 놓여있던 포대는 그대로 낙하한다!

연립주택 출입구 앞-

세훈   그냥 내일 얘기하자. 들어가라. (돌아서려는)

이때 세훈과 경태의 머리 위로 우수수 떨어지는 건축폐기물 조각들!

세훈과 경태를 덮치기 직전, 어딘가에서 달려들어 두 사람을 밀쳐내는 헬멧남!

세훈과 경태는 옆으로 우당탕 자빠지고. 헬멧남은 건축폐기물 조각을 온통 뒤집어쓴 채
엎어진다.

옥상 위-

이 장면을 보며 굳어버린 종수의 쩍 벌린 입에서 떨어지는 전자담배.

연립주택 출입구 앞-

당황한 경태.

경태   뭐야? 뭐야…

세훈   괜찮아?

경태   어. 근데 이 사람… 괜찮으세요?

경태는 쓰러진 헬멧남에게 다가가 오토바이 헬멧을 벗기려는데-

경태의 손길을 거부하고 스르륵 일어나는 헬멧남.

세훈   고… 고맙습니다!

헬멧남은 손을 흔들며 비틀비틀 저쪽으로 사라진다. 왠지 졸라 멋있는 헬멧남의 등장과
퇴장.

경태   (옥상 보며) 지금 이거… (세훈을 노려보며) 너 알고 온 거냐?

세훈   (화들짝) 뭔 소리야… (옥상 보며 시침 떼는) 건물이… 좀 오래돼서 그
         런가…

경태   왜 남의 집 갖구 오래되니 마니 지랄이냐, 짜증 나게.

세훈   (민망한) 그래, 미안하다. 들어가라.

경태   (찜찜한) 아.. 새끼 수상한데…

세훈   (경태의 빵빵한 가방을 보며) 근네 뭐야, 가방에 이거 한 보따리.

경태   (살짝쿵 당황) 어, 신경 꺼.

경태가 도망치듯 건물 안으로 들어가자, 다행이다 싶은 세훈은 하늘을 올려다본다.

흐뭇하게 하늘을 올려다보는 세훈.

INS- 별이 반짝 빛나는 밤하늘.

#710   농구장 교정 / 학교 / 실외 / 오전

등굣길 유세 준비를 하고 있는 세훈. 저쪽에서 종수와 기재가 껄렁껄렁 다가온다.

기재   야, 남경태랑 오대희- 어제 보니까 알파문구 앞에서 존나 아가리 파이
         팅 하던데?

종수   그래? 조만간 마사지 한 판 뜨나?

기재   마사지는 개뿔, 마지막에 악수하고 지랄하더라. 존나 핵노잼.

종수   넌 그걸 구경하고 있었냐? 할 일 존나 없나 보다.

기재   그러는 경호실장님께서는 어제 뭐 하셨냐? 코빼기도 안 보이던데.

종수   어제 뭐... (세훈을 의식하며) 그냥 있었어.

때마침 다가오는 배기음에 돌아보는 기재와 종수. 빨간 오토바이가 멈춰 선다. 꾸벅 인사
하는 세훈.

기재   안녕하세요!

재원   잘하고 있냐 씹새들아-

기재   넵! 잘하고 있습니다!

헬멧 쓴 재원의 모습을 보며 문득 어젯밤의 헬멧남을 떠올리는 종수. (1프레임짜리 인터컷)

재원   (웃으며) 왜 쳐 웃냐.

종수   (웃으며) 웃는 거 아닌데요.

재원   (웃으며) 개새끼가 뒈질라구. (세훈에게) 잘해라.

포장된 박스를 하나 던지고 다시 학교 빠져나가는 재원.

거물이 자릴 뜨자 조잘거리는 조무래기들.

기재   (재원 쪽을 보며) 근데 저 새끼는 학교 안에까지 저걸 타구 들어오냐?
      미친 거 아냐?

종수   (재원 쪽을 보며) 뭐 어때... 간지 개쩌는데.

기재   (종수를 보며) 뷰웅신, 지랄하구 있네.

#711   농구장 교정 / 학교 / 실외 / 오전

subtitle- 선거 D-1, 유세 넷째 날.

CG- 각 캠프별 지지율 〉〉 기호 1번 곽상현 : 기호 2번 양원대 = 40% : 60%

학교 안 넓은 구역, 각 캠프의 유세가 한창이다. 각자 무대와 유세 트럭까지 보이는 가운데-

의준의 리드에 따라 기호 2번 캠프가 응원가에 칼군무를 시전한다.

기호 2번 캠프   영진의 리더 (양원대)

                      영진의 미래 (양원대)

                      영진의 희망 (양원대)

                      당연히 2번! 언제나 2번! 무조건 2번! (양원대)

                      양원대 기호 2번 양원대가 바꾼다 / 변화가 만드는 대 영진고!

                      양원대 기호 2번 양원대가 바꾼다 / 변화가 만드는 대 영진고!

응원가가 진행되는 동안 지훈의 친구들이 목말을 태워주는 등 상승세의 기호 2번 캠프!

잠시 후 현진이 앰프 볼륨을 올리면-

어깨깡패 (깽판을 조장하며) 애들아 가자!

기호 1번의 응원가에 맞추어 한판 대차게 뛰노는 기호 1번 캠프.
어느 락 페스티벌의 광팬들처럼도 보이고, 공중파 생방송 중 난입한 일당들처럼도 보인다.

기호 1번 캠프   우리들의 친구 기호 1번 상현 / 명품학교 넘어 명품학교 가자 /
교복 자율화! (예~!) / 학생 자전거! (예~!) /
특강 수업 개설 (예~!) / 물론 그건 무료 (좋아!) /
전교생 스마트워치! (예~!) / 교내 헬스장 (예~!)
우리들의 친구 기호 1번 상현 / 명품학교 넘어 명품학교 가자

각 캠프의 유세전이 끝나면,
현진의 멘탈 코칭을 받으며 프론트 라인으로 걸어가는 정희와 절친들의 의전을 받으며
프론트 라인에 등장하는 유경이 보인다. 그렇게 시작된 두 후보자의 스피치 대결!

정희 우리 학생들은 늘 피곤합니다! 다음 날 아침 일찍 학교에 와야 할 때, 특
별히 컨디션이 좋지 않을 때, 학우 여러분의 지친 몸을 위해서 저희는
학생 전용 전기자전거 대여 시스템을 도입하겠습니다!

언제부터 결성된 건지 윤정희 팬클럽 3인조가 정희의 연설에 열광한다.
그간 뽀송뽀송했던 모습과는 다른 유경, 예쁨을 벗어던지고 열정으로 무장한 채 정희를
저격한다!

유경 자 집중! 집중!! (목소리를 가다듬고) 더 이상 일회성 공약에 속아 넘어
가시면 안 됩니다! 전기자전거나 스마트워치 같은 공약은 일 년 반짝
하고 사라질 공약입니다! '지속 가능성'! 저희 기호 2번은 가능한 것만
약속합니다!

선거 활동을 취재 나온 방송반 학생들은 유경과 정희의 모습을 각각 캠코더에 담기 시작

하고-

누군가가 외치는 '잘한다 하유경!' 외침에 움찔하는 상현과 세훈.

상현　　뭐야, 갑자기.

세훈　　뭔가 달라졌는데요. 하유경.

유경의 도발에 꽤나 자극받은 정희. '니가 내 앞에서 아는 척을 해?'

정희　　글쎄요, '지속 가능성'? 지금 무슨 환경이나 에너지 토론도 아니구, 그 용어가 왜 나오는 거죠? 아무튼 그런 부분은 저희가 당선되면 증명할 게요. 근데 그쪽이야말로 값싼 포.퓰.리.즘. 공약으로 유권자들 속이는 짓 좀 그만하시죠?

어디선가 외치는 '그렇지 윤정희!' 두 후보자의 토론장으로 변해가는 유세 현장.

유경　　포퓰리즘이라구요? 학교 안에 프랜차이즈 카페를 유치하고, 동아리방 도 부족한 상황에서 헬스장 만들고, 굳이 불필요한 외부 강사 무료 특 강? 그런 게 바로 포퓰리즘 아닙니까?

유권자와 각 캠프 인원들은 양쪽을 번갈아 가며 고개를 돌린다.
격돌하는 두 여학생 후보자들의 스피치전에 긴장하기로는 다른 후보자들도 마찬가지.

정희　　아니죠! 롤 토너먼트 대회나 수학여행 부활! 학교 전체를 놀이터처럼 만드는 거! 그딴 게 바로 포퓰리즘이죠. 학창 시절 추억? 좋죠. 좋은 거 아는데- 면학 분위기 망치고 나중에 졸업할 때 다 같이 손잡고 재수학 원 등록하자? 그런 얘깁니까?

유경　　윤정희 후보! 정말 다행이구요! 고맙습니다. 윤정희 후보 같은 사람이 대한민국 교육부 총리가 아니어서, 너무 고마워요! 자 우리 윤정희 후 보에게 감사의 박수!

와아 하며 반응하는 기호 2번 캠프 인원들. '하유경!'을 연호하는 그녀의 팬클럽.
유권자 학생들은 물론 일부 지역 주민들까지 말싸움 구경에 신이 났다.

정희   지금 비꼬는 겁니까? 이런 식으로 대중들 앞에서 조롱하는 분위기 몰
         아가는 것도 포퓰리즘인 거 아십니까? 알고 이러시는 겁니까?
         (피식) 포퓰리즘, 스펠링은 알죠?
유경   (기분이 잡친) 네?

적절한 논리와 기묘한 조롱조로 무장한 정희의 말빨에 밀려버린 유경, 무어라 받아치려
다가 결국 확성기를 내리며-

유경   (피식+빡침) …아씨.. 저 쌍년.

고단수 윤정희의 맹활약을 목격하고 흥분하는 기호 1번 캠프와 팬클럽 3인조의 환호!
CG- 각 캠프별 지지율 〉〉 기호 1번 곽상현 : 기호 2번 양원대 = 60% : 40% (1번 상승)

상현   (하이파이브하며) 나이스 윤정희.
세훈   (하이파이브를 시도) 싸움 나는 줄 알았네.
정희   (하이파이브를 무시) 레벨이 다르거든?

cut to
약간 주눅 든 분위기를 바꿔보려 다시 구호를 리드하는 의준. 상기된 유경은 뒤에서 생수
를 마신다.

기호 2번 캠프 양!   /   **의준** 양파처럼 까도가도 멋있는~!
기호 2번 캠프 원!   /   **의준** 원대한 꿈을 가진~!
기호 2번 캠프 대!   /   **의준** 대 영진고의 자랑~!
다같이   하유경을 위하여! 원대한 하유경을! 위하여!

한편, 잠시 대열에서 빠져나온 원대는 경태와 시선을 교차하며 끄덕거리고-

경태는 빵빵한 가방을 챙겨 유세 현장을 슥 빠져나간다.

경태의 이탈을 포착하는 의준, 약간 찜찜한 느낌을 받는데.

#712   농구장 교정+강당 지붕 / 학교 / 실외 / 오전

유권자 학생 수가 가장 많은 등굣길 피크타임.

각 캠프의 인원들이 소품을 흔들며 응원가를 외치는 동안-

각 후보자들은 유권자 하나하나와 악수하거나 짤막한 인사를 나눈다.

이 장면을 촬영하고 있는 방송반 학생들, 저들끼리 PD인 양 촬영감독인 양 프로페셔널해 보인다.

이때 어디선가 들려오는 외침!

외침(off)   XXXXX!!!

귀가 예민한 일부 학생들이 의아해하는 가운데 무언가를 발견한 종수.

종수   (가리키며) 야, 저거 뭐냐?

기재   (가리키는 방향을 보며) 미친놈 저긴 왜 올라갔어?

모든 학생들의 시선이 하나하나 어느 방향으로 향하면, 방송반도 그 방향을 촬영하고!

방송반 카메라 화면- 화면 가득 줌인하면- 저 멀리, 강당 지붕에서 확성기를 든 남경태가 보인다.

경태   술 파티 의혹 후보자는 자진 사퇴하라!

준규선생   (황당한) 남경태? 경태니 저놈 저거?

　　　　　(손짓하는) 야 학생회!! 빨리 가자!! 다친다. 쟤!

　　　　　(방송반에게) 방송반 니들도 그만 찍어!

방송반1 (훗) 네네~ (중얼) 좆까시고. (옆의 방송반2에게) 야, B캠 들어.

방송반2 (휴대폰 촬영 장비를 꺼내 들며) 오케이. 내가 애들 반응 딸게.

강당 지붕-

경태 술 파티 의혹 후보자는 자진 사퇴하라!

농구장 교정-

당황한 세훈이 상현과 현진을 돌아본다. 눈빛이 이글거리는 상현. 입을 앙다무는 정희. 지훈과 유경도 황당하기는 마찬가지로-

지훈 남경태 뭐 하는 거야!

유경 (원대에게) 오빠! 쟤 지금-

원대 (유경을 차갑게 쳐다보며) 그냥 가만히 있어!

-라는 대화를 뒤에서 듣고 있던 의준, 모든 게 원대의 지시였다는 사실을 눈치채고 실망한 표정이다.

강당 지붕-

지붕 아래로 뭔가를 펼쳐 내리는 경태. 미리 준비한 초대형 현수막이 모두의 시선을 사로잡는다.

현수막 내용- '술 파티 의혹 후보자는 자진 사퇴하라'

경태(off) 술 파티 의혹 후보자는 자진 사퇴하라!

농구장 교정-

당황한 기호 1번 캠프 일동. 말없이 지켜보고 있는 상현과 화가 난 세훈.

세훈 남경태 저 새끼!

솔파티 의혹 후
건교생이 구
곽상현은 자

상현   (날카롭게 눈을 뜨며) 가만히 있어. 반응하지 마.

술렁거리는 학생들 중 휴대폰을 꺼내는 이들을 저지하는 정희.

정희   (한 명 한 명 가리키며) 촬영하지 마세요! 촬영하지 마요!!

강당 지붕-

강당 지붕으로 올라온 준규 선생과 학생회 학생들에게 체포(?)당하는 경태.

경태   (저항과 자유의 몸부림으로) 술 파티 의혹 후보자는 자진 사퇴하라!

농구장 교정-

휴대폰을 내려다보고 있는 원대.

원대의 P.O.V- 빅클로즈업된 휴대폰 화면, 'SEND' 탭을 터치하는 손가락.

그러자 여기저기서 울리는 모든 학생들의 휴대폰 메시지 수신음과 진동 소리.

휴대폰을 확인하며 각자의 표정과 반응을 보이는 학생들. '술 파티?' '진짜야?' '너도 받았어?'

무표정한 얼굴로 원대를 쳐다보고 있는 상현.

군중들 너머의 원대도 웃는 낯으로 상현을 쳐다보고 있다.

상현(V.O) 너 게임 존나 더럽게 한다?

원대(V.O) 쫄리면 뒈지시든가.

CG- 각 캠프별 지지율 〉〉 기호 1번 곽상현 : 기호 2번 양원대 = 30% : 70% (2번 상승)

#713   시청각실 / 학교 / 실내 / 오후

상현 및 후보자들과 재원, 현진, 어깨 깡패 정도만 모여있는 시청각실.

화가 잔뜩 난 인경이 책상에 걸터앉아 휴대폰 메시지를 보고 있다.

인경　야, 니네 미쳤어? 선거 나간다는 새끼들이 모여서 그런 짓을 해?
현진　애들도 딱히 증거는 없는 거 같은데 좀만 기다려 보죠.
인경　증거? (휴대폰 보여주며) 이게 증거라고! 이미 이렇게 똥물 튀면 스텝
　　　　꼬이는 거 몰라?

흉흉해진 내부 분위기. 이때 시청각실 문을 여는 기재, 종수, 한별 등.

어깨깡패　야, 니들 좀 기다리라고.
종수　(눈치 보며 다시 문을 닫는) 아, 네.
인경　야 곽상현. 어쩔 거야 이제?
상현　(가만히 휴대폰만 보며) …
인경　(폭발하는) 야!
상현　(중얼) …존나 시시하네.

이때 갑자기 호탕하게 웃어 재끼는 상현! '하하!' 다들 의아하게 상현을 살피는데-

상현　(존대는 없다) 그래서 내가 살인을 했어? 사기를 쳤어?
인경　(움찔) 뭐?
상현　(비웃듯) 아니, 살다 보면 애들이 술도 한잔 할 수 있고 담배도 한 대 하
　　　　는 거지. 그게 뭐 죽을죄야?
인경　(발끈) 곽상현, 너 말이 짧다? 아예 막 나가는구나!

자리에서 일어나는 상현, 지금까지 전면에 드러내지 않았던 압도적 카리스마를 발산한다.

상현　(사람들에게) 책임은 내가 져. 다 좆까고 다 쌩까. 저 새끼들 문자 보낸
　　　　거 전부 다 개소리라고 해. 알겠냐? 특히 너 세훈이.
세훈　…네.

상현	자꾸 반응하지 말라고.
세훈	네.
상현	(손짓하며) 진행해.

상현의 카리스마에 떠밀려 일어나는 모두들, 시청각실 밖으로 나선다.

그러나 상현에게 반말을 당한(?) 인경은, 기분이 상해서인지 책상에 그대로 앉아있는데-

상현	(다가가며) 작년 선거 때 누나가 왜 떨어진 줄 알아요?
인경	(상현의 눈을 쳐다보는) ...뭐라고?
상현	애들은... 착한 사람 안 뽑아요. 이기는 사람 뽑아주지.
인경	무슨 말이야?
상현	...나는 이길 거니깐, 누나도 착하지 마요. 나 도와줄려면.

의미심장한 표정으로 시선을 교환하는 두 사람.

#714   어느 막다른 복도 / 학교 / 실내 / 오후

팔짱을 낀 채 담담한 얼굴을 하고 있는 원대와 그 앞에 굳은 표정으로 서 있는 의준.
바닥에는 아까 경태가 강당 위에서 펼쳤던 현수막 중 하나가 구겨져 있다.

원대	(의준을 가만히 보다가) 형이 시킨 거 같냐? 경태한테?
의준	...
원대	(일부러 '의' 자를 빼고) 준아. 너는 그냥 니가 맡은 거만 신경 쓰면 되지 않을까?
의준	그렇긴 한데요. 자꾸 이런 식으로 가는 게 좀... 학교 분위기도 이상하고.
원대	(웃으며) 괜찮아. 원래 이런 거야. 우리 학교 선거 원래 빡세잖아.
의준	잘 모르겠어요. 이게 맞는 건지.
원대	(단호한) 당연히 이게 맞지. 그리고, 애들도 알아야 돼. 이거는 우리 학

생들 알권리 같은 거니깐.

의준   알권리요?

원대   그렇지. 후보자가 집구석에서 술 파티 열고 그런 게 정상이냐?

의준   …

원대   괜찮아. 의심하지 마. 절대 의심하지 말라고 준아.

#715 1학년 교실 / 학교 / 실내 / 오후

세훈(V.O) 술 파티 의혹은- 몇 가지 가짜뉴스가 들러붙으며 전혀 생각지 못한 방
         향으로 확대 재생산됐다.

1학년 교실을 찾은 세훈과 정희. 민심은 싸늘함이 절반이요, 분노가 절반이다.
노발대발하는 학생들 중에는 EP. 1에서 정희의 뒷담화를 했던 여학생들도 보인다.

1학년여A (빈정대는) 와 누구는 친구랑 영화 한 편 보는 것도 부담스러운데 자기
         들끼리 학기 중에 제주도 여행이나 다니고. 씨발 박탈감 오진다.

1학년여C 여행은 뭔 여행. 제주도 별장에서 술 처먹고 왕 게임 했다던데-

1학년여B 곽상현 오빠 나오라고 해! 니들만 딸랑 보내지 말고!

세훈   상현 선배는 2, 3학년 교실에-

1학년여B 어, 그럼 니가 말해봐! 제주도에서 술 처먹고 왕 게임 했어 안 했어?

세훈   (논점을 흐려보자!) 난 태어나서 한 번도 제주도엘 가본 적이 없어! 그
       니깐 제주도에서 왕 게임 어쩌고 하는 질문 자체가 성립이 안 되는 거지.

1학년여A 성립 같은 소리 하고 자빠졌네! 그럼 여권 까보라고! 여권 까!

'여권' 운운하는 1학년여A를 한심하게 쳐다보는 1학년여B와 C. 살짝 쪽팔리다. '아우 미친-'

정희(off) 그런 말 같지도 않은 소리들 계속할 거야?

그리 큰 목소리도 아니었건만 삽시간에 고요해진 교실 안. 모두의 시선은 한 사람을 향한다.

정희   나 솔직히 말해서, 추석 때 막걸리 한 잔 받아먹은 적은 있고 그게 다야.
          니들은 그런 적 없어? 단 한 번도?
1학년여A (으르렁) 아~ 그니깐 추석이네. 이제 답 나오네~
1학년여B (으르렁) 추석 때 제주도 가서 막걸리 쳐 받아먹고 왕 게임했네. 맞지?
1학년여C (거드는) 제주도 별장.
1학년여B 그래 제주도 별장 가서!
1학년여A 아 존나 썩었어! 저딴 게 무슨 부회장이야! 어차피 너 학교 문제 같은
          거 관심도 없잖아! 안 그래? 그냥 사퇴해 윤정희! 사퇴하라고! 아님 여
          권을 까든가!
정희   사퇴?

분노의 윤정희. 꼭 쥔 주먹이 떨리고 있음을- 세훈은 보고 있다.

정희   니네 말이 맞으면- 내가 책임지고 '자퇴' 할게. 됐어? ...뽑기 싫으면 뽑
          지 마. 어차피 구걸할 생각도 없어. (가리키며) 그리고 너-

1학년여A를 가리키는 정희.

정희   (한심한 듯 쳐다보며) 누가 제주도에 여권을 가지고 가니?

뭔가 묘하게 제압되어 버린 학생들과 캠프 인원들과 세훈.
홧김에 먼저 교실 문을 나서는 정희. 그리고 뒤따르는 세훈의 등 뒤로 들리는 목소리들.
'뭐야, 왜 정색하고 지랄이야.' '야, 진짜 아닌가 본데?' '윤정희 카리스마 쩌네.'
'개구리 같은 년, 은근 걸크러시네.' '여권이... 꼭 필요한 것까지는 아니지?' '당연하지 멍청아!'

#716   대강당 / 학교 / 실내 / 오후

텅 빈 대강당 어딘가에 나란히 앉은 세훈과 지훈.

지훈   (정면을 응시하며) 혹시나 해서 하는 말인데, 나는 한마디도 한 적 없어.
세훈   (찌릿) 뭘?
지훈   (정면을 응시하며) 너 그날 밤, 생일 파티 때 얘기들.
세훈   너 씨!

깜짝 놀라서 주변을 둘러보는 세훈. 다행히 듣는 이는 아무도 없다.

세훈   (발끈하여 쏘아보며) 그 얘긴 왜 하는데 갑자기!
지훈   (정면을 응시하며) 혹시라도- 우리끼리 한 얘긴 걱정하지 말라고-
세훈   너 지금 나 협박하냐?
지훈   (이제서야 세훈을 쳐다보는) 야, 친구끼리 무슨 협박이냐.

'친구끼리'라는 표현에 살짝 수그러드는 세훈.

세훈   협박이면... (누그러지며 농을 던지는) ...선관위에 신고할라 그랬지.
지훈   (옅은 쓴웃음을) 재미없다.
세훈   니 재밌으라고 한 거 아니거든~
지훈   그거 말고- 선거. 재미없다고. (자리에서 일어나며) 만약에 처음으로
       돌아가면, 하유경이 선거 나가자 했을 때로 돌아간다 치면, 난 절대 사
       절. 안 할 거야.
세훈   그러게 왜 한다고 했어.
지훈   (뭐라 설명해야 할까 싶다가) ...재밌을 줄 알았지.
세훈   (어이가 없는) 미친놈.

출입문을 향해 터벅터벅 걸어가는 지훈. 세훈도 뒤늦게 자리에서 일어난다.

지훈   (돌아보며 피식) 다 끝나면, 치킨이나 먹으러 가자.

세훈   (피식) 그러든가.

가만히 서서, 멀어져 가는 지훈의 뒷모습을 보는 세훈.

#717   세훈의 반 교실 / 학교 / 실내 / 오후

종례를 기다리는 학생들. 한별이 교실로 들어오며 말한다.

한별   준규쌤이 오늘 종례 없대.
기웅   (가방을 메며) 앞으로도 늘 없었으면 좋겠다.
태오   (가방을 메며) 그러게. 어차피 무의미한 잔소리뿐이야.

각자 가방을 챙겨 교실을 나서는 학생들. 교실에는 세훈과 한별, 의준, 기재만 남았다.
네 사람의 시선은 남경태의 자리에 쏠려있다. 책가방도 학용품도 그대로 책상에 남아있
는 상태.

기재   남경태 저 또라이 새끼... (의준에게) 원래 이 정도였냐?
의준   (착잡한 표정) 모르겠다. (세훈을 보며) 니네 괜찮아?
세훈   (억지로 웃으며) 내일이면 끝나니깐.
의준   나 먼저 갈게. (교실을 나서는)
기재   야, 노세. 솔직히 말해봐. 어떻게 된 거야?
세훈   제주도 간 적 없다니깐 하하.
기재   그니깐 제주도든 뭐든 술 파티 한 거는 맞냐고? 나 그냥 궁금해서 그래.
          조온나-

기재의 등짝을 후리며 나무라는 한별.

한별   그만 좀 하시지? 너네가 자꾸 그러면 더 퍼진다니깐.

274

이때 우렁차게 들려오는 종수의 목소리 '노세애애!!!' 화들짝 놀라는 세훈과 친구들.

세훈	왜 그래 갑자기?
기재	이번엔 또 뭐냐. 섹스 파티냐?
한별	어우 야, 미쳤어...
종수	(휴대폰 내밀며) 학교 카페 아직 안 봤냐? 난리 났어.
세훈	뭐가?
종수	박지훈 새끼, 성적표 위조해서 애들한테 팔았대. 다른 학교 애들까지.
세훈	(당황) 그게 학교 카페에 올라갔다고?

휴대폰으로 영진고등학교 카페에 들어가 보는 한별과 기재.

한별	(게시물 제목을 읽는) 인성좆망 기호 2번의 민낯?
기재	(게시물 제목을 읽는) 양원대 깡패 축구 동영상...
종수	(자기 휴대폰을 세훈에게 내밀며) 박지훈...
한별	성적표 위조...
기재	거래 제보자...
세훈	증언?

무언가가 떠올라 교실을 뛰쳐나가는 세훈.

음성 변조된 보이스오버와 해당 자막이 화면 위로 흐르기 시작한다.

| 음성변조(V.O/F) | 돈이나 문상받고 팔았대요. 한 과목 수정에 오천 원. |

#718　복도 > 지훈의 반 교실 / 학교 / 실내 / 오후

하교 중인 학생들을 거슬러 달려가는 세훈.

음성변조(V.O/F)　　　아예 워드 파일로 만들어서 가지고 있더라구요. 성적표 양식을.

텅 빈 지훈의 반 교실로 들어가는 세훈.

음성변조(V.O/F)　　　거기에 숫자만 바꿔서 출력하는 거죠. 칼라 프린터로-

빈 교실 가운데 자리, 지훈의 책가방과 노트만 덩그러니 놓여있다. 휴대폰을 꺼내 드는 세훈.
휴대폰 화면- 영진고 공식 카페 〈박지훈 성적표 위조 거래 제보자 증언〉 재생을 누르는
세훈의 손가락. 빈 교실에 울려 퍼지는 변조된 자기 목소리.

음성변조(F) 돈이나 문상받고 팔았대요. 한 과목 수정에 오천 원.

절로 헉- 소리를 내는 세훈, 오른 손목에 찬 스마트워치에서는 메시지들이 연거푸 쌓여
가는데...
CG- 각 캠프별 지지율 〉〉 기호 1번 곽상현 : 기호 2번 양원대 = 50% : 50% (1번 상승)

#719 (=#521와 동일)　　[플래시백] 시청각실 / 학교 / 실내 / 오후

#521에서 이어지는 플래시백이다. 시청각실 문 상단 유리창 너머로 보이는 인경과 세훈.
카메라 쪽을 스윽 보는 인경. 카메라 하강하면 귀에 에어팟 프로를 끼운 채 엿듣는 상현이
보인다.

인경　　　그럼 열 과목 수정하면 오만 원?
세훈　　　그렇...겠죠. 아마.
인경　　　근데 그, 수정이 마음대로 가능해?
세훈　　　음... 아예 워드 파일로 만들어서 가지고 있더라구요.
인경　　　(유도하는) 뭐를?
세훈　　　네.. 그.... 성적표 양식을.

인경	그래? 그 양식을 가지고 뭐 어떻게 한 걸까?

인경　그래? 그 양식을 가지고 뭐 어떻게 한 걸까?

세훈　뭐 그냥 제 생각이지만... 거기에 숫자만 바꿔서 출력하는 거죠. 칼라 프린터로- 근데 사실 저도 잘 몰라요.

인경　그럼 그 성적표를 사간 애들은, 어따 쓰려는 걸까?

세훈　대부분 부모님들 눈속임용인 것 같았어요. 어차피 나중에 다 들통나겠지만.

인경　(대수롭지 않다는 듯) 아무튼 그랬구나~ 뭐 별일도 아니구만- 알겠으~

세훈　근데 선배님, 이런 거까지 말해야 돼요?

인경　그냥- 궁금하잖아, 니가 제일 친하니깐-

세훈　(떨떠름한) 아, 네...

인경　(웃으며) 혹시 세훈이 너도 성적표 부탁하고 그러진 않았지?

세훈　어우, 그럼요. 저는 안 하죠, 그런 거.

자기 휴대폰을 스윽 살피는 인경. 아이폰 실시간 듣기 녹화 중인데!

제보자 증언 영상은 이 음성을 짜깁기한 것이었던 것이다!

#720　길가 / MM스터디룸 건물 앞 / 실외 / 오후

땀을 뻘뻘 흘리며 달려가는 세훈, 저 앞에 보이는 MM스터디룸 건물.

때마침 건물 입구에서 나오는 상현과 현진, 재원. 그들에게 소리치며 다가가는 세훈.

세훈　(다급한) 형!

상현　(태연한) 어 웬일이야? 오늘은 쉬라고 했잖아.

세훈　왜 전화 안 받으세요! 계속 걸었는데!

상현　(휴대폰을 보며) 아, 무음으로 해놨네.

현진　(세훈에게) 근데 뭔 일이래? (재원에게 세훈을 가리키며) 애 다리 풀린 거 좀 봐.

태연한 상현과 현진에 비해 뻑적지근한 표정의 재원.

세훈　　(휴대폰을 내미는) 제가 인경 누나한테 지훈이 얘길 한 게 학교 익명게
　　　　시판에 떴어요!

상현　　그래? 무슨 얘길 했었지 니가?

세훈　　(말을 끊으며) 모르는 척하지 마세요! 형은 다 알잖아요! 형이 시킨 거
　　　　아니에요?

전에 본 적 없는, 세훈의 대드는 모습.

현진　　(세훈을 막으며) 세훈아, 너 좀 과한데?

세훈　　(현진을 무시하고 상현만 노려보며) 전 그때 동영상 찍는 줄도 몰랐구
　　　　요, 제가 한 얘기도 전부 짜집기 돼서. 완전 이상하게 들린단 말이에요!
　　　　씨발!

재원　　(내키지 않지만 제압하려는) 이 새끼가... 안 닥칠래? 목소리 안 낮추냐?

그동안 태연한 척하던 상현, 세훈의 흐트러진 교복을 매만지며 본색을 드러낸다.

상현　　세훈아.

세훈　　...네.

상현　　아침에 남경태 때문에 지금 우리 초비상이야. 근데 여기서 무너지면 그
　　　　냥 다 쟤들 말이 맞는 걸로 돼버린다고. 뭔 말인지 알아? 지금 이게 니
　　　　혼자만의 문제냐?

세훈　　(흥분이 가라앉지 않은) 처음부터 이럴려고 지훈이 뒷조사한 거죠? 저
　　　　팔아서!

상현　　잘 들어. (세훈의 어깨에 손을 올리며) '기호 2번 부회장 후보 박지훈'이
　　　　돼버린 그 순간부터, 이미 예정된 거야 이런 일은. 너도 강제로 '양심
　　　　선언' 당해봐서 알잖아.

세훈　　...

상현 지훈이도 마찬가지야, 너하고 껄끄럽지 않으려면 애초에 선거를 나오
지 말았어야지.

세훈 …

상현 그거 나도 들었어. 음성 변조됐던데, 넌 줄 어떻게 알겠냐? 일단은 쌩까.
쌩까구. 선거 하루 남았다. 니가 신경 쓸 부분은- 어떻게 우리가 이길
수 있는가, 그거뿐이야. 우리가 무조건 이겨야 돼. 그래야 우리가 말하
는 게 진실이 된다고. 일단 이기면 지훈이 문제는 형이 백 프로 해결할
게. 형 알지?

상현 너머로 보이는 길가의 택시, 비상등을 깜빡거린다.

현진 (휴대폰과 택시를 번갈아 확인하며) 택시 왔어.

세훈 (약간 누그러진) 정말이죠 형?

상현 당연하지. 그니깐 지훈이든 누구든, 니가 한 얘기 아니라고 무조건 잡
아떼. 괜찮아 세훈아. 형이 다 정리해 줄게. 오케이?

세훈 …알겠어요.

상현 그래, 내일 아침에 데리러 갈게. 푹 쉬고. (재원과 현진을 돌아보며) 가자.

먼저, 택시로 향하는 상현과 현진. 세훈은 말없이 자길 보고 있는 재원에게-

세훈 지금 어디 가세요?

재원 (잠시 바라보다가 세훈의 가슴팍을 툭 치며) …집에 가라.

#721 후미진 골목길 / 대학가 / 실외 / 밤

INS- 어느 대학가의 골목길. 어디선가 들려오는 소란- '와 씨발, 존나 어이없네 니네 미쳤나?'
상현 일당에게 포위된 대학생은, 생일날 왔었던 손님 중 하나이며 어제 세훈이 엿들은 녀
석의 형이다.

고등학생 세 명 앞에서 허세를 부리고는 있지만 누가 봐도 머릿수로는 불리한 형세의 대학생.

대학생   그래서 여기까지 왔다? 이 좆만 한 새끼들아?

상현   형. 저는 솔직히 우리 형 친구라서 형을 좋아한 게 아니거든요? 저는 형을 정말 제 친구처럼 생각했고. 그래서 재밌는 거 있을 때마다 형 챙겼구요.

대학생   넌 임마 그게 문제야. 내가 니 친구냐, 니 형 친구냐? 봐 지금도 그렇잖아? 이렇게 와서는 뭐 어쩌자고? 나 까게? 씨발로마?

상현   설마 그럴려고 제가 찾아왔겠어요?

대학생   그럼 뭐 어쩌자고-

상현   먼저 SNS 계정 닫으시구요, 핸드폰하고 집에 있는 컴퓨터도 저한테 파세요 그냥.

대학생   모른다니깐. 나는 그 계정이 뭔지도 몰라. 나는 SNS 자체를 안 하는 사람이야.

상현   형 죄송한데- 아이피 확인 다 하고 온 거예요, 형.

대학생   구라 까네. 아이피를 땄다고 니네가?

상현   네, 업체에 맡겨서 다 확인했어요. 폰하고 컴퓨터는 제가 교체해 드릴게요.

거의 협박에 가까운 상현의 태도. 대학생은 발끈하며 상현의 가슴팍을 친다.

대학생   이 개새끼가! 야 곽상현! 니 뭐 하냐 지금? 고딩 새끼들이 쳐 돌아가지고-

재원에게 눈빛을 보내는 상현. 그러나 재원은 가만히 있는다.
그러자 대학생의 정강이를 직접 발로 차는 상현. 대학생은 정강이를 붙잡고 바닥에 뒹군다.
가만히 있는 재원에게 신경질적으로 말하는 상현.

상현   강재원! 시발 자꾸 멍때릴래?

상현을 노려보고 있던 재원은, 그 반감을 터뜨리듯 바닥의 대학생을 짓밟기 시작한다.

그러다가 바닥을 뒹굴며 근처의 각목을 주워 드는 대학생. 이에 재원은 날렵하게 발차기로 각목을 날린 후, 주먹질을 퍼붓는다. 주먹질 한 번에 핏줄기 하나, 재원의 옷과 얼굴에 튀는 핏방울.

재원이 무자비한 폭력을 행사하는 동안- 현진과 상현은 뒤돌아보며 주변을 경계한다.

INS- 전신주와 전선들의 거미줄 너머로 반짝거리는 몇 개의 별들이 보인다.

#722   놀이터 / 고급빌라 단지 / 실외 / 밤

저쪽에 불 켜진 고급빌라 건물을 보며 그네에 앉는 세훈, '닭지훈'에게 메시지를 보낸다.

'니네 집 앞에 왔어. 전화 좀 받아라.'

그네 위의 몸을 살살 움직이는 세훈의 발. 우레탄폼 바닥의 탄성이 느껴진다.

통통거리는 세훈의 발 위로 덮이는 그림자. 고개를 드는 세훈의 얼굴은 지쳐 보인다.

세훈   어?! 선배님.

그네에 앉은 세훈 앞에 서 있는 원대. 그 또한 세훈만큼 지쳐 보인다.

원대   여긴 뭐 하러 왔냐? 지훈이 만나러 왔어?

세훈   네... 지훈이는 좀 어때요?

원대   노세훈.

세훈   (원대를 쳐다보는) 네.

점점 일그러져 가는 원대의 얼굴. 가로등 불빛 각도 탓에 더욱 그러해 보인다.

원대   너는 진짜 안 되는 새끼인가 보다.

세훈   네?!

원대   학교 게시판에 올라온 거 니 목소리 맞지?

세훈   아니요! 저 아닌데요!

원대   아니긴 뭐가 아니야! …솔직히 형 많이 참았다. 니가 뒤통수칠 때도 그
        랬고.

세훈   …

원대   근데 이젠 친구고 뭐고 다 필요 없다 이거지?

세훈   아니에요!

원대   이 씨발 새끼가 증말!

그네에 앉아있는 세훈을 앞발로 차버리는 원대. 고꾸라지는 세훈, 굴욕적인 자세로 널브
러진다.

원대   까놓고 말해서, 이번 선거! 너 말고 다른 애들도 먼저 만나봤는데- 그래
        도 난, 니가 진짜로 괜찮은 새낀 줄 알았어!

순간 철렁하는 세훈의 표정.

원대   너하고 지훈이, 둘이 친한 거 알고 내가 얼마나 고민했는지 아냐? 근데
        지훈이가 뭐랬는 줄 알아? 노세는 다 이해할 거라더라. 왜? '존나 착하
        니깐'. 노세는 존나 착하대. 씨발 웃기지? 니가 생각해도.

널브러진 자세로 고개를 숙인 세훈, 그저 미안한 마음뿐이다.
한숨을 길게 내쉬며 숨을 고르는 원대. 흥분하여 망가진 옷매무새를 정돈하고는-

원대   딱 여기까지다. 너 같은 새끼는.

뒤돌아 걷기 시작하는 원대.

세훈   …죄송합니다.

원대   (뒤돌아보며) 선거 끝나도 아는 척하지 마라. 존나 역겨우니깐.

넓은 쇼트- 놀이터 바닥에 벌레처럼 주저앉은 세훈과 / 세훈을 돌아보고 있는 원대.

원대가 화면에서 빠져나가면, 무너진 세훈의 몸뚱이가 처량하다.

낮 시간의 도시 소음이 제거된 밤 시간의 놀이터.

어디선가 들려오는 밤벌레들의 소리. 맑은 가을 밤하늘에 반짝이는 별 몇 개.

-에피소드 7 [별이 빛나는 밤에] 끝-

최종진술

눈물의 밤을 보낸 어제의 세훈과 오늘의 세훈은 다르다.
잃은 만큼 얻어 올 거다. 밀린 만큼 이겨줄 거다. 오늘은 마지막 유세고 투표
당일이며 이 전쟁의 승자가 정해지는 날이니깐.

노 실장의 에스코트를 받으며 학교로 출정을 떠나는 상현과 정희, 그리고 세훈.
반면 원대의 기호 2번 팀은 분위기가 안 좋다. 계속되는 네거티브 공방전에
질려버린 의준과 일부 인원들이 캠프를 이탈했기 때문이며, 성적표 위조 의혹
으로 지훈이 생활지도부 조사를 받고 있기 때문이며, 양원대 깡패 축구 동영
상의 히트로 민심을 꽤 잃었기 때문이다.

그렇게 열리는 최종 유세! 지금까지 보여준 것들이 총동원된 현장이다. 선관
위마저도 손쓸 수 없는 아수라장 속에서 목이 터져라 외치는 후보자들과 몸이
부서져라 싸우는 캠프 인원들의 열띤 유세가 이어진다.

한편, 지난밤 상현 일당이 벌인 집단 린치로 출동한 경찰들이 재원을 연행해
간다. 모든 죄를 혼자 뒤집어쓰려는 재원.
마치 관행처럼 굳어진 재원의 독박은 언제부터 시작된 걸까?

각 반에 실시간 방송으로 송출되는 후보자 최종연설 시간. 원대는 아주 잘 준비된 원고와 그간 충복이었던 경태의 행동들을 공개적으로 비난하며 읍참마속을 통해 흩어진 민심을 수습하는 데 성공한다. 그야말로 지난 선거의 승자이자, 이 학교 정치질의 끝판왕 양원대다운 마무리 투구였다.

원대의 최종연설에 투지를 잃어버린 상현은 학생들의 조롱과 고장 난 아이패드 때문에 어찌할 바를 모르고 있다.
그 틈을 타 무대 위로 올라간 세훈은 얼마 전 상현이 그랬듯 도발적인 속삭임으로 상현의 각성을 유도한다.

"형이 미치지 않으면 이 선거 절대 못 이겨요."

세훈의 도발에 각성한 상현의 스피치는 연설이라기보다는 차라리 최종진술에 가깝다. 기울어 가던 민심을 뒤엎어버리는 상현의 대역전극은.. 작품 속에서 확인하시기 바란다.

#801   세훈의 방 / 세훈의 집 / 실내 / 오전

암전 화면에서 들리는 위잉 소리.

화면 밝아지면- 헤어드라이어의 소리가 울리는 세훈의 방. 거울을 보며 머리를 말리는 세훈의 모습을 훑는 카메라, 책상 위 펼쳐진 다이어리의 미나(와 찍은) 사진과 아직 포장 상태의 선물도 슬쩍 보인다.

새 속옷을 입는 세훈의 다리. 새 양말을 신는 세훈의 발. 교복 셔츠를 입고 넥타이를 조인 후- 헤어 스타일링을 시작하는 세훈. 아주 비장하다.

#802   단지 출입구 앞 / 아파트 단지 / 실외 / 오전

아파트 단지 출입구를 나서는 세훈과 부모님.

세훈엄마   울었어? 눈이 왜 이렇게 부었어?

세훈   아뇨. 울기는 무슨...

세훈(V.O) 울었다.

#803   [플래시백] 구름다리 / 근린공원 / 실외 / 밤

어젯밤. 원대에게 호되게 욕을 먹은 후 집으로 돌아오는 길.
터벅터벅 걸어오는 세훈은 하염없이 눈물을 흘린다.

세훈(V.O) 집에 오는 길 내내 쳐 울었다. 다들 나를 미친놈으로 봤다. 그래서 더 울
          었다.

#804   단지 출입구 앞 / 아파트 단지 / 실외 / 오전

어젯밤 일이 떠올라 괜히 긁적이는 세훈. 아파트 단지 출입구 앞에서 대기 중인 가족들.

세훈아빠 (세훈의 어깨에 손을 올리며) 아들아. 아빠는 니가 자랑스럽다.

어쩐지 아련한 웃음을 짓는 세훈

세훈   …네.

저쪽에서 다가오는 노 실장의 SUV, 기호 1번의 감각적인 유세차 래핑이 되어있다.

세훈아빠 (가슴이 벅찬) 아이구, 쬐끄만 놈이 다 커서 또 선거를 나간다고 이렇게.
세훈엄마 (화들짝) 당신 울어?
세훈아빠 (아내에게 어깨동무하며) 잘하구 와. 멋있다 노세.
세훈엄마 맞다, 이거! (에너지 드링크 파우치를 내미는) 이거는 꼭 챙겨 먹구.
세훈   (대충 가방에 쑤셔 넣는) 누가 보면 군대 가는 줄 알겠어요.

세훈의 가족 앞에 멈춰 선 노 실장의 SUV. 차에서 내리며 꾸벅 인사하는 상현과 정희.

상현+정희 안녕하세요!

상현   (세훈의 어깨를 잡으며) 잘 잤어?

세훈   (어딘가 씁쓸한) 네, 형.

세훈엄마   와아. 상현이 오늘 멋있다. (정희를 보며) 정희도 너무 예쁘구.

세훈   우리 엄만 원래 좀 아무나 예쁘게 봐주는 경향이 있어.

정희   어, 설명 안 해줘도 돼.

상현   (차량 도어를 열며) 그럼 저흰 가보겠습니다.

세훈엄마+아빠   (외치는) 기호 1번 화이팅! 노세 화이팅!

#805   음악실 내실 / 학교 / 실내 / 오전

INS- '기호 2번 선거전략실' 임시 문패가 붙어있는 음악실 내실 출입문.

기호 2번 선거전략실로 임시 운영 중인 음악실 내실, 유경은 휴대폰 화면을 번갈아 보며,
화이트보드에 그려진 '반별 지지 동향'의 동그라미 표시를 몇 개 지운다. 특히 3학년 쪽 라
인에서-

창밖을 보고 있는 원대. 뭔가를 곱씹으며 저 혼자 끄덕거리고 돌아보면-

내실 문 앞에 서 있는 의준이 보인다. 심각한, 그러나 단호한 표정의 의준.

원대   충분히 고민해 봤어?

의준   네, 어제 하루 종일 고민했어요.

원대   원래 너희 둘이 친한 건 알고 있었는데... 혹시 그거 때문이냐?

의준   아니요. 그거랑은 아무 상관 없어요. 나가서도 걔네들 돕거나 그러진
           않을 거예요.

원대   돕든 말든 그건 니 판단이니 내 알 바 아닌데... 하필 오늘 투표하는 날
           이러는 거지?

의준   죄송한데요... 저는 이렇게 서로 까발리면서 욕하고 싸우는 게 안 맞는
           거 같아요.

원대   야- 누군 좋냐? (한숨) 알겠고. 괜히 다른 애들까지 흔들지 말고, 조용

히 빠져라.

의준   근데 형... 사실은 저 말고도-

내실 문을 삐걱 여는 의준. 원대는 열린 문으로 향한다. 문밖에는 그간 캠프에서 활동했던
다른 합창부원들 열댓 명도 보인다. 바닥에 내려놓은 유세 용품과 함께...
옅은 미소를 지으며 의준의 어깨를 붙잡는 원대.

원대   가라. (문밖의 이탈 인원들에게도) 다들 고생했고. 미안하다. 실망시
          켜서.

인사하고 내실을 빠져나가는 의준. 내실 문이 닫히면 원대의 얼굴에 화가 치밀어 오르는
것이 보인다.

유경   오빠.
원대   어, 좀 알아봤어?
유경   (화이트보드 가리키며) 2학년은 우리가 앞서구요. 3학년은 저쪽이 역
          전했어요.
원대   (한숨) 1학년은?
유경   거의 반반이에요.
원대   하아... 유경아 오늘은 니가 두 배로 뛰어줘야 돼. 알지?
유경   네.

비어 있는 자리, 오늘 유세 때 사용하기로 한 '박지훈' 이름표가 덩그러니 놓여있다.
그 위에 유의준 및 이탈 학생들의 이름표 봉투를 툭 던지는 원대.

원대   씨발... 미치겠네.

타이틀 인 Title IN- [본격 명랑 정치 드라마, 러닝메이트] EP 8 최종진술

#806   시청각실 / 학교 / 실내 / 오전

암전 화면에서 울리는 원대의 목소리!

원대   야! 윤영우! 너 미친 거 아니야? 씨발 니가 여기서 치고 나오면 안 되지!
       너 완전히 진로 방해라고! 좆까, 이거 페널티라니깐! 뭐라고? 너는 축
       구를 아가리로 하냐? 아 좀 놔봐! 야! 너 시발 이거 K리그였으면 바로
       퇴장이야! 일루 와봐 윤영우!

화면 밝아지면 영진고 공식 카페 익명게시판에 올렸던 '양원대 깡패 축구 동영상'이 재생
중이다.
CG- 각 캠프별 지지율 〉〉 기호 1번 곽상현 : 기호 2번 양원대 = 55% : 45% (1번 상승)
노트북을 나란히 펼쳐놓은 현진과 인경. 노트북 하나에는 단톡방 수십 개가 띄워져 있다.

현진   와씨, 이거 대박 났는데? 박지훈 꺼보다 이게 더 히트야.
인경   박지훈이 성적표 위조는 사실 민폐가 크게 없는 거잖아. 3자 증언만 있
       을 뿐, 딱히 물증도 없구. 근데 양원대 경우는 좀 다르지. 비호감도에
       직결되는 거니깐.
현진   (단톡방을 보다가) 엇?! 저쪽 캠프에 그만두고 나온 애들이 있다는데?
인경   그렇지. 이런 거는 바로 반응이 나오는 법이지.

#807   농구장 교정 / 학교 / 실외 / 오전

기호 2번 유세 트럭 앞- 전에 본 적 없는 새 유세 인원들에게 유세 용품을 나누어 주며 설
명하는 유경.

유경   단톡방에 보낸 거 확인들 하셨죠? 오늘 따로 맞춰볼 시간 없으니깐 정
       신 바싹 차리시고! (손뼉을 치며) 자자 웃어 웃어!

(가리키며) 넥타이 좀 똑바로 하구! (답답한 듯) 아니 이걸... (직접 넥타이 고쳐주며) 옆 사람 복장 체크 좀 해주시고, 반듯하게~

건너편, 기호 1번 플로어 존 근처- 포토존을 설치하며 그 모습을 보고 있는 세훈과 친구들.

*기호 1번의 플로어 존은 댄스용 플로어 주변으로 번쩍거리는 조명기가 설치된 낮은 무대임.

**기호 1번 캠프 인원은 후보자 3인을 제외하고 모두 개량 체육복 착용함.

한별   (비밀스럽게) 유의준하고 합창부 절반은, 유세에서 빠진대.
기재   왜? 뭔 일 났나?
한별   자꾸 이런 식으로 꼰대들 선거처럼 하니깐 질린 거지 애들이.
종수   꼴좋다. 남경태 앞세워서 그 지랄을 하더만, 결국.

찜찜한 표정의 세훈을 푹 찌르는 한별.

한별   노세, 박지훈은 어때? 좀 만나봤어?
세훈   (표정이 어두운) 아니.
종수   아까 보니깐 생활지도부 잡혀가더라.

저도 모르게 한숨이 나오는 세훈, 이때 저쪽에서 걸어오는 원대를 발견한다.

대강 또는 꾸벅 인사하는 한별과 기재와 종수에게 답해주는 원대.

한별+기재+종수   안녕하세요.
원대   어 안녕.

자기와는 아는 체 않고 지나가는 원대를 말없이 노려보는 세훈.

#808   농구장 교정 / 학교 / 실외 / 오전

마지막 유세 준비 몽타주-

아이스박스를 나르거나 / 트램펄린을 설치하는 기호 1번 유세 인원들과 /

꽃가루(또는 머니건)를 준비하거나 / 각종 유세 용품을 점검하는 기호 2번 유세 인원들 /

뇌물(?)이나 부정행위는 없는지 하나하나 감시하는 학생회 학생들과 준규 선생 /

신발 끈을 고쳐 매거나 / 얼굴 페인팅을 마무리하거나 / ~하는 개개인의 모습들도 생생하게 포착된다.

그리고 각 캠프가 준비한 휘장과 깃발을 조립하는 모습, 퍽 비장한 얼굴들이다.

조립을 마친 휘장과 깃발들을 하늘 높이 쳐들면- 학생들의 함성과 함께... 전쟁의 서막이 열린다..

#809 농구장 교정 / 학교 / 실외 / 오전

subtitle- 선거 당일, 마지막 유세.

마지막 유세에 앞서 결의를 다지는 각 캠프의 응원단장들.

원대 오늘 응원은 내가 직접 리드할 거니깐, 괜히 힘 빠진 표정들 하지 말고. (미소를 지으며) 다 끝나면 저녁에 우리 집 가서 족발이나 실컷 먹자.

기호 2번 캠프 네! + 오케이! + 가자!!!

한편, 기호 1번 캠프에서는 어깨 깡패가 비장한 표정으로-

어깨깡패 지난 며칠 동안 여러분들과 함께할 수 있어서 존나 좋았다. (울컥하는) 내 인생 18년 동안, 이렇게 학교가 즐거웠던 적은 없었다. 고맙고.. (울먹) 씨발..

재원 지랄 좀 하지 마, 새끼야! 오글거리게-

기호 1번 캠프 하하하!

어깨깡패 아무튼! 내일 목소리 나오는 새끼 있음 죽일 거야. 알겠냐?

기호 1번 캠프 네!!!

#810   농구장 교정 / 학교 / 실외 / 오전

유세가 한창인 기호 2번 캠프. 응원가에 맞추어 칼군무적 율동을 펼치는 유경과 캠프 친구들!

기호 2번 캠프   영진의 자랑 누구 (양원대!) / 영진의 대표 누구 (양원대!)
회장 될 사람 누구 (양원대!) / 뽑아야 할 사람 누구 (양원대!)

등교하는 학생들에게 일일이 악수하며 인사를 나누는 상현과 원대. 그 뒤로 보이는-
기호 1번 포토존. 직접 폴라로이드 사진을 찍어주는 세훈, 사진을 찍은 사람들에게 쿠키를 나눠주는 기호 1번 캠프 인원들과 한별. 이틈을 놓치지 않고 스피치를 내지르는 정희.

정희   저희는!! 학우 여러분의 포토존이 될 수 있도록 명품 학교를 만들겠습니다!

유경   (듣고 있다가 끼어드는) 도대체 누구를 위한 '명품' 학교입니까? 저희 기호 2번은 '친근한 학교' '즐거운 학교' 만들겠습니다!

유경의 저격에 환호하는 기호 2번 캠프와 지지자들.

기호 2번 캠프   영진고의 자랑! 하유경이 왔다! 기호 2번 하유경!

의준과 경태가 부재한 상황에서 오늘 대활약하는 유경!
유세 현장 이곳저곳을 돌아다니며 유권자들과 소통하거나 정치활동을 이어 나간다.
cut to

한편, 한별과 세훈, 상현 등이 애쓰는 동안-
그 너머로 트램펄린을 뛰며 묘기를 부리는 시바와 〈교내 헬스장 오픈〉 유세 중인 정희!

정희   저희는 오직 학우 여러분의 미래만 생각합니다! 입시는 결국 엉덩이

싸움이라는 말 아시죠? 지금까지 1등을 놓쳐 본 적 없는 전국 1퍼센트, 저 윤정희가 말씀드립니다. 여러분들이 엉덩이 싸움에서 지지 않도록 교내 헬스장을 개설하여 체력 증진에 이바지하겠습니다!

이를 놓치지 않고 2초 만에 정희를 저격하는 유경.

유경 우리가 무슨 입시용 로봇입니까! 저희 기호 2번은 이번 학기 중, 소극장에 최신 빔프로젝터와 최고 사양의 PC를 도입하고, 매 학기 말 학생 회장배 롤 토너먼트 대회를 열겠... (끊기는 마이크 전원에 돌아보며) 뭐지?

마이크 앰프로부터 전원 케이블을 쭉 훑는 카메라, 돌돌이 멀티탭이 날카로운 것으로 잘려있는 것이 보인다. 이때 외치는 기호 2번 캠프 인원! '이 새끼야!' 카메라 틸트업 하면 커다란 전지가위를 들고 도망치는 기재의 뒷모습이 보인다.
cut to

마이크를 내던지며 육성으로 소리치는 유경!

유경 롤 토너먼트 대회를 열겠습니다! 배움과 놀이가 공존하는 우리 영진 고등학교! 롤 토너먼트 대회를 통해 학우들의 단합과 근성을 더욱 응원하겠습니다!

마치 팬클럽처럼 모여든 유권자 남학생들과 자칭 롤 좆문가들!
그들 뒤로 지나가는 기호 1번 유세 인원들, 양손에 얼음물 가득이다.

#811 농구장 교정 / 학교 / 실외 / 오전

느닷없이 어깨 깡패, 종수, 한별, 시바 순으로 아이스 버킷 챌린지 몽타주가 지나고 나면-

cut to

재원과 현진 등은 초대형 아이스 버킷을 들고 있다. 그 앞에 비장한 표정의 세훈이 앉아있다.

어깨깡패 부회장 후보 노세훈 군! 학교에 한 몸 바칠 준비가 돼있습니까?
세훈   네에!
어깨깡패 대가리 꿰맸는데- 아이스 버킷 괜찮습니까?
세훈   네 괜찮습니다!
어깨깡패 대가리 다시 터지면 어떡합니까?
세훈   선거 마치고 다시 꿰매러 가겠습니다!
어깨깡패 하나! 두울!

눈을 꾹 감는 세훈!
세엣! 외치면- 세훈에게 얼음물을 쏟아붓는 재원과 현진. 깔깔거리며 즐거워하는 학생들.
흠뻑 젖은 세훈에게 커다란 수건을 건네는 기호 1번 캠프 인원. 만족스러운 얼굴의 세훈.

어깨깡패 자! 우리의 러닝메이트 노세훈 군이었습니다! 다음 도전자 골라주세
         요오!

다음 도전자를 찾다가 누군가와 눈이 마주치는 세훈, 씨익 웃으며 입 모양으로- '너 일루 와'
하면,
저쪽에서 유권자들과 악수하던 정희가 가운뎃손가락으로 콧등을 문지르며 거절한다.
이번에는 앞에 서 있는 의준과 눈이 마주치는 세훈. 의준은 '난 눈치 보여서 안 돼' 제스처
를 한다.

어깨깡패 근성을 보여줄 다음 챌린저!! 없습니까?

그러다 문득 뒤돌아보는 세훈-

재원   (웃고 있다가 정색) 야이 씨밸럼이. 뒈질래?

씨익 웃는 세훈.
cut to

결국 아이스 버킷 챌린지를 피할 수 없는 재원. 종수와 기재 등 여러 학생이 이번에는 얼음물 버킷 세 개를 준비하며 침을 흘리고 있다. 약간 사적 복수 같은 분위기인데...

어깨깡패 자- 강재원이 한마디!
재원   (이런 이벤트가 어색한) 그... 존나... 1번 안 뽑으면 다 뒈진다 니네.

재원의 말이 끝나기도 전에 얼음물 버킷을 부어 버리는 기재와 종수. '으아아아!' 발작하며 비명을 지르는 재원의 모습. 젖은 교복 셔츠 아래 드러나는 녀석의 새끈한 나이스 바디!!! 즐거운 세훈의 어깨를 붙잡으며 함께 웃는 상현. 서로 웃음을 교환하는 두 사람.

한편, 기호 2번 연설 트럭 위, 원대와 유경의 합동 스피치가 진행 중이다.

원대   언제부턴가 동아리 활동은 그저 학교 수업의 연장선으로 전락해 버렸
         습니다. '학교-학원-독서실-과외'의 쳇바퀴만 돌고 있는 우리 학생들의
         모습! 저희는 더 이상 참을 수가 없습니다.
유경   그렇습니다! 건전한 취미와 놀이 문화를 위해 저희 기호 2번은 다양한
         동아리를 신설하고 운영비를 지원할 수 있도록 학교에 건의하겠습니
         다. 잘 노는 사람들이 공부도 잘한다는 걸 보여줍시다, 여러분!

스피치를 마치고 유권자들과 캠프 인원들 배경으로 단체 사진을 촬영하는 기호 2번 캠프. 그사이 미리 계획해 둔 작전을 펼치는 기호 2번 일부 인원들은- 상대방 쪽 무대배경에 양원대의 현수막을 덮어버린다. 그렇게 점점 흉흉해지는 각 캠프 인원들의 신경전. 빡친 어깨 깡패와 시바가 달려들고, 거기에 하유경 팬클럽까지 가세하는데...
cut to

머리에 물기를 털고 있는 세훈과 상현.

세훈   별짓을 다하네요, 증말.
상현   유경이 팬클럽도 있었어? (돌아보며) 정희는?

하유경 팬클럽의 위력을 목격한 정희는, 옆에 서 있던 윤정희 팬클럽 3인조에게-

정희   (유경 팬클럽을 의식한 건가?) 뭐야 니들은? 구경만 할거야?

달려 나가는 윤정희 팬클럽 3인조!

#812   본관 앞 / 학교 / 실외 / 오전

INS- 영진고의 상징, 호랑이 동상. 각종 유세 소품들로 꾸며진 모습.
어디선가 들려오는 마지막 유세 소음. 학교 안쪽에서 걸어 나오는 발, 머뭇거림이 느껴진다.

경태   야, 박지훈.

목소리에 고개를 돌리는 지훈. 저쪽에서 온갖 유세 용품을 한 아름 품고 다가오는 경태가
보인다.

경태   어떻게 됐냐?
지훈   선거 끝나고 다시 오래.
경태   무조건 잡아뗐어?
지훈   응. (고개를 숙이는)
경태   걱정 마라. 생각보단 별로 신경 안 쓰는 분위기야.
지훈   그래?
경태   그렇지. 그 목소리 말고는 증거도 없는데, 그걸 누가 믿냐.

지훈   (가만히 보다가) 근데 넌 뭐 하냐? 유세 금지 페널티 받은 거 아니었어?

경태   씨발, 어차피 레드카드 두 장 받는다고 퇴학당하는 것도 아니고, 배 째라 그래. 유의준 새끼도 빠졌다는데. 손가락 빨고 있을까.

지훈   하긴...

경태   야 박지훈. 원대 형만 믿고 가라. 다 끝나면 원대 형이 싹 다 정리해 줄 거니깐.

지훈   그래.

경태   아, 그만 좀 다운돼 있고. 이것 좀 받아봐.

지훈   어! 알았어.

경태가 품고 있는 유세 용품을 나눠 드는 경태와 지훈.

경태   가자 시발!

지훈   (피식) 그래 가자.

#813   농구장 교정 / 학교 / 실외 / 오전

유세 용품을 들고 있는 경태와 지훈, 황당한 표정으로 굳어 있다.

지훈   뭔 난리냐 이거?

경태   (황당함이 웃음으로 변하며 끄덕) 그렇지. 바로 이거지.

두 사람 너머로 펼쳐진 유세 현장은 각 캠프의 휘장과 깃발이 휘날리며-
마치 고싸움 또는 차전놀이를 방불케 하는 몸싸움이 한창이다.
이쯤 되니 유권자들은 관객으로 전락해 버린 상황. 그 안으로 달려드는 경태와 지훈.

기호 2번 유세 트럭에 올라가 꾸민 것들을 다 뜯어내는 기재와 종수.
2번 캠프 인원들은 녀석들을 뜯어말리거나 빈 페트병 등을 던져댄다.

한편, 기호 1번 아이스 버킷 쪽에서는 바가지와 양동이로 얼음물을 뿌리며 깽판을 치는 2번 캠프 인원들도 보인다. 그들을 저지하려 하지만 쪽수를 당해낼 재간이 없는 재원과 현진. 싸움판의 중앙부에서는 핏대를 올리고 말다툼하는 각 캠프의 후보자들이 보인다.

이쯤 되니 그동안 시크한 상현도, 든든했던 원대도 모든 것을 내려놓고 덤비는 상황인데-

상현　　야! 니네도 적당히 해야 할 거 아니야! 이게 선거야?

원대　　애초에 시비 건 게 누군데! 우리 애들 다친 거 안 보이냐?

정희　　그거 내가 봤어요! 지들끼리 부딪쳐서 다친 거라고!!

유경　　뭘 지들끼리야! 니네가 먼저 아이스 버킷인가 뿌린 거잖아!

세훈　　뿌린 게 아니라- 실수라고! 잘 모르면 말을 말든- (어딘가에서 따귀를 맞는) 읅!

지훈　　(이제 합류한) 때리지 마세요! 사람 때리지 마세- (어딘가에서 물병을) 읅!

이때 누군가가 외치기 시작하는 기호 1번 응원 구호!

기호 2번도 지지 않고 구호를 외치기 시작하며 대대적인 몸싸움+아가리 파이팅이 펼쳐진다.

그와 함께 그저 구경만 하던 유권자들도 각자의 지지 캠프를 연호하며 응원하기 시작하고...

한편, 선관위 천막 안에서는-

속출하는 부상자들을 돌보는 학생회 학생들과 선관위 준규 선생이 보인다. (의준도 일손을 돕는 중)

마치 종군기자처럼 이를 촬영하는 방송반 학생들.

준규선생　야 의준이 너는 캠프 안에서도 고생이고 밖에서도 고생이다.

의준　　에이 쌤. 뭐 다 같이 하는 거죠 뭐.

준규선생　야! 어디 가니? 좀 쉬라니깐!! (흐뭇하게) 저놈들 저거.

찢어진 교복 바짓단을 휘날리며 달려가는 기호 2번 캠프 학생, 바닥에 널브러진 기호 2번 깃발을 높이 쳐들고 용감하게 달려 나간다.

CG- 각 캠프별 지지율 〉〉 기호 1번 곽상현 : 기호 2번 양원대 = 50% : 50% (2번 상승)

고속촬영- 소리치는 상현, 원대, 정희, 유경, 지훈, 세훈, 경태, 한별, 재원, 종수, 기재 등 몸싸움하거나 구호를 외치는 각 캠프의 주요 인물들 각각의 모멘트가 툭툭 흘러가는 동안 세훈의 보이스 오버가 흐른다.

세훈(V.O) 우린 마치 누군가가 건드려주길 기다렸다는 듯이 예민하게 반응하고 즉각적으로 폭발했다.
거친 말들과 행동이 오갔지만 그건 서로에 대한 적대감이 아니라 억눌린 무언가를 터뜨리는 자유의 표출에 가까웠다.

#814　농구장 교정 / 학교 / 실외 / 오전

INS- 학교 전경, 유세 시간 종료 직후.
학생회 학생들의 진두지휘하에 난장판을 정리하는 각 캠프의 유세 인원들.
언제 싸웠냐는 듯이 사이좋게 정리하는 모습이 정겨워 보인다.
cut to

진이 빠진 듯 간이의자에 철퍼덕 주저앉는 준규 선생, 학생회 학생들에게 말하기를-

준규선생 너네, 학교 선생 누가 하고 싶다고 했지? (가리키며) 정아? 절대 하지 마. 학교 선생 절대 하지 마. 차라리 기술을 배워 정아야.

그런데 현장 안으로 다가오는 경찰차 한 대. 준규 선생은 경찰들을 맞이한다.

준규선생 주민 신고 때문에 오신 거죠? 저흰 다 끝났습니다, 이제.
경찰2 아뇨, 그게 아니고- 폭행 건으로.

준규선생 폭행...이라는 게 학폭을 말씀하시는?

경찰차 뒷문으로 다가가는 경찰2.

경찰2　(창문을 톡톡 치며) 내려봐.

경찰차 창문이 내려가면- 지난밤 두들겨 맞아 얼굴이 엉망이 된 대학생이 보인다.
차창 뒤로는 구경하고 있는 어깨 깡패와 시바, 경태도 보이는 가운데-

준규선생　하이씨... (어디론가 급히 전화를 거는) 네 쌤. 지금 문제가 좀 생겼는
　　　　　데요.
cut to

대학생의 등장에, 다급한 시선을 교환하는 현진과 상현은 저쪽에서 정리 중인 재원을 본다.
재원에게 눈빛으로 '무언의 설득'을 가하는 상현. 들고 있던 유세 용품을 세훈에게 넘기는
재원.

재원　　이거 니가 좀 맡아라.
세훈　　어디 가요? 형?
재원　　닌 신경 *끄고* 선거나 잘해 새꺄.

뒤쪽에 있던 종수와 기재도 다가오는데- (코피를 지혈 중인 기재)

종수　　형님?
재원　　(종수의 어깨를 잡으며) 니네 씨발 나 없다고 농땡이 치면 손목 짜른다.
종수+기재 네에.

걸어가는 재원.

기재   저기 경찰들하고 관계있는 거 같은데?

종수   씨발, 뭔 일이래. (세훈을 보며) 넌 뭐 아는 거 없냐?

세훈   (재원 쪽을 보며) 글쎄 모르겠는데.

cut to

경찰들에게 가는 재원 앞에 상현이 길을 가로막는다.

상현   부탁 좀 할게, 강재원. 진짜로 마지막이다.

재원   (떫은 표정) 씨이..

상현   금방 변호사 보내줄게. 장난치다 그랬다고만 해.

재원   (피식) 장난?

상현   수고 좀 해줘라.

재원   수고? (인상 쓰며) 그니깐, 하지 말자고 했잖아. 씨발라마. ...뭐냐 이게
         매번.

정리 중인 유세 현장을 등지고 빠져나오는 재원, 경찰들 앞에 선다.

재원   (대학생을 가리키며) 저 새끼 때문에 왔죠?

경찰3   니가 강재원이냐?

재원   빨리 가요. 쪽팔려 죽겠는데.

경찰3   이놈이 이게, 당당하네.

앞장서는 재원과 어이없는 표정의 경찰들.

그 뒤로 헐레벌떡 쫓아가며 이것저것 묻는 어깨 깡패, 경태, 시바.

유세 현장을 정리 중인 학생들 모두 재원의 연행 장면을 바라보고 있다.

찜찜한 얼굴의 세훈.

#815   소극장 / 학교 / 실내 / 오후

소극장 안으로 들어오는 각 캠프의 유세 인원들은, 학생회 학생들의 안내에 따라 관객석에 앉는다.

한편, 방송반 학생들과 준규 선생은 행사 촬영 등을 준비하느라 분주해 보이고-

각 캠프 구역에 세팅되는 기호 1번과 기호 2번의 대형 현수막.

경태의 리드에 맞추어 응원가를 부르기 시작하는 기호 2번 캠프.

이제는 서로 익숙한 가사.

'2번'과 '양원대'가 들어갈 대목에 '1번'과 '곽상현'을 외치며 견제하는 기호 1번 캠프.

다시 달아오르기 시작하는 객석 응원 분위기이다.

그리고 마지막으로 입장하는 의준과 이탈 합창부원들, 그 어디에도 속하지 않고 서서 구경한다.

#816 소극장 안 대기실 / 학교 / 실내 / 오후

'쫑똑' 알림 소리에 심각하게 휴대폰 화면을 보는 유경. 아쉬운 듯 흘러나오는 한숨.

원대   왜? 문제 있어?

유경   여론조사 결과 나왔는데요... 우리 쪽이 조금 유리하긴 한데, 큰 차이는 아니라서...

원대   괜찮아, 마지막 연설 남았으니깐 그걸로 눌러버리자. (뒤돌아보면서) 지훈아.

지훈   (찜찜한 얼굴로) 네.

원대   지나간 건 신경 쓰지 말고- 지금 이 순간만 집중해. 절대 죄인처럼 그러지 말란 말야. 안 보는 거 같아도 애들이 다 보고 있으니깐. (미소) 형 얘기, 무슨 말인지 알지?

지훈   (억지로 미소를 지으며) 네 형.

원대   유경이 너도, 곽상현이랑 친했건 둘이 사귀었건 그건 지금 중요한 게 아니야. 니가 오늘 애들 몫까지 파이팅 해준 거, 오빠는 고맙게 생각해.

유경   (그간의 마음고생이 떠올라 눈시울이 촉촉해지는) ...네.

원대	지금 우린- 왜 선거에 나왔느냐, 예전에 뭔 잘못을 저질렀느냐- 그딴 거 따질 때가 아니라고. 우리가 이기면, 그건 하나도 중요하지 않은 거야.

굳은 결의로 반짝이는 유경의 눈빛. 지훈도 눈에 힘이 들어간다.

원대	그동안 도와준 친구들, 쌤들, 그 사람들만 믿고 간다. 알겠지?
유경+지훈	네.
원대	다 끝났어. 두 시간 뒤면 결판난다. 두 시간 뒤에! 우리가 웃는다. 알겠지?
유경+지훈	네!
원대	(일어나며) 가자, 들어가서, 임명장 가져오자.
유경+지훈	네!!!

#817   소극장 앞 복도 / 학교 / 실내 / 오후

휑한 소극장 앞 복도에 나란히 선 상현과 세훈.

상현	원래는 너 양원대랑 선거 나오려고 했잖아. 근데 왜 결국 나한테 왔냐?

상현을 빤히 쳐다보는 세훈. 소년 같으면서도 어딘가 비열한 듯한 상현의 기묘한 미소.

세훈	형, 혹시 '니드'와 '원트'의 차이를 아세요?
상현	(바로 끄덕이는) 생필품. 아니면. 기호품?
세훈	어?! 그거- 준규쌤한테 들었죠?
상현	아닌데. 내가 해준 얘긴데 그거. (배시시 웃는) 선생이 학생 거나 베끼고 말이야.
세훈	잉? 무슨... 말이에요?
상현	아직도 모르겠냐? 우리 처음에 편의점 앞에서 만났던 거, 그냥 우연인 거 같았어? 양원대가 벌써부터 부회장 후보를 구해서 또 선거를 나온다길래... 궁금했어 난. 그 양원대가 뽑은 놈이 어떤 놈인지.

세훈   아.

상현   그날 너 만나보고 생각이 들었지. 오, 이 새끼 생각보다 괜찮네?

세훈   아하하. 그래요?

상현   그날 밤에 전활 했지. '쌤, 나도 선거 나갈 건데. 노세훈이 좀 붙여줘요 나한테. 쌤 반이니깐, 설득 좀 해봐요' 그랬지.

세훈   ...아 그랬었구나.

상현의 말을 들으며 묘한 기분이 드는 세훈, 이 사람한테 선생은 무엇이란 말인가?

그런 세훈을 보며 씨익 웃는 상현. 그 표정에 미묘한 광기가 흐르기 시작한다.

상현   왜? 듣고 보니깐 좀 후회되고 그래?

세훈   아뇨, 후회는 아닌데요-

상현   후회하지 마. 그런 건 루저들이나 하는 거야.

세훈   루저.

상현   그동안 너한테 발기남 어쩌고 했던 새끼들 있잖아? 내일부턴 찍소리 못할 거야.

세훈   (전에 들은 적이 있는 거 같기도 하고...) 네 형.

현진(off)   둘이 뭔 대화를 그렇게 해?

저쪽에서 현진과 정희가 다가오는 것이 보인다.

상현   들어갈까?

정희+세훈 네.

현진   (큭) 가서 다 조져버려.

#818   소극장 / 학교 / 실내 / 오후

CG- 방송반이 만든 〈제75회 학생회장 선거 : 후보자 최종연설〉 오프닝 영상이 플레이
된다.

무대 위, 마이크 앞에 선 준규 선생의 뻔한 멘트가 시작되고-

준규선생 이번 선거는 역대급의 열띤 경쟁이었고 그것들이 다소 과잉한 나머지
주변의 눈살을 찌푸리게 하는 상황들도 있었습니다. 하지만 여러분의
그런 열기야말로 학생이 학교의 주인이 되고, 더 나아가 국민이 국가
의 주인이 되는, 민주주의 그 자체의 몸소 실천이 아닌가 싶어 한편으
로는 기쁘게 생각합니다.

준규 선생이 멘트를 하는 동안 객석에 앉은 각 캠프의 유세 인원들의 다부진 얼굴들이 보
인다.
기호 1번의 어깨 깡패, 한별, 종수, 기재 등과 / 기호 2번의 경태와 합창부원들 등.

준규선생 가장 좋은 것은 최선의 것을 찾아 그것을 지지하는 것이지만 혹 두 후
보자가 마음에 들지 않더라도 그중 차악을 선택할 줄 아는 결단, 결과
에 승복할 줄 아는 용기가 필요합니다.

Inter Cut / 각 반 교실- 각 반에서 TV로 시청 중인 유권자 학생들. '길다 길어!' '지겹다!'

준규선생 그런 마음가짐이야말로 앞으로 여러분들이 맞닥뜨리게 될 세상 속에
서 우리 사회를 지탱하고 유지해 나가는 근간이 될 것입니다.

객석의 맨 앞에 나란히 앉아있는 6인의 후보자들.
윤정희, 노세훈, 곽상현 그리고 양원대, 하유경, 박지훈.

준규선생 학생 여러분 오늘 모두 고생했고 멋졌습니다.

#819   소극장 / 학교 / 실내 / 오후

박수 치며 환호하는 각 캠프의 유세 인원들.

준규선생 사전에 정한 순서대로, 먼저 기호 2번 회장 후보 양원대 학생의 연설을
         듣겠습니다.

객석에서 일어나 무대 위로 올라가는 원대.
자리에서 일어난 경태의 리드로 기호 2번 캠프가 응원 구호를 외친다.
cut to

마이크 앞에 선 원대는 의젓한 태도로 후보자 최종연설을 시작한다.

원대   안녕하십니까. 기호 2번 회장 후보 양원대입니다. 먼저, 저를 이 자리
         에 있게 해준 합창부 식구들과 반 친구들, 존경하는 선생님들과 선후
         배님, 학우 여러분께 감사드립니다. 그동안 보여주신 응원과 좋은 말
         씀들, 가슴에 새기고 살겠습니다.
합창부B 양원대 화이팅!
원대   저희가 내건 공약은 모두 학생들로부터 나와야 하고, 학생들을 위한,
         학생들의 것이어야 합니다.

아이패드에 든 원고를 살펴보는 상현, 그 너머 단상 앞의 원대는 소박한 노트 한 권을 펼
치며-

원대   그러기 위해서 저희는 아무리 사소한 것이라도 귀담아들으려고 했습
         니다. 지난 한 달간 소중히 받아 적은 메모들, 제가 지금 들고 있는 이
         노트 안에 있습니다.

눈빛이 날카로워지는 세훈. #605에서 태오가 봤다던, 원대가 늘 가지고 다니던 바로 그

노트다.

원대   이 노트는 앞으로 닥쳐올 문제들을 더 나은 풀이법으로 해결해 나가기 위한 일종의 오답 노트입니다. 이 오답 노트를 통해서 저와 학우 여러분 모두가, 백 점짜리 학창 시절을 보낼 수 있도록 노력하겠습니다!

'와아' 하며 환호하는 기호 2번 캠프. 세훈과 정희는 신경이 쓰이지만 돌아보지 않는다.

원대   지난 며칠 동안 상대편 후보에 대한 날 선 비판으로 학생들 간의 분열을 야기하고 학교의 명예를 실추시킨 점에 대하여 학우 여러분과 선생님들께 제가 대표로 사과드립니다. 정말 죄송합니다.

잠시 연설을 멈추고, 좌중에 있는 경태 쪽을 빤히 보는 원대.
민망함에 멋쩍은 미소를 짓는 경태.

원대   특히 저희 캠프의 남경태 학생이 저지른 인신공격과 선동적인 행동들은 도저히 용납할 수 없는, 비열하고 치졸한 짓이었다고 생각합니다.

순간 경태에 쏠리는 이목, 수군거리는 주변 학생들. 미소가 싹 가시는 경태.
아이패드 속 연설문을 체크하던 상현의 눈빛이 찌릿하며-

상현   뭐야? 팀킬하는 건가?
세훈   읍참마속 하는 거 같은데요.
정희   아니지. 오히려 토사구팽에 가까워. 남경태 입장에선.

subtitle- 읍참마속(泣斬馬謖) 사사로운 감정을 버리고 엄정히 법을 지켜 기강을 바로 세우는 일에 비유하는 말, 삼국지에서 유래함.
subtitle- 토사구팽(兔死狗烹) 토끼가 잡히고 나면 충실했던 사냥개도 쓸모가 없어져 삶아 먹게 된다는 뜻.

졸지에 마속 또는 사냥개의 입장이 되어버린 경태, 당혹스러움에 얼굴이 일그러지고,
원대는 마치 제갈량 또는 사냥꾼이 된 것마냥 단호하고 냉정하게 말을 이어간다.

원대 비록 남경태 학생의 개인적인 일탈이었지만, 저는 선배로서, 캠프의
리더로서 저 학생의 잘못을 막지 못했습니다. 죄송합니다. 그리고 사
죄하는 차원에서 학교와 학우들의 명예를 땅바닥에 떨어뜨린 남경태
학생을 반드시 징계하고 근신 처분 받게끔 하겠습니다.

좌석에 앉아있는 경태에게 삿대질하는 원대!

원대 이제 다시는! 우리 편이라고 눈감아주지 않겠습니다! 그리고 이를 통
해 저희는! 지금 우리 학교에 박혀있는 분열과 불신을 뿌리 뽑고 학교
의 기강을 바로 세우겠습니다! 저 양원대를 믿어주십시오! 기호 2번
뽑아주십시오! 감사합니다 학우 여러분!

Inter Cut / 각 반 교실- 각 반에서 TV로 시청 중인 유권자 학생들.
처음보다 더욱 뜨겁게 환호하는 기호 2번 학생들. 활짝 웃으며 박수 치는 유경과 지훈.

작년 합창부장 (옆에 앉은 합창부원에게) 와씨, 나 지금 소름 돋았어. 봐봐!
합창부C (이미 울고 있는) 양원대 존멋!

한편, 가라앉은 분위기의 기호 1번 캠프. 저쪽 분위기에 주눅이 들어 보인다.
맨 앞 열에 앉은 세훈과 정희는 찜찜한 표정으로 억지 박수를 치는 중이고-
상현은 미소 띤 얼굴로 원대를 노려본다.
한편 소극장 뒤편에 서 있는 의준은 이제 완전히 원대에게 질려버린 얼굴이고.
cut to

자리에서 일어나 열렬히 환호하는 학생들 틈에서 굳어 있는 경태, 배신감에 눈물이 차오
른다.

cut to

종수　　양원대 존나 정 없는 새끼네. 씨발 이제 와서-

기재　　개빡치겠다 남경태. (둘러보며) 새끼 빤스런하는데?

들리는 말에 뒤돌아보는 세훈. 소극장 출입문 밖으로 뛰쳐나가는 경태가 보인다.

#820　내부 어딘가 / OO경찰서 / 실내 / 오후

INS- OO경찰서 외관.

얻어터진 대학생과 그의 부모님이 담담한 얼굴로 의자에 앉아있고,

***담담한 이유 : 콩밥을 먹일 거니깐.**

그 바로 앞에는 바닥에 무릎을 꿇고 있는 재원과 머리를 조아리며 사정하는 재원 엄마가

보인다.

재원엄마　정말 죄송합니다. 이번 한 번만 용서해 주세요. 부탁드릴게요. 앞으로

　　　　　이런 일 없게 따끔하게 혼내겠습니다. 정말 죄송하고 미안합니다. 용서

　　　　　해 주세요.

대학생엄마　그만하세요 어머니. 어머니가 이런다고 해결될 게 아니야. 쟤 봐요 지금.

　　　　　턱 저거 봐봐. 아주 그냥 사람 때려죽일 기세야 아주.

고개 숙인 재원의 턱 근육이 꿈틀거리고 있다. 화를 누르는 콧김 소리와 함께-

그런 재원의 등짝을 후리며 꾸중하는 재원 엄마.

재원엄마　너 이놈 새끼야! 뭘 잘했다고 턱주가리를 꿈틀거려! 빨리 사과 안 드려?

결심한 듯 두 눈을 꾹 감는 재원. 마치 큰절하듯 바닥까지 머리를 숙인다.

재원　　정말 죄송합니다.

엄마와 함께 석고대죄하는 재원의 모습 위로 다음 장면의 대사가 울려 퍼진다.

준규선생(선행)　　다음은 기호 1번 회장 후보 곽상현 학생의 최종연설 들어보겠습니다.

#821　소극장 / 학교 / 실내 / 오후

상현이 무대 위로 올라가는 동안-
자리에서 일어나 응원 구호를 리드하는 어깨 깡패. 목이 터져라 외치는 기호 1번 캠프!
무대 위에 서는 상현, 기호 2번 캠프를 슬쩍 보니-
상현의 P.O.V- 자리에 앉은 원대가 지지자들, 유경, 지훈과 하이파이브를 하며 벌써부터 자축한다.
단상 위에 아이패드 원고를 내려놓고, 마이크 각도를 조절한 뒤 주먹을 꼬옥 쥐는 상현.

상현　　안녕하십니까, 기호 1번 곽상현입니다. 성경에 보면 크고자 하거든 남을 섬기라는 구절이 있습니다. 저는 우리 학우들을 섬기는 마음으로 가장 낮은 자세-

이때 어디선가 날아드는 날달걀! 날달걀은 그대로 상현의 가슴팍 명찰 부위에 부딪혀 깨진다.

현진　　(인상을 팍 쓰며) 오마이갓...

Inter Cut / 각 반 교실- 각 반에서 TV로 시청 중인 유권자 학생들.

결국 참지 못하고 자리에서 일어나는 어깨 깡패, 기호 2번 캠프를 삿대질하며 소리친다.

어깨깡패　야! 니네 진짜 끝까지 이럴래?

'나 아닌데- 우리 아닌데-' 하는 기호 2번 캠프.
당황하기로는 준규 선생도 마찬가지로-

준규선생　에이! 누구야 정말!! (방송반1에게) 화면 돌려! (가리키며) 야 학생회!
방송반1　(뒤에서 학생회가 다가오자 저지하는) 에헤이! 왜 이래! 이거!
방송반2　(계속 촬영하며) 쌤 이거 언론의 자유 침해거든요?

cut to
교복에 묻은 날달걀을 손으로 대충 훔쳐내는 상현, 머리끝까지 화가 치솟았다.
cut to
화석처럼 굳어 있는 세훈에게 손수건을 슥 내미는 정희.

정희　　뭐 해? 빨리 가!

손수건을 받아 무대 위로 달려가는 세훈.
그런 세훈을 보며 승리의 미소를 짓는 원대. 걱정스러운 얼굴의 유경. 마냥 좋지만은 않은
지훈.
일부러 카메라를 등지고 선 세훈, 당황한 상현을 손수건으로 닦아주며-

세훈　　형 괜찮아요?
상현　　(아래로 고정된 시선) 좆됐어.
세훈　　어?! 이거 왜 이러지?

아이패드를 내려다보는 상현과 세훈. 무슨 영문인지 먹통이 되어버린 상현의 아이패드.

상현　　아 씨 쪽팔려.. 그만할까?
세훈　　(아이패드를 이리저리 조작하다가) 네?

상현   마무리하고 내려갈게. (세훈이 든 아이패드를 가져오며) 가봐.
세훈   그만둔다구요? 여기까지 와서?
상현   (주변 시선을 민망해하며) 빨리 좀 내려가라고. 지금 존나 쪽팔리니깐.
세훈   (의미심장한) 형.

상현을 노려보는 세훈, 이대로 물러날 수는 없다.

Inter Cut / 각 반 교실- 각 반에서 TV로 시청 중인 유권자 학생들. '뭐 하냐 지금?' '기권이냐?'

시간 경과. 의기양양하게 응원가를 부르는 기호 2번 캠프.
객석으로 돌아오는 세훈을 걱정스럽게 보는 정희.

정희   뭐야 어떻게 된 거야? 선배 멘탈 나간 거 맞지?

그런데 바로 이때! 단상 옆으로 나온 상현이 갑자기 아이패드를 무대 바닥에 내동댕이친다.
정희와 다른 후보자들은 물론, 모든 캠프 인원들이 정지해 버린 상황. 일순간 조용해진 소
극장 안.
놀라지 않은 사람은 오로지 세훈뿐이다. 비장한 얼굴로 상현을 쳐다보는 세훈.

Inter Cut / 각 반 교실- 각 반에서 TV로 시청 중인 유권자 학생들. 애꿎은 아이패드의 사
망에 비명을 지른다.

무대 위에 놓인 마이크를 뽑아 드는 상현, 지금까지 잘 보여준 적 없는 허심탄회한 태도로-

상현   (부서진 아이패드를 가리키며) 저딴 뻔한 소리 말고- 진짜 하고 싶었던
        애길 좀 해볼게.

급변한 상현의 태도에 당황하는 기호 1번 캠프. 영문을 모르는 정희에 비해 세훈의 얼굴
은 담담한데.

곽 상 현

이어지는 상현의 스피치-

상현　　가장 먼저... 이번에 도와준 우리 캠프 친구들, 그동안 너무 고생 많았어. 알아. (잠시 머뭇) 나 겁나 허세 쩔고 가식도 심한 거... 그래도 다 받아주고, 열심히 해줘서 정말 고맙고, 미안해 많이.

갑작스러운 상현의 Shout out에 감동 받는 1번 캠프 유세 인원들. 한별과 친구들이 화답한다.

한별　　괜찮아요 선배!

예상 밖의 전개에 당황하는 지훈과 유경, 그리고 기호 2번 캠프.
지훈이 슬쩍 원대를 살피면- 억지웃음을 짓고 있는 원대의 주먹이 꿈틀거린다.

한편, 눈알을 굴리며 이 상황을 분석 중인 정희와 슬슬 미소 짓는 세훈.

정희　　지금 무슨 시추에이션이지?
세훈　　훗.

무대 위 상현은 앉아있는 정희를 손으로 가리키며-

상현　　처음에 정희를 우리 팀으로 부른 건 전교 1등이라서였어. 그래야 쌤들 지지를 좀 받을 수 있겠더라구. 까놓고 말하자면 정희를 이용한 거지. 미안해 정희야.

멋쩍은 미소를 짓는 정희, '그럼 그렇지'-하며 비웃는 세훈을 쿡 쑤신다.

상현　　근데 그거 알아? 정희가 사실- 표현이 좀 무뚝뚝해서 그렇지. 니들 생각처럼 그렇게 '쌍년'이 아니야. 정희 진짜 진솔하고 좋은 친구야. 그건 내가 보장해. 고마워 정희야. 이번 선거 너랑 함께해서 너무 즐거웠어.
많이 배웠구.

'오올~' 하며 동요되는 기호 1번 캠프. 흐뭇하여 씨익- 올라가는 정희의 입꼬리.

#822 세훈의 반 교실 / 학교 / 실내 / 오후

태오를 비롯한 전교 상위권 군단과 기웅이 보인다.

기웅 야 안태오. 지금 저 발언 어떻게 생각해?

태오 (이 질문을 기다렸다는 듯이 종편 프로그램 패널처럼 내뱉는) 네거티브에 질린 여론을 끌어모으기 위해 남경태를 제물로 바친 양원대의 작전을 역이용한 거라고 봐.

상위권1 (읽던 책을 덮으며) 무슨 말이지 그게?

태오 양원대가 '정의'와 '공정'의 칼을 뽑았기 때문에 곽상현은 '반성'과 '감사'로 응수한 거지.

상위권2 (이어폰을 뽑으며) 왜 그랬을까?

태오 그게 더 인간적이고 멋있다는 걸 아는 거야, 저 사람은.

기웅 대단한데?

태오 응, 곽상현은 타고난 나르시시스트야. 반면 양원대는 완벽한 소시오패스고.

기웅 아니, 안태오 니가 더 대단해 보인다. 니가 선거 나왔으면 난 너 뽑았을 거야.

이를 듣고 있던 학생 중 하나가 말한다.

세훈반학생 (듣고 있다가) 아주 지랄들 하네. (가리키며) 야, 너는 니네 반 가서 봐.

#823   소극장 / 학교 / 실내 / 오후

생수로 목을 축인 후 이야기를 이어가는 상현.

상현 그리고 사실- 내 생일 때 우리 집에서 생파 했거든. 그때 맥주하고 펀치 같은 거 만들어 먹었어. 그래 맞아. 술 파티 소문. 그거 사실이야. 그리고 이런 일- 처음 아니고 전에도 몇 번 그랬어. 속여서 미안해. ...그리고 괜히 초대받아서 온 정희랑 세훈이한테도 미안하고. 그리고 유경이도 정말 미안하다. 오빠가 잘못했어.

술렁이는 학생들. '뭐야? 술 파티에 하유경이?' '걔가 왜 가?' '야 진짜야?' '아 뻔뻔하네-'
난감해진 원대와 지훈. 가운데 앉은 유경은 가만히 눈을 감는다.
민심이 흉흉해지는 일부 기호 2번 캠프, 잔뜩 실망하여 유세 용품을 내리고 이탈하려는데-
다시 돌아온 경태가 기강을 잡으며 제자리에 앉힌다. '야 씨, 어디가 니네!!' '울었어?' '좆까.'

상현 그리고 어제 난리 났던 지훈이 성적표 위조 사건 말인데, 학교 카페에 익명으로 올린 사람, 그거 나야. 내가 세훈이한테 듣고 녹음한 거야. 정말 미안하다 지훈아. 내가 너무 치사하고, 비열했다.

긴 날숨을 코로 뱉으며 가만히 눈을 감는 세훈.
눈이 휘둥그레진 지훈은 휘몰아치는 배신감에 부들부들 떨린다.

원대 (중얼) 노세훈 저 새끼 맞네. 맞았네, 저 쥐새끼.

Inter Cut / 각 반 교실- 각 반에서 TV로 시청 중인 유권자 학생들. '뭐야? 아니라매? 가짜 뉴스라매?'

상현 근데 지훈아, 오해하지 마. 세훈이는 내가 녹음하는 줄도 몰랐고, 끝까지 지훈이 니 얘긴 비밀로 하려고 했어. 내가 세훈이까지 이용한 거

나 다름없어.

반대편의 세훈을 노려보는 원대. 무안한 지훈은 얼굴이 벌겋게 달아올랐다.
세훈을 슬쩍 보며 중얼거리는 정희.

정희　　와... 박지훈 큰일 났네 이제.

그저 가만히, 담담하게 눈을 감고 있는 세훈. 그 얼굴로 서서히 다가가는 카메라.

#824 (=#821과 동일)　　[플래시백] 소극장 / 학교 / 실내 / 오후

#821에서의, 아까 전 무대 위 상황- 상현과 세훈 두 사람 간의 대화.

세훈　　진짜 쪽팔린 게 어떤 건지, 형이 알아요?
상현　　뭐?
세훈　　그냥 자백하세요.
상현　　뭔 소리야?
세훈　　형 생일 때 술 파티한 거, 그거 다 까시라구요.
상현　　미친- 빨리 안 내려가?
세훈　　다 엎으세요! 형 지금 허세, 가식 그런 거 다 깨는 수밖에 없어요. 이길
　　　　려면.
상현　　뭐 새끼야? 허세?
세훈　　네. 그게 지는 것보단 나으니깐. 다 인정하고 내려놔요.
상현　　너 돌았냐?
세훈　　네, 그렇게 하시라구요. 지금처럼.
상현　　...
세훈　　형이 미치지 않으면 이 선거 절대 못 이겨요.

한 방 먹은 얼굴의 상현과 비장한 얼굴의 세훈.

#825 소극장 / 학교 / 실내 / 오후

이제야 눈을 뜨는 세훈. 무대 위 상현과 시선을 교차한다.

세훈(V.O) 저는요 형. 쪽팔린 게 어떤 건지 너무 잘 알아요.

무대 바닥에 무릎을 꿇는 상현.
마이크를 내려놓는다.
비장한 얼굴의 세훈.

세훈(V.O) 그러니깐 우린 꼭 이겨야 돼요.
상현 선거가 이렇게 돼버린 거 모두 저 때문입니다! 다른 사람 말고 대표로
저를 혼내주십시오! 앞으로 1년 동안 사죄하는 마음으로 학교에 봉사
하겠습니다!

뜨겁게 반응하는 기호 1번 캠프!
그동안 얼굴을 드러내지 않았던 시바가 가면을 훌렁 벗으며- (알고 보니 굉장한 꽃미남인데!)

시바 그래 곽상현 니가 바로 대표다!
현진 멋있다! 곽상현!
어깨깡패 (울면서) 우리들의 친구우~
기호 1번 캠프 기호 1번 상혀언~
어깨깡패 우리들의 친구우~
기호 1번 캠프 기호 1번 상혀언~

응원가를 외치는 기호 1번 캠프. 한시름 놓은 정희도, 긴장했던 세훈도 함께 응원가를 외

친다.

이에 질세라 자리에서 일어나는 경태, 응원가 맞불을 놓는 기호 2번 캠프.

경태   양원대 기호 2번 양원대가-

기호 2번 캠프   바꾼다!

경태   변화가 만드는 대-

기호 2번 캠프   영! 진! 고!

지켜보고 있던 의준은 양 캠프의 열정에 박수를 보내고-

Inter Cut / 각 반 교실- 각 반에서 TV로 시청 중인 유권자 학생들. '곽상현!' '양원대!!'

돌아온 경태와 시선을 교환한 원대가 자리에서 일어나며 유경, 지훈과 함께 무대 위로 오른다.

이를 본 세훈과 정희도 무대 위로 뛰어올라 무릎 꿇은 상현을 일으키고 서로 잡은 손을 번쩍 든다.

양손을 잡고 번쩍 든 여섯 후보자들.

마지막으로 불타오르는 소극장 안 각 캠프 인원들.

F.O

#826 대강당 / 학교 / 실내 / 오후

F.I

직부감- 사각으로 된 기표소 몇 개가 나란히 세워져 있고, 그 주변으로 투표용지를 받느라 줄 선 학생들과 기표소로 들어가는 학생들이 보인다.

기표소를 빠져나와 투표함에 투표용지를 집어넣는 이 모든 모습들은- 마치 커다란 개미집을 방불케 하고... 한 기표소 앞에 줄 서 있는 세훈 쪽으로 하강하는 카메라.

앞선 유권자 학생이 기표소를 나서면 안으로 들어가는 세훈.

세훈(V.O) 양원대의 정석적인 최종연설과 곽상현의 변칙적인 최종진술.

기표소 안에 서 있는 세훈. 기표 도장을 뒤집어 들고 도장면을 가만히 들여다본다.

세훈(V.O) 각각 성격도 말투도 화법도 달랐지만, 그 의도만큼은 분명했다.

세훈의 P.O.V- 화면 가득 클로즈업, 도장면의 '점복(⬤)' 자.

투표용지, 기호 1 곽상현 윤정희 노세훈 / 기호 2 양원대 하유경 박지훈

학생 회장 · 부회장 후보					
기호 1번			기호 2번		
회장	부회장		회장	부회장	
곽상현	윤정희	노세훈	양원대	하유경	박지훈
(기표란)			(기표란)		

※ 정해진 기표 용구를 사용하고 한 곳에만 찍을 것

세훈(V.O) 오늘 무조건 이기겠다는 것.

앙각- 투표용지(카메라)를 내려다보고 있는 세훈의 얼굴.

잠시 후 기표 도장을 투표용지(카메라)에 쾅- 찍으며.

cut to black

-에피소드 8 [최종진술] 끝-

러닝, 메이트

합의를 거부하는 피해자 가족 앞에 무릎을 꿇은 재원과 그의 어머니.
가까스로 합의를 마친 재원은 그 언젠가 상현에게 선물 받았던 스마트워치를
풀어버리며 족쇄와도 같았던 부역자의 시간을 끝내고자 결심한다.

한편, 투표 결과를 기다리는 동안 세훈은 지훈과의 추억을 떠올린다.
그 엄혹한 코로나 팬데믹 시절의 치킨 공수 대작전.. 다시 그들은 그때로 돌
아갈 수 있을까?

그리고 잠시 후 발표되는 투표 결과. 차기 학생회는 상현과 정희 그리고 세훈
의 기호 1번이다.
경쟁이 끝나고 위로하는 승자와 위로받는 패자. 승리의 기쁨과 현자 타임의
공허함을 공유하며 정희와 귀가하던 세훈은 한 통의 전화를 받게 된다.

번호판이 가려진 스쿠터의 목격자, 어쩌면 사례금을 노린 가짜 제보자였을 수
도 있다. 그러나 그의 증언대로 그려진 두 용의자의 몽타주를 본 세훈은 급히
학교로 향한다.

뺑소니 사고의 배후에 상현이 있다는 정황은 있지만 물증은 없다.

며칠 전 세훈보다 먼저 학교에 무단 침입한 사람이 있었다는 정황은 있지만
물증은 없다.
어쩌면 아주 처음부터 상현의 계획에 세훈이 놀아난 것이라는 정황은 있지만
물증은 없다.

절친을 잃고 진정한 첫사랑에 배신당한 세훈은 그걸 확인해야만 한다. 일회용
품처럼 버려진 자기 자신이 가야 할 자리를 확인해야만 한다. 그리고 맞닥뜨
리게 된 진실의 현장. 술 취해 함부로 행동하는 상현의 실체와 대면하는 세훈.
낭중지추. 결국 송곳은 주머니를 뚫고 나오듯, 세훈은 상현이 가둬둔 세계를
뚫고 나온다.

차기 학생회장단 기호 1번.
그렇게 한 놈은 뺑소니 사건으로 참고인 조사를 받고, 다른 한 놈은 학교생활
에 회의감을 느끼며 자퇴를 선택한다. 그렇게 학교 역사상 최초 1학년 여학생
학생회장이 탄생하는데..

#901   길가 / 어딘가 / 실외 / 오후

지금까지의 모습과는 많이 다른 느낌의 세훈, 길가에서 누군가를 기다리고 있다.
잠시 후 경적음과 함께 세훈의 앞에 정차하는 고급 SUV. 보조석 도어 창문이 내려가면-

재원   노세후니.

씨익 웃는 세훈. 예전보다 깔끔해진 모습의 재원과 인사를 나눈다.

세훈   형!
재원   타라.

보조석에 탑승하는 세훈. 출발하는 고급 SUV.

#902   고급 SUV 안 / 도로 / 실내외 / 오후

달리고 있는 고급 SUV 안. 보조석에 앉은 세훈은 차 안을 여기저기 둘러본다.

세훈   와 이런 차는 얼마나 해요?

재원   뭘 얼마야, 존나 비싸지. (힐끗) 너 결과는 언제 나와?

세훈   다음 주요. (차 내부를 만지며) 형은 어때요? 일은 할 만해요?

재원   나야 씨, 체질이지.

세훈   (밖을 보더니) …어?

차창 너머로 영진고등학교의 진입로 표지판이 보인다.

재원   한번 들어가 볼래?

세훈   (아련한 미소가 퍼지는) 그럴까요?

방향지시등을 켜며 진로를 변경하는 고급 SUV.

#903   소극장 앞 복도 + 경찰서 안 / 실내 / 오후

INS- 학교 전경.

소극장 앞 복도- 재원에게 전화를 거는 상현.

상현   응, 어떻게 된 거야? 변호사 전화 안 받았다며?

경찰서 안- 통화 중인 재원, 먼지 묻은 무릎을 털고 있다. 각자 두 사람의 교차편집.

재원   시부래 변호사는 니미… 걍 엉아가 알아서 했다. 졸라 빡세네.

상현   합의는? 합의는 잘 된 거지?

재원   야, 깽값 존나 비싸더라.

상현   (씨익) 그래? 그 새끼가 아주 학비를 벌라 그러나.

재원   다 큰 새끼가 쪽팔린 줄도 모르고. 고딩한테 깽값을 털어?

상현   (피식) 얼마나 나왔냐. 이번 주까지 보내줄게.

재원   됐어. 신경 꺼라. 이제.

소극장 앞 복도- 뭔가 이상한 재원의 분위기에 당황한 상현.

상현   어?!? 뭔 소리야.
재원   내가 쳤으니깐 내가 물어줘야지.
상현   아냐, 내가 집에 얘기하면 돼. 얼만데?
재원   니네 둘은 그냥 구경만 했고, 때린 건 나 혼잔데 어떻게 내가 니 돈을
          받냐. 안 그래?
상현   야, 강재원.
재원   앞으로 깔 새끼 있으면 니가 직접 까라. 난 이제 안 할란다.
상현   너 지금 뭔가 오해하는 거 같은데.
재원   야 이 개새꺄. 오해는 시부래 무슨 오해. 끊어 새끼야.

경찰서 안- 통화를 마치고 관자놀이에 담배를 꽂는 재원. 이때 울리는 스마트워치 알림.
가만히 스마트워치를 보던 재원은 그것을 풀어 쓰레기통에 버린다.
클로즈업- 쓰레기통 안 재원의 스마트워치 화면, 또다시 걸려 오는 상현의 발신 전화다.

타이틀 인 Title IN- [본격 명랑 정치 드라마, 러닝메이트] EP 9 러닝, 메이트

#904   [플래시백] 지훈이 사는 빌라 앞 / 고급빌라 단지 / 실외 / 밤

빌라 외벽을 타고 오르는 치킨 포장, 신발 끈 여러 개로 급조한 줄에 매달려있고. 그 끝에는
자가격리 중인 지훈이 창가에서 줄을 당기고 있다.
콜록거리며 줄을 당겨 올리는 지훈, 그러다가 그만 줄을 놓치고 마는데.
빌라 외벽 아래에서 화들짝 놀라는 세훈-

세훈   엇!!!

다시 줄을 붙잡는 지훈, 괜찮다는 오케이 신호를 비닐장갑 낀 손으로 보내면-
KF94 마스크를 내리며 작게 외치는 세훈.

세훈   야! 그거 얼마짜린데! 조심하라니깐!

고개를 쳐들고 치킨 보급 상황을 지켜보는 세훈의 뒷모습. 뭐가 그렇게 웃긴지 혼자 픽픽
웃는다.
cut to

잠시 후, 창가에 고개를 삐죽 내밀며 닭 다리를 뜯는 지훈, 세훈을 놀리듯이 쩝쩝대면-
아래에서 올려다보고 있는 세훈이, 손가락 욕을 날린다.

지훈   노세, 이 집은 좀 짠데?
세훈   어, 그럼 니가 시켜 먹든가. 자가 격리된 새끼가 따지기는.
지훈   조까. 이거나 먹어.

-라고 하며 닭 다리 뼈를 세훈에게 집어 던지는 지훈. 그 엄혹했던 코로나 팬데믹 시절의
추억 한 조각.

#905   소극장 / 학교 / 실내 / 오후

저쪽의 지훈의 옆얼굴을 보고 있는 세훈, 그러다가 지훈과 눈이 마주친다.
미안한 미소를 지어보는 세훈. 그러나 지훈은 쌩하니 시선을 돌린다.
솟아오르는 감정을 누르는 세훈, 잠시 후 세훈의 옆자리에 앉는 상현.

상현   (정면을 보며 말한다) 야. 노세훈.
세훈   (상현을 보며) 네.
상현   너 아까 뭐냐? 허세? 가식? ...너 그 말 진심이야?

세훈   (당황) 아... 그건 형을 자극하려고 일부러...

또 다른 상현의 옆자리, 정희가 두 사람의 대화를 슬쩍 살핀다.

상현   (여전히 정면을 보며) 나.. 를 자극해? (세훈을 보고 피식) 성공했네.
          노세훈.

세훈을 보는 상현. 알쏭달쏭한 그의 말에 일단 미소 지어보는 세훈.

넓은 쇼트- 모두 제자리에 착석하는 각 캠프 유세 인원들. 그리고 무대 위로 올라가는 준
규 선생.
개표 결과를 기다리며 자리에 앉은 학생들, 그리고 맨 앞 열에는 후보자들.

준규선생 그럼 발표하겠습니다. 제75기 영진고등학교 학생회장단은!

앉은 순서대로 클로즈업된 얼굴들- 윤정희, 곽상현, 노세훈. 그리고 하유경, 양원대, 박지훈.
당선자가 적힌 카드를 열어보는 준규 선생.
지금부터 극도로 왜곡되는 사운드. ***1) silence / 2) 웅웅거리는.**
고속촬영- 준규 선생 뒷모습 너머, 긴장한 양쪽 캠프의 학생들.
고속촬영- 당선자를 발표하는 준규 선생의 입.
고속촬영- 준규 선생 뒷모습 너머, 긴장한 양쪽 캠프의 학생들.
          그리고 잠시 후 기호 1번 캠프가 환호하기 시작한다.
고속촬영- 실망한 원대의 표정.
고속촬영- 미소 짓는 상현의 표정.
흥분하여 자리에서 벌떡 일어나는 세훈과 함께 현실로 돌아오는 사운드.

세훈   (허공에 주먹을 휘두르며) 예~~~~~~~~~~~쓰!

흥분한 얼굴로 상현과 정희에게 외치는 세훈.

세훈   이겼어요! 이겼어 윤정희!!
상현   (흥분을 누르며) 그래, 고생했다. (정희에게) 정희도 고생했어.

그간의 참았던 긴장을 푸는 정희, 눈시울이 붉어진다.

정희   아... (울컥) 네.

맨 뒷좌석에 앉아있던 현진은 한시름 놓은 표정을 지으며 머리칼을 매만지고-
소극장 한구석에서 지켜보던 의준도 씨익 웃으며 박수를 친다.

Inter Cut / 각 반 교실- 각 반에서 TV로 시청 중인 유권자 학생들. '오올 곽상현!'

한편, 떨떠름하게 박수치는 양원대 캠프. 유경은 결국 울음을 터뜨리고, 지훈 또한 낙심한
표정이다.

유경   (엉엉) 나 때문이에요, 미안해요 오빠. 미안해 박지훈.
원대   (토닥거리는) 아니야, 잘했어 유경아. 괜찮아.
          (지훈을 보며) 지훈아 너도 고생했어. 너무 처져 있지 말구.
지훈   네 선배.

와아- 소리에 기호 1번 쪽을 쳐다보는 기호 2번 세 사람.
좌석에서 뛰쳐나와 모여드는 곽상현 캠프 인원들. 소리치는 기재와 종수. 눈시울이 붉어
진 한별.

어깨깡패 야 모여!

후보자들을 둘러싸고 자축하는 분위기.
그 너머로 보이는 강당 벽에는, 준비된 대형 축하 현수막이 펼쳐진다.
〈학우 여러분의 신뢰! 행동으로 보답하겠습니다! 제75기 학생회장 곽상현〉

cut to

그간 뒤에서 물심양면으로 힘을 썼던 인경이 현진에게 다가온다.

현진　　봤어요?

인경　　봤지. 까닥하면 지는 줄 알았네.

cut to

세훈은 어깨 깡패, 시바, 기재, 종수 등에게 무대 위로 끌려와 헹가래를 당하며(?) 승리를 만끽하고!

기호 2번 3인방에게 다가가던 상현은 이러한 세훈의 과도한 자축이 민망하다.

상현　　(세훈 쪽을 슬쩍 보다가) 앞으로 잘 좀 부탁할게.

원대　　그래. 축하한다.

상현　　(풀이 죽은 유경과 지훈에게) 너희도 고생했어.

꾸벅 인사하는 지훈과 마음이 많이 상해 대답하지 않는 유경.

어디선가 상현을 보고 있다가 눈치껏 등장한 정희가 유경의 어깨를 소심하게 토닥거려준다.

또다시 울컥하는 유경, 정희를 포옹하는데... 이런 스킨십이 어색한 정희지만-

정희　　(어색) 고.. 고생했어. 하유경.

유경　　(엉엉) 축하해. 정희야.

그 모습을 보며 피식 웃는 원대와 상현, 가만히 서로 바라보다가 악수를 나눈다.

악수 후 원대는 상현의 손을 번쩍 들어주며 근처 학생들에게 선거의 승자 상현을 추켜세우고-

학생들은 환호하거나 위로하느라 난리가 났다.

준규선생　자, 그럼- 이어서 교장 선생님의 임명장 수여가 있겠습니다. (당황) 자

리를 좀 정리해 주시고- 자 학생들! 자리하세요! 제발 좀! 학생들!! 아직
안 끝났어요!

넓은 쇼트- 학생회 학생들의 의전을 받으며 무대 위로 올라가는 교장. 그러나 전혀 통제
가 안 되는 민주주의의 불덩어리.

#906 본관 앞 / 학교 / 실외 / 오후

INS- 영진고의 상징, 호랑이 동상. 각종 유세 소품들로 꾸며진 모습.
모든 행사 종료 후, 본관 앞. 세훈은 임명장 케이스를 펼쳐본다.
세훈의 P.O.V- 1학년 4반 노세휸. 위의 학생을 영진고등학교 제75기 전교학생회 부회장
으로 임명함.
그저 감격스러운 세훈의 얼굴에는 하얀 임명장에서 반사된 햇볕이 묻어난다. 그러다가
찌릿-
세훈의 P.O.V- 클로즈업, 1학년 4반 노세휸. 오타다. '훈'을 '휸'으로 썼다.

세훈   뭐야... 이런 것도 똑바로 못하고..

이때 뒤에서 나타나는 정희.

정희   왜? 뭔데?
세훈   (임명장 보여주며) 이거 좀 봐. 오타야.
정희   (세훈 옆에 바싹 붙으며) 응? 노세...휸? (웃는) 아 뭐야 이게.

정희의 웃는 낯을 보니 따라 웃는 세훈. 확실히 처음보다는 훨씬 가까워진 두 사람의 무드.

세훈   어?! 너 웃냐? 웃네.
정희   (가운뎃손가락으로 안경을 추켜올리는 시늉하며) 아닌데.

세훈   안경도 안 썼으면서 괜히 안경 올리는 척하지 말라고.
정희   어, 미안 습관이라. (그러면서 한 번 더 하는)

강당에서 나오는 현진.

현진   오올~ 부회장님들! 둘 다 축하해. 아까 다들 너무 흥분해서 난 좀 빠져
       있었다.
세훈+정희감사합니다.

이제 모든 게 제대로 풀려가는 듯, 안도감을 느끼는 세훈.
때마침 강당을 빠져나와 다가오는 상현.

현진   재원이는 어떻게 된대?
상현   (심각한) 응 뭐 그냥.. 잘 정리될 거 같애.
현진   그래. 잘돼야지. 나중에 기분 좀 풀어주자.

듣다 보니 자세한 사정이 궁금해진 세훈, 슬쩍 끼어들며-

세훈   저... 근데 재원이 형은 무슨 일이에요?
상현   아 별거 아냐. 고생들 했고. 주말에 따로 한턱 쏠게. 밥이나 먹자.
세훈+정희네.
상현   우린 갈 데가 있어서- (현진에게) 가자.
현진   (정희와 세훈에게) 갈게.

꾸벅 인사하는 정희와 세훈.

#907   버스 안 / 도로 / 실내외 / 오후

정차하는 버스 안, 일부 학생들이 하차하며 정희와 세훈을 축하해 준다.

하차학생1 축하해.   /   **하차학생2** 축하한다.
정희   (쑥스러운) 응.   /   **세훈**   감사합니다.

버스 안 2인석에 나란히 앉아있는 세훈과 정희. 확실히 이전보다 가까워진 두 사람.
다시 출발하는 버스.

정희   휴... 끝났다 이제.
세훈   왠지, 뭔가 허전하네...
정희   그러게.
세훈   오늘 뭐 할 거야?
정희   (정색하며) 53분 뒤에 특강 있어서.
세훈   (쩝) 아.. 그러냐? (잠시 생각하다가) 너는 원래 이렇게 분 단위로 쪼개
       서 살아?

대답 없이 차창 밖을 보는 정희, 혼자 피식 웃는다. 그런데 이때 울리는 세훈의 휴대폰 진
동음. 지잉~

세훈   응, 엄마. 나...(민망하여 작게) 됐어 엄마. 이겼어. (듣다가 놀라는) 네?!?

#908   교통조사계 / 00경찰서 / 실내 / 오후

경찰서 교통조사계에 모여있는 세훈 엄마와 세훈, 그리고 제보자.
제보자는 그간의 경위를 이야기 중이다.

제보자   수상하죠. 번호판에다가 검정색 테이프 같은 걸 붙일 이유가 없잖아요?
      아무리 생각해도 이상해서, 오늘 다시 가봤더니 이거 제보 현수막이 있

더라구요. 그래서 바로 전화를 드렸지. (휴대폰을 보며) 아 오늘 일정이 많은데- 다 날라갔네.

제보자를 살피는 세훈. 아마도 배달을 전문으로 하는 라이더의 복장인데-

세훈엄마　정말 고맙습니다. 많이 바쁘실 텐데.

주위의 경찰들 눈치를 살피고는 소곤거리는 제보자.

제보자　근데 어머니-
세훈엄마　네.
제보자　사례금은 언제 주시는 거죠? 여기서 바로 현금으로 가능하시죠?
세훈엄마　(황당) 네에???

결국 사례금을 노린 나일롱 제보자임을 깨달은 세훈 엄마와 세훈은 맥이 탁 풀린다.

세훈엄마　아니 뭐- 그건 다 끝나고 나면 말씀하시죠.

이때 뒤에서 종이 두 장을 가져오는 담당 경찰. 먼저 제보자에게 내민다.

담당경찰　이런 인상 맞아요?
제보자　음... 눈매는 비슷한데... 헤어스타일이 좀.
담당경찰　머리는 좀 다를 수 있죠. 하이바를 썼다 벗었다 하면-

나일롱 치고는 꽤 진지하게 곱씹는 제보자. 대화의 내용으로 미루어 아마 용의자 몽타주일 텐데.
호기심이 일어 제보자가 보는 종이를 엿보는 세훈. (이때 어렴풋이 보이는 용의자 몽타주 2장)
처음에는 별 동요가 없었지만 슬슬 뭔가 표정이 변해가기 시작한다.

세훈   저- 혹시..

제보자   잉?

세훈   (휴대폰을 내밀며) ... 이 사진 한번 보시겠어요?

뭔가 심상치 않음을 감지한 세훈 엄마와 담당 경찰.
제보자는 세훈이 보여준 휴대폰 화면을 말없이 보다가-

제보자   맞아 이놈. 그리고- (휴대폰 화면 어딘가를 가리키며) 그때 같이 있던 놈.

순간 완전 굳어버리는 세훈, 휴대폰을 든 손을 떨구고는 심각한 낯빛으로 몽타주를 노려
본다.

세훈엄마   세훈아?

담당경찰   왜 그래요?

뭔가를 결심한 듯 불똥이 이는 세훈의 눈빛. 몽타주를 들고 뛰쳐나가는 세훈.

#909   본관 앞 / 학교 / 실외 / 오후

넓은 부감 쇼트- 학교 본관을 향해 급히 달려가는 세훈.

#910   선관위 / 학교 / 실내 / 석양

세훈의 거친 숨소리만 가득한 이 공간, 내부는 빈 투표함과 철거된 개표소 등 선거 관련
물품들이 빼곡하게 정리되어 있다. 물품들 틈새로 비집고 들어오는 주황색 석양볕.
석양볕이 닿아있는, 밀봉 상자. 〈제75회 전교학생회 선거 투표용지〉 선거관리위원장
신준규 봉인.

다른 석양볕이 닿아있는, 세훈의 얼굴. 얼굴 반쪽은 그림자로 다른 쪽은 석양볕으로 나누어졌다.

또 다른 석양볕이 닿아있는, 준규 선생의 뒤통수. 준규 선생은 미동도 없다.

말끔하게 정리를 마친 책상 위에 놓인 몽타주 두 장, 각각 호석과 상현을 묘하게 닮았다.

준규선생(off)　　　그래? 틀림없어?

세훈(off)　(숨을 고르고는) ...네, 쌤.

준규선생　근데 만약에- 이 제보자가 잘못 본 거라면?

세훈　네?

의자를 뱅글 돌려 앉는 준규 선생. 서 있는 세훈과 마주 보고 있다.

준규선생　그냥 니가 보여준 이 사진에서, 비슷한 사람을 고른 걸 수도 있지 않을까?

세훈　그렇긴 하지만...

준규선생　게다가 밤에 본 거고, 사례금을 노린 사람일 수도 있잖아?

세훈　저도 첨엔 그런 줄-

준규선생　(손을 저으며 말을 끊는) 근데 세훈이 넌- 이 사진을 왜 보여준 거지?

세훈　아... 그건... (말문이 막힌다)

준규선생　그분이 사고 장면을 직접 본 것도 아니고, 그 '공범'이란 사람이 상현이라는 보장도 전혀 없는데- 그냥 세훈이 너 혼자 그러길 바랬던 거 아니야?

세훈　쌤, 그런 건 아니에요.

준규선생　(짜증스러운) 오늘 강재원이까지 사고 쳐서 잡혀간 마당에- 이렇게 확실하지도 않은 걸 가져와서는 어쩌라는 거니 나한테?

저도 모르게 내려가는 세훈의 고개. 세훈은 그저 자기 발끝만 내려다보며 서 있다.

준규선생　세훈아.

세훈　네, 쌤.

준규선생 이거 한번 볼래?

준규 선생은 개인 노트북을 펼치고는, USB를 삽입한다.

준규선생 (앉았던 의자를 내어주며) 일루 앉아서 봐.

백팩을 멘 채로 의자에 앉는 세훈, 의아하게 노트북 화면을 본다.
노트북 화면에 반사된 세훈의 얼굴, 점점 심각하게 변해가는데- 이에 따라 노트북 화면으로 포커스 이동하는 카메라.

노트북 화면- 늦은 시각의 CCTV 화면, 학교의 어느 빈 복도를 비추고 있다. 그리고 잠시 후 코너 뒤에서 빼꼼히 머리를 내미는 누군가.

#911   [플래시백] 복도 / 학교 / 실내 / 밤

천장 한구석에서 가만히 작동 중인 CCTV.
세훈은 CCTV의 존재를 알아채지 못하고 '비상구' 불빛이 몽롱하게 감도는 복도를 지난다.

#912 (=#616과 동일)   [플래시백] 선관위 / 학교 / 실내 / 밤

어두운 실내로 들어오는 세훈. 외부의 밝기에 의해 실루엣만 보인다.
조심스럽게 문을 닫으면 거의 암전 상태의 내부.
부스럭거리는 소리와 함께 휴대폰 라이트를 켜는 세훈. 필통에서 샤프펜슬을 꺼내 송곳처럼 쥔다.
비장한 표정의 세훈, 홱 돌아서며 뒤쪽으로 라이트를 비추더니- 눈알이 터질 듯 놀라는데!

세훈   읽!

열댓 개 세워진 양원대의 등신대는 전부 눈 부분이 뚫려있다.

게다가 뚫린 부분 주변으로 빨간색 락카 스프레이가 칠해졌다.

사색이 된 세훈. 뒷걸음질 친다.

등신대 주변 바닥을 휴대폰 라이트로 훑는 세훈.

바닥에는 뚫리거나 부서진 양원대 등신대 조각들이 흩어져 있다.

덜덜 떨리는 손으로 그중 제법 큰 조각을 줍는 세훈.

세훈의 P.O.V- 락카 스프레이 용액이 흐른 곳에 떡하니 찍힌 누군가의 지문!

무언가를 생각하는 세훈, 그대로 교복 주머니에 쑤셔 넣는다. 그리고 바닥에 흩어진 다른
조각들도 일일이 주워 교복 주머니에 쑤셔 넣는데...

#913　[플래시백] 복도 / 학교 / 실내 / 밤

아까 전 그 복도. 허겁지겁 도망치던 세훈, 잠시 후 울리는 휴대폰 진동음에 멈칫한다.

반사적으로 교복 주머니를 뒤지는 세훈, 휴대폰을 꺼낼 때 함께 흘러나오는 등신대 조각들!

당황한 세훈은 복도 바닥에 흩어진 등신대 조각들을 황급히 줍는다.

그리고 이 모든 과정을 묵묵히 지켜보는 CCTV.

#914　선관위 / 학교 / 실내 / 석양

노트북 화면- 복도에 떨어진 것들을 황급히 줍는 사람, 그 얼굴이 제대로 포착되는 순간-
극단적으로 확대된 노트북 화면- 그는 바로 세훈이다!

노트북을 팍- 덮는 준규 선생의 손. 두 눈이 떨리고 있는 세훈.

세훈　　(당혹) 쌤! 아니에요! 제가 갔을 때 이미 누군가가 (하려는데)

갑자기 책상을 쾅- 내리치는 준규 선생. 말문이 막혀버린 세훈.

준규선생　세훈아, 세훈아!

세훈　（어찌할 바를 몰라 두 눈이 떨리는） …

준규선생　솔직히 그럴 수도 있다고 생각해. 니들 나이 때는 너무 승부욕이 앞선
나머지 저런 행동을 할 수도 있다고 생각해. 그래서 그동안 모르는 척
했던 거고.

세훈의 어깨에 손을 올리는 준규 선생. 말을 하는 동안 어깨를 쥔 손에 점점 더 힘이 들어
간다.

준규선생　그랬는데- 이렇게 오늘 선거까지 이겼는데- 지금 찾아와서 한다는 소
리가 니네 회장 곽상현이, 세훈이 니 뺑소니 사고의 공범이란 거잖아?
정작 니가 한 짓거리는 그냥 다 까먹어 버리고?

준규 선생의 손을 벗어나 의자에서 일어나는 세훈, 강력하게 억울함을 호소한다.

세훈　제가 안 그랬다구요!

준규선생　밤에 저렇게 도둑놈처럼 들어와서는 니가 안 그랬다고? 아까 줍던 거
는 뭐야? 증거 인멸하는 거 아니야?

세훈　그건 맞는데요! 그 증거가 제가 했다는 증거는 아니라니깐요!

준규선생　（인내가 바닥난） 내가 그냥 미쳐버리겠다 너 때문에! 남이 그랬다는 증
거를 니가 어떻게 미리 알고 학교에 왔냐고, 이 짜식아! 니 말은 하나
도 앞뒤가 안 맞아 임마!

더 이상 할 말이 없는 세훈, 이젠 무슨 말을 해도 먹히지 않아 자포자기 상태다.
준규 선생에게 그런 세훈의 모습이 마치 잘못을 인정하는 것으로 보였는지-

준규선생　상대편 눈알을 파내면서까지 선거에서 이기고 싶었는데, 이젠 니네 편
선배를 뺑소니범으로 몰아넣는다고? 너 싸이코니? 싸이코패스야?
대답해 보라고. 이렇게 깽판을 치는 이유가 있을 거 아냐?

준규 선생의 기에 눌려 뒷걸음치던 세훈은 무언가를 밟고 뒤로 벌렁 자빠진다.

INS- 이글거리며 타오르던 태양은 이제 거의 자취를 감췄다.

아까 전 혐오를 겨우 누르고 의자에 앉은 준규 선생은 바닥에 널브러진 세훈에게-

준규선생 당장이라도 너 정학시킬 수 있지만, 학교 분위기도 그렇고 일단은 그냥
눈감아 줄게. 그니깐 잘해라 앞으로. ...쌤이 지켜볼 거야. 알겠어?

영혼까지 탈탈 털려 멍한 얼굴의 세훈, 저쪽의 무언가를 발견한다.
세훈의 P.O.V- 준규 선생의 책상 뒤쪽에 놓여있는 음료 박스 '맹모회'라 인쇄되어 있다.

#915 본관 앞 / 학교 / 실외 / 밤

본관 앞을 걸어 나오는 세훈. 그 너머로 아직 불 켜진 선관위실이 보인다.
세훈의 눈빛은 반항기로 반짝인다. 이 설명할 수 없는 억울함과 분노.

세훈(V.O) 이렇게까지 깽판을 치는 이유? 글쎄... 다 끝난 선거를 망치려는 것도
아니고, 사례금을 노린 가짜 제보자 새끼 말에 속아서 온 것도 아니다.

Inter Cut / Flash Back- #여러 씬, 최선을 다해 선거를 준비하던 세훈의 모습들.

세훈(V.O) 나는 그저- 승리만을 위해서 희생하고 달려온 지난 몇 주간의 바보 병
신 개쪼다 같은 시간들이 너무 억울했을 뿐이다.

#916 어느 식당 앞 / 어딘가 / 실외 / 밤

어느 식당 앞을 지나는 세훈에게 걸려 오는 전화, 세훈의 부모님이다. 그러나 전화를 받지 않는 세훈.

#917   미나의 연습실 앞 / 어딘가 / 실외 / 밤

한창 연습하다 나온 예고생 미나가 터벅터벅 걸어 나오면- 건물 앞에서 기다리는 세훈이 보인다.
꽤 피곤해 보이는 얼굴의 세훈.

미나   (미소를 지으며) 나중에 보자니깐. 너 바쁠 텐데.
세훈   아뇨, 괜찮아요.
미나   (피식) 그래서, 하고 싶은 말이 뭐야?
세훈   여기서는 좀 그렇고, 근처에 카페라도 갈까요?
미나   아니, 그냥 여기서 해. (세훈을 살피다가) 근데 너 엄청 피곤해 보여.
세훈   (애써 웃는) 괜찮아요.
미나   괜찮기는-

웃으며 세훈의 어깨를 터치하는 미나. 그녀의 작은 터치에 약간 풀리는 세훈의 기분.
옆에 숨겨둔 포장을 내미는 세훈.

미나   (짐짓 인상을 써보며) 음... 뭐지뭐지? 왜 이러지? 나 쫌 부담스러울라
         그러는데.
세훈   (손을 저으며) 별거 아닌데. 이거 슬리퍼예요. 푹신한 거.
미나   슬리퍼? 나 있는데.

슬리퍼 신은 자기 발을 가리키는 미나. 그녀의 꼼지락거리는 발가락을 내려다보는 세훈.

세훈   (미소를 띠고) 그게 아니라- 이거는 연습하다 쉴 때 신으라구요. 실내용.

세훈의 표정을 가만히 들여다보는 미나. / 미나의 표정을 가만히 들여다보는 세훈.

미나	(웃으며 대뜸) 나 엄청 싫어하는데. 푹신한 거.
세훈	네?
미나	그니까 가져가서 너 신어. 어우 난 푹신하면 소름 돋아.

여전히 웃고 있는 미나. 그녀의 말을 해독하기가 너무 어려운 세훈의 아리송한 표정.

세훈	아니면 안 푹신한 걸로 교환을-
미나	(말을 끊는) 세훈아. …나 충분히 눈치 준 거 같은데-
세훈	네?
미나	(선물을 슥 들며) 지금 고백 같은 거 하는 거야?
세훈	아뇨, 그게 아니라… 그… 고백은 나중에 누나 수능 끝난 다음에-
미나	(급변하는) 야 노세훈.

선물을 세훈의 발 앞쪽으로 툭 던지는 미나.
전에 들은 적 없는, 예상조차 한 적 없는 차갑고 까칠한 말투로 말한다.

미나	너 왜 이렇게 질척거리냐? 짜증 나게.
세훈	(숨이 턱 막히는) 예?
미나	술 취한 놈 도와주고, 선거 나간다길래 응원 좀 해줬더니, 막 니 여친 같
	고 그래?

얼굴이 달아오르는 세훈.

미나	곽상현이랑 다니니깐 니가 뭐라도 된 거 같애? (손부채질) 아 씨, 자존감
	떨어져.
세훈	(귀를 의심하는) 뭐라구요?
미나	전번은 괜히 줘가지고. 아우 미친 꽉꽉이 때문에!

철렁하는 가슴! 벌떡 자리에서 일어나는 세훈.

세훈　　(발끈) 상현이 형이 왜요? 그 형이 저한테 잘해주래요?

미나　　(정색하는) 야, 그럼 술 취해서 사람이나 패고 그 지랄하는데, 그나마 아
　　　　　는 사람은 나밖에 없고, 그런 상황에서 부탁하는데 뭐 어쩌겠어?

세훈　　(중얼) …알겠어요. 꺼질게요 씨발.

미나　　뭐라고?

세훈　　꺼져준다구요 내가.

미나　　어머 미친. (황당한) 너 원래 이런 애야? 완전 니 마음대로구나?

씩씩거리며 걸어 나가는 세훈.

미나　　(왠지 좀 미안한 마음에?) 야. 노세훈.

미나의 부름에 확 뒤돌아보는 세훈, 눈물이 그렁그렁하다. 이건 아마도 쪽팔림과 슬픔의
믹스 상태.

미나　　(가리키며) 너 이거.

다시 돌아오는 세훈, 바닥에 떨어진 선물을 도로 줍는다.

세훈　　난 오늘 그냥 누나한테 축하받고 싶었어요. 알아요? 내가 뭐… 뭐 하재요?
　　　　　완전 어이없네… 씨이.

선물을 안고 무작정 달리기 시작하는 세훈.

#918　편의점 앞 / 학원가 / 실외 / 밤

#114에서 지훈과 줄줄이 요구르트를 빨아 먹던 편의점 앞. 이제는 간이 테이블이 놓여있고 지훈 대신 정희와 마주 앉아있다. 동시에 요구르트를 쪽 빨아 먹는 두 사람.

정희   너 차였지 오늘?
세훈   헉.
정희   차였지?
세훈   아닌데.
정희   근데 갑자기 찾아와서는 불쌍한 척을 해? 차인 거 맞지?
세훈   (괜히 빨대를 씹어대는) …
정희   …맥주 마실래? 차인 기념으로?
세훈   잉? 너 미쳤냐? 미성년자 주제에?
정희   추석 때 몇 캔 챙겨둔 거 있어. 소주도 있구. (주변을 의식하더니) 쏘맥?
세훈   술 파티 의혹으로 탄핵되고 싶냐?
정희   뭘 의혹이야. 사실이지. (한숨) 치킨 땡긴다 오늘. 선거도 끝났는데 독서실에서 이러구 있으니깐.
세훈   …치킨?

뭔가를 생각하던 세훈, 슬그머니 자리에서 일어난다.

세훈   나중에 먹자, 치킨하고 맥주는-
정희   왜? 어디 가?
세훈   치킨 사러.
정희   …뭐라는 거야.

다시 달리기 시작하는 세훈, 그러다 멈칫 돌아보며-

세훈   (외치는) 그건 너 가져!

세훈이 떠난 자리, 선물을 뜯어보는 정희.

정희   (피식) 이게 어디서 선물을 돌려막아.

슥 신어 보는 정희. 꽤 귀여운 모양의 슬리퍼다.

정희   뭐야, 왜 귀엽고 난리야.

#919   지훈이 사는 빌라 앞 / 고급빌라 단지 / 실외 / 밤

바닥에 서 있는 세훈의 발이 보인다.
천천히 붐업하는 카메라는- 손에 쥔 치킨 포장, 반쯤 열려있는 백팩, 송골송골 땀이 맺힌
세훈의 목덜미를 훑는다. (며칠 전 꿰맨 상처에서 흘러내린 핏물은 목덜미 옷깃을 적셨다.)
불 켜진 지훈의 방 창문을 올려다보고 있는 세훈, 휴대폰을 꺼내 전화를 걸면-

안내음성(F) 지금 고객님의 전화가 꺼져있어 소리샘으로 연결됩니다.

이내 결심한 듯 간절한 얼굴로 외치는 세훈.

세훈   야 박지훈! 지훈아!

불 켜진 지훈의 방 창문 너머, 누군가의 실루엣이 보인다. ...그리고 방 안, 지훈의 침울한
얼굴.

세훈   얘기 좀 하자, 박지훈!

클로즈업- 창문 너머의 실루엣. 잠시 후 사라지더니 방의 불빛이 꺼진다.
불 꺼진 지훈의 방을 올려다보고 있는 세훈. 숨소리가 쌔근쌔근 가빠온다. 이윽고 바닥에
치킨 포장을 툭 던지는 세훈, 안타까움을 억누르려 눈을 감는다.
그러다 찜찜한 촉감에 교복 바지를 만져보는 세훈, 깜짝 놀라며 가방을 벗어보면-

아침에 엄마가 챙겨 준 맹모회 에너지 드링크 파우치가 터져있는 것이 보인다.

세훈　　에이씨...

황급히 휴지를 꺼내 가방 안과 내용물들을 닦는 세훈. 그중 음료로 얼룩진 노트를 펼쳐보는데,
앞표지 안쪽에 붙여 둔 미나의 사진은 이미 음료 색상이 물들었다.
그 자리에서 쪼그려 앉는 세훈. 울분과 슬픔, 허무가 몰려들며 그대로 울음이 터진다.

세훈　　시발... 씨이발..... 씨발.....

쓸쓸한 풍경 속 쓸쓸한 세훈의 어깨가 부들부들 떨린다.

세훈(V.O)　어디서부터 잘못된 걸까...

#920　　상현의 동 앞 / 90's 아파트단지 / 실외 / 밤

분리수거장 앞에서 통화 중인 세훈.

세훈　　형.
상현(F)　어 그래, 세훈아. 웬일이야?
세훈　　형한테 물어볼 게 좀 있는데. 어디세요?

빨간색 Fragile 스티커가 붙은 박스 더미를 내려다보는 세훈.

상현(F)　어, 나 집안에 행사가 있어가지구 어디 좀 왔어.
세훈　　그래요? 행사요?

고개를 드는 세훈. 휴대폰 너머에서 들려오는 그놈 목소리- '여보세요? 노세?'

세훈의 P.O.V- 앙각. 붉은색 조명이 밝혀진 상현의 집 안. 그의 생일 파티 때와도 비슷한데.

#921   엘리베이터 안 / 상현의 집 / 실내 / 밤

엘리베이터 안, 13층 버튼을 누르려다 잠시 고민하는 세훈.

14-15층 버튼 위에 덮인 아크릴판을 뜯어내고 15층 버튼을 누른다.

#922   15층 입구 앞 > 비상계단 / 상현의 집 / 실내 / 밤

전자 판넬의 숫자가 '13', '14', '15'로 바뀌며, 열리는 엘리베이터 문. 굳은 표정의 세훈이
내린다.

1501호 현관문을 보고 있는 세훈, 조심스럽게 현관문에 귀를 갖다 대면- 집 안으로부터
웃음소리가 들린다. 현관문 손잡이를 돌려보지만 당연히 잠겨있는 문. 그런 세훈의 시야,
번득 들어오는 무언가!

세훈의 P.O.V- 옥상으로 향하는 비상계단, 층계참 벽에 부착된 비상구 유도등!

화면 가득 클로즈업된 비상구 유도등, 뛰는 픽토그램의 방향에 맞게 휙 지나가는 세훈.

세훈(V.O) 내가 알기로, 소방법에 따르면- 옥상문은 늘 열려있어야 한다.

#923   비상계단 철문 > 옥상 / 상현의 집 / 실내 > 실외 / 밤

비상계단 철문 손잡이를 잡는 세훈, 흥분한 표정이다. 그러나, 철컥- 잠긴 상태의 철문.

쌓였던 울분이 치솟아 오르는 세훈의 얼굴. 잠겨있는 철문을 주먹으로 쾅쾅 몇 차례 두들
기고는-

벽에 기대며 바닥으로 스르륵 주저앉아 버린다. 침울해진 세훈의 얼굴. 아무 생각도 안 든다.

세훈   …

모든 게 정지된 순간처럼 멍하니 카메라를 들여다보고 있는 세훈.

그 어둑한 얼굴에 한 줄기 빛이 들고, 세훈은 촉촉해진 눈으로 광원을 본다.

빼꼼 열린 철문 너머로 보이는 역광의 실루엣, 입에 담배를 물고 있는 재원이다.

재원   뭐 하냐 여기서?

세훈   어?! 형! 괜찮아요?

재원   괜찮겠냐? 깜빵 갈 뻔했는데.

철문을 열어젖히는 재원, 아마 옥상에서 한 대 피우다가 두들기는 소리를 들은 모양이다.

자리에서 일어나는 세훈, 철문을 사이에 두고 마주 선 두 사람-

세훈   지금… 가족 행사 같은 거 아니죠?

재원   당연하지 새꺄.

세훈   저 막을 거예요?

재원   (씨익) 내가 씨부래 이 집 경비냐? 막고 말 게 뭐 있어.

세훈   (다부진 표정으로) …저 부탁이 하나 있어요.

재원   (듣지도 않고 정색) 싫어 이 새끼야.

세훈   아 형!

재원   아, 좆까. 싫어싫어.

#924   14-15층 복층 공간 / 상현의 집 / 실내 / 밤

15층 난간에서 복층 아래를 내려다보고 있는 세훈.

아래에는 찐득하게 놀고 있는 프라이빗 술 파티 현장이 보인다.

상현과 미나, 미나의 예고 친구들 몇과 함께 삐친 유경을 달래주는 현진도 보인다.

유경　　아, 됐거든요.

현진　　(술잔을 들이대며) 괜찮아. 이거 한잔하고 풀어.

예상 못 했던 조합의 예상 가능한 현장을 지켜보는 세훈, 심각한 표정이다.

세훈(V.O) 이제 알겠다. 나는 그 빌어먹을 놈의 기호품도 생필품도 아니고,

복층 공간 어딘가를 가리키며 자리에서 일어나는 상현. 가리키는 방향에는 호석이 보인다. 술 취해 비틀거리는 상현은 다가오는 호석을 향해 우스꽝스러운 셰도우복싱을 하는데- 불쾌한 표정을 짓는 세훈.

세훈(V.O) 일회용품에 불과했다는 사실을.

상현의 생일날, 자기가 호석에게 주폭을 휘둘렀던 그때 딱 그 자리, 상현은 그때의 세훈을 흉내 낸다.

상현　　(EP. 3의 세훈을 시늉하며) 이.. 개땁똔.. 양아띠 뚜레기 떱 때끼야!

호석　　(웃으며) 하지 말라고 씨발.

깔깔거리며 즐기는 일당들. 배신감과 분노로 적의(敵意) 가득한 세훈의 표정.

세훈(V.O) 이미 정해진 그들만의 세계, 애초에 내 자리는 저 안에 없었던 거다.

테이블에 놓인 술잔에 고급 위스키를 따르는 상현, 이미 얼큰하게 취한 듯 따르는 족족 넘치는 술잔.

미나　　야! 넘치잖아!

상현　　닦어! 닦으면 되지! (술병을 들고) 자- 다음! 호석이 시발라마 받어!

호석　　야, 이따 (일행 중 가리키며) 정아 델따줘야 된다고-

미나	그래 그만 먹여- 음주 운전 개극혐.
상현	(크큭) 음주 운전? 야 씨발, 뺑소니도 한 새끼가 뭐가 쫄리는데?
호석	닥치라고! 미수라니깐. 미수!

술김에 나온 말이지만 순간 멈칫하는 모두.

| 현진 | 엥? 뺑소니? 미수? |
| 미나 | 뭔 소리야? |

눈깔만 이리저리 굴리다가 이내 곧 장난으로 덮어버리는 상현.

상현	(이미 나사가 풀려서) 니 가슴에 뺑소니~
미나	어우 미친!
상현	야, 마셔마셔!!!

상현과 그 일당들의 추한 민낯 파티, 그 가관 위에 흩어지듯 떨어지는 흰 종잇조각들.
마치 파티용품인 양 머리 위로 흩날리는 그것들. '오올~ 뭐냐?'
술잔 안에 툭 떨어진 종잇조각, 임명장 조각의 일부다. '노세훈'
놀란 듯 자리에서 일어나는 현진.

| 현진 | 어?! 세훈아. |

복층 난간에 서 있는 세훈.

| 상현 | (비웃는) 뭐냐 저거. (소리 지르는) 강재원! 니가 열어줬냐? 너 어딨어? |

그러나 보이지 않는 재원과 계단을 내려오는 세훈.

| 상현 | 웬일이냐? 갑자기. |

세훈   물어볼 게 있다고 했잖아요.
상현   뭔데 그게. 뭐길래 도둑놈 새끼처럼 기어들어 오냐, 남의 집에.
세훈   왜 나한테 선거 나가자고 했어요?
상현   어?
세훈   왜 날 꼬셨냐구요. 뻔히 다른 사람이랑 나가기로 한 거 알면서.
상현   이 새끼가- 꼬시기는... 너 술 처마셨냐?
세훈   야, 곽상현.

세훈의 심상치 않은 태도를 감지하고는 싸해지는 분위기. 상현의 얼굴에서도 웃음기가 빠진다.

상현   좆세훈 밥새끼가... 지금 아가리 뭐라 털었냐?
세훈   대답해 새끼야.

-라고 말하는 세훈의 얼굴에 술을 끼얹는 상현. '꺅!' '어떡해!' 외치는 일당들.

상현   처 돌았냐? 시발 공부만 하는 밥새끼 데려다가 부회장 만들어 줬더니.
세훈   (젖은 얼굴을 손으로 훔쳐내며) 웃기고 있네.

-라는 말이 끝나기도 전에 세훈의 따귀를 날리는 상현. 쿠당탕 나자빠지는 세훈.
술기운 탓일까, 아니면 애초에 이런 게 민낯이었을까? 광기로 희번덕거리는 상현이 테이블 위 술병을 쥐자 기겁하며 말리는 상현의 일당들. 현진은 손에 쥔 술병을 빼앗는다.
비틀거리며 일어나는 세훈, 손목에 차고 있던 스마트워치를 집어던진다.

세훈   (호석을 쏘아보며) 니네 둘이 그런 거 맞지? 왜? 나 같은 새끼가 니 친
          구한테 지랄하니깐 쪽팔렸냐? 그래서 둘이 짠 거야? 뺑소니하기로?
상현   (말리는 일당들에게) 알았어. 좀 놔봐. 놓으라고 시발.
          (세훈에게) 야, 그런 거면 뭐 어쩔 건데? 증거 있어 개새끼야?
세훈   (빈정거리듯 받아치는) 증거만 있겠냐? 목격자도 있다! 이 개새꺄!

순간 움찔하는 호석. 바로 뒤에 있던 미나가 나서며-

미나   둘 다 그만해! 야, 노세훈 너는 진짜 끝까지 질척거릴래? 이게 뭐야!!
현진   그래 그만하자. (타이르듯이) 좋은 날 왜 그래 세훈아~
세훈   (상현에게) 말해봐, 공부만 하던 새끼 데려다가 부회장 만들어 준 이유
          가 뭔데?

결국 폭발하여 달려드는 상현, 세훈을 자빠뜨리고 그 위에 올라타 멱살을 붙잡는다.
시퍼런 이빨을 드러낸 최상위 포식자, 상현.
한마디에 한 대씩 주먹을 내리꽂는다.

상현   왜냐고? 그딴 거 물어보러 여기까지 왔냐? 왜냐고??
          씨발놈이 존나 불쌍하니깐 그랬다 왜?
          좀 병신 같고 불쌍한 새낄 옆에 차고 있어야 균형이 맞지!
          잘난 새끼들만 모여있으면 애새끼들이 존나 질투하는 거 모르냐?

비명을 지르는 여학생들. 상현의 광기에 어쩔 줄을 모르는 남학생들.
그제야 손목을 풀며 세훈 위에서 일어나는 상현.

상현   좆도 아무것도 모르는 새끼가. '씨발 한 수 배웠습니다.' 고마워해도 모
          자랄 판에!

피떡이 된 세훈, 씨익 웃으며 휴대폰을 꺼낸다. 현재 상황은 동영상 녹화 중.
동영상이란 말은 곧 음성도 포함되어 있을 터.

세훈   (비웃으며) 한 수 배웠습니다 씨발.

상황 파악이 된 상현은 근처의 자코메티풍 미술품을 집어 든다.

상현   씨발 쥐 같은 새끼가-

그런데 어디선가 분주한 발놀림.

재원   개새꺄, 그건 반칙이지.

세훈에게 미술품을 휘두르는 상현의 옆구리를 걷어차는 재원!
술 테이블 위로 발랑 자빠지는 상현.
그 바람에 놓친 미술품은 복층 공간의 통유리를 깨고 밖으로 떨어진다.
비명을 지르는 상현의 일당들.

상현   (당황한) 야 강재원!! 너 뭐 하는 거야?
재원   뭐 하긴 새끼야. 깜빵 갈 뻔한 거 구해줬으면 고맙습니다, 해야지.

이때 깨진 통유리창 밖에서 들려오는 경찰차의 사이렌 소리!
아파트 외부에서 본 상현의 아파트 성(城), 통유리창이 깨져서 뻥 뚫렸다.

상현   에이씨!

당황한 상현과 일당들, 놀라서 뚫린 부근으로 다가간다.
아래를 빼꼼 내려다보는 상현과 그 일당들.

아파트 앞-
직부감 INS- 상현의 집에서 튕겨 나온 사람 모양의 자코메티풍 미술품.
천천히 붐업하는 카메라, 주변에는 지금 막 도착한 경찰차와 세훈의 엄마가 보인다.

14-15층 복층 공간-
직부감- 피떡이 되어 집 안에 널브러진 세훈의 모습, 이제 좀 후련한지 비실비실 웃음이
나온다.

그런 세훈을 내려다보고 있는 재원.

재원   새끼가 웃기는.. 됐냐 이제?

#925   상현의 동 앞 / 90's 아파트단지 / 실외 / 밤

기웃거리는 일부 주민들이 보이는 가운데, 경찰들에게 연행되는 상현과 호석.
재원의 부축을 받으며 걷는 세훈에게 세훈 엄마가 달려온다.
눈물이 글썽한 채 당당한 미소를 짓는 세훈과 경찰들에게 연행되는 상현의 시선이 교차
되고...

세훈(V.O) 그렇게 곽상현은 뺑소니 사건으로 참고인 조사를 받고,
         더 이상 학교 생활에 미련이 없는 나는 며칠 뒤, 자퇴를 했다.
         그렇게 우리가 빠진 틈을 타, 또 다른 러닝메이트 윤정희는
         학교 최초 1학년 학생회장이 되었다.

F.O

#926   자퇴 몽타주 / 학교 / 실내외 / 오후

교장실- 교감, 교장과 면담하는 세훈의 가족과 준규 선생.

1학년 4반 교실- 한별의 주도로 롤링 페이퍼를 적는 반 친구들.
케이크가 놓인 교탁 앞에 서서 반 친구들에게 마지막 인사를 하는 세훈. '다들 고마웠고~'
각자의 표정을 짓는 기재, 한별, 의준, 경태 등. '놀러 와라 노세!'
특히 태오와 기웅은 자기들끼리 만든 석차표에서 '노세훈'의 이름을 지운다. '이제 니가 4반
2등이야.'

정문 앞- 교문으로 향하는 세훈과 배웅을 나온 사람들- (호랑이 동상을 만지는 세훈)

한별은 '감사패'처럼 생긴 '응원패'를 세훈의 손에 쥐여주고,

왠지 아쉬운 표정의 학생회장 정희. (학생회 배지를 달고 있거나 학생회 점퍼를 입고 있다)

세훈의 어깨를 잡아주며 응원하는 원대와 삐죽삐죽 악수를 건네는 경태.

괜히 세훈을 건들며 아쉬움을 표현하는 종수와 기재. 그리고 파이팅을 외치는 의준과 일부 합창부원들.

지훈의 반 교실-

창밖을 보는 지훈의 어깨와 뒤통수. 그리고 터져 나오는 긴 한숨. ...촉촉해진 눈시울.

정문 앞-

교문 바깥쪽으로 향하는 세훈. 그런데 이때 들려오는 소리!

소리(off)   우리들의 친구 기호 1번 세훈! / 발기남을 넘어 부회장을 하자!

돌아보는 세훈 너머로 보이는 환상 또는 그날의 기억.

아마도 교문 앞에서의, 첫 번째 유세 장면 모습을 연상케 하는데...

양 캠프 모두 치열하지만 즐거운 얼굴로 각자의 선거를 즐기고 있다.

눈시울이 붉어지는 세훈.

세훈(V.O) 나 노세훈의 선거와 자퇴 스토리는 여기까지다.

#927   본관 게시판 앞 / 학교 앞 / 실외 / 오후

subtitle- 1년 후.

〈기호 1번 회장 후보 윤정희〉

〈기호 2번 회장 후보 안태오〉

〈기호 3번 회장 후보 남경태〉 선거 포스터가 붙어있는 게시판.

특히 정희의 선거 포스터에는- '학교 역사상 최연소 학생회장의 재선 도전장!' '여러분의
슬리퍼가 되어 함께 걷겠습니다' 따위의 글귀가 보인다. 이를 보며 피식 웃는 세훈.

재원   (다가오며) 왜? 다시 학교 다니고 싶냐?
세훈   (웃으며) 형은 후회 안 해요?
재원   일주일에 한 번 갈 바에야, 돈이나 버는 게 낫지. 학교가 무슨 교회도 아
          니고.
세훈   하긴... 형한테는 그게 나을 수도 있겠네요.
재원   이 쌔끼가-

이때 울리는 재원의 휴대폰. 아주 의젓하게 전화를 받는 사회인 재원.

재원   네, 실장님. (잠시) 아...오늘 취소요. 네 알겠습니다. 혹시 뭐 필요한 거
          없으십니까? 김치만두 3개, 고기만두 4개. 단무지 추가... 네! 시간 맞춰
          서 가는 길에 사겠습니다.

이런 재원이 신기한 세훈. 통화를 마치자마자

세훈   (웃음기 가득) 뭐래요? 만두 사 오래요?
재원   어, 영화 촬영 취소됐다고. 저녁에 만두나 사 오래.
세훈   만두요?
재원   어, 요새 우리 최 배우님이 만두에 꽂히셔가지구. 씨발 만두 사러 인천
          까지 가야 돼.
세훈   형은 여전하네요. 배달의 왕.
재원   닥치시고, 너도 가자. 드라이브.
세훈   밥 사준다고 불러 놓고 같이 배달을 가자구요?
재원   사줄게. 가서 만두 먹자고 새끼야.
세훈   한 백만 원어치 먹어야겠다. 개털어버리게.
재원   아주 씨발. 검정고시 한 번 쳤다고... 뽕을 뽑아라.

하하하. 웃는 두 사람. 자퇴생이라는 공통점이 있어서 그런지 전보다 친근해 보인다.

세훈   (윤정희 포스터를 보며) …다들 어떻게 지낸대요?

재원   다들? 글쎄 잘들 살걸? 그 새끼는 겨울에 미국 갔고.

세훈   미국이요?

재원   너 같은 좆만이한테 당했는데 (씨익) 쪽팔려서 학교 다니겠냐?

세훈   <u>흐흐</u>.

재원   근데, 니 친구는 잘 사냐? 그 새끼. (웃음)

세훈   (웃음) 그 새끼요? …잘 모르겠어요.

차량 쪽으로 돌아가는 재원.

재원   같이 가자. 가면서 각자 계획도 좀 얘기하고.

세훈   계획이요?

재원   당연하지 새꺄, 폼 잡고 자퇴할 땐 뭐가 있어야 되는 거 아니냐?

세훈   아직 제대로 생각을 안 해봤는데…

이때 울리는 학교 차임벨에 학교를 돌아보는 세훈,

절묘한 음악이 흐르기 시작하며 괜스레 눈가가 젖어 든다.

이때 어디선가 살랑 불어오는 바람, 머리칼이 살짝 흩날리는 세훈.

가만히 눈을 감는 이유는 차오르는 눈물을 숨기기 위함일까, 간만의 학교 내음을 느끼기 위함일까.

눈을 감은 채 쌉싸래한 미소가 번지는 세훈.

그러나 잠시 후 차량 소리에 뒤돌아보면-

이미 차량 시동을 건 재원이 경적을 울리며 장난을 친다.

세훈   에잇! 같이 가요 형!

장난치며 앞서가는 차량. 소리를 지르며 뒤쫓아 가는 우리의 러닝, 메이트. 노세훈.

그리고 앞으로 맞닥뜨리게 될 학교 너머의 세상이 저만치 펼쳐져 있다.

-에피소드 9 [러닝, 메이트] 끝-

작가의 말

십여 년 전 직장인 친구에게 이메일로 연재 흉내나 냈었던, 거기서 소소한 위안과 기쁨을 챙겼던, 아주 개인적인 글짓기가 여러분들의 도움과 관심, 우여곡절을 거쳐 한 편의 드라마로 만들어졌습니다. 시청자, 독자, 관객의 의자에만 앉았던 이가 연출자 또는 창작자의 의자에 앉게 되었으니 저는 그야말로 성덕입니다. 게다가 가진 것에 비해 운이 많은 사람이니 운 좋은 성덕이라고도 볼 수 있겠습니다.

이 대본집은 〈러닝메이트〉의 공식적인 최종고를 담고 있습니다만 시나리오는 계속 쓰여집니다. 우리는 이 대본을 기준으로 스토리보드 작업을 하거나 사전 작업을 합니다. 하지만 시나리오는 계속 쓰여집니다. 촬영장에서의 조율을 통해 수정과 보완을 거듭하며 있던 대사가 사라지거나 없던 대사가 만들어집니다. 그렇게 촬영을 마치게 됩니다. 하지만 시나리오는 계속 쓰여집니다. 편집, 후시녹음 등의 후반작업을 거치며 우리는 대사 일부를 지우거나 새롭게 녹음하기도 합니다. 그렇기 때문에 공식적인 최종고 대본과 실제 드라마 결과물에는 차이가 있을 수 있습니다.

하지만 이 점이 바로 대본집의 가치이고 의의입니다. 이후로 수많은 공정을 거치더라도 변하지 않는 핵심적 아이디어와 주제의 근간은 공식 최종고이자

작품의 설계도인 이 대본집에 있습니다. 그리고 편집 과정에서 덜어낸 장면
들이 고스란히 남아있기에 미처 작품에 담지 못한 이야기를 엿볼 수 있다는
점 또한 대본집의 소소한 재미일 것입니다.

마지막으로 저와 함께 작업한 홍지수 작가, 오도건 작가에게 감사를 전합니다.
홍 작가는 저의 투박하고 거친 원안을 최초로 극본화하는 데에 기여했으며,
오 작가는 각종 자료조사와 장면 아이디어를 덧입히며 최종고 단계까지 저와
동고동락했습니다.

또한 이 대본집이 나오기까지 애써주신 출판사 청어람 식구들, 김우재 대표님
이하 제작사 빌리언스플러스 식구들께도 무한한 감사를 전합니다.

작가의 씬

작가의 최애씬

극 중 세훈은 선거기간 동안 갖은 일을 겪으며 이야기 초반의 순수한 소년에서 수단과 방법을 가리지 않는 정치꾼으로 변해갑니다. 그리고 그 흑화의 정점에서 의외의 인물인 재원에게 충고를 듣게 됩니다. '아무리 상황이 좆같아도~'로 시작하는 재원의 대사는 극 중 가장 무식해 보이는 캐릭터가 그만의 거친 언어로 나름의 진리를 설명한다는 아이러니를 띠고 있습니다. 어쩌면 진리의 핵심은, 꼭 점잖은 말투나 미사여구 따위에 있지 않다는 것을 표현하고 싶었습니다. 이 세상에는 점잖고 좋은 단어만을 골라 혹세무민(惑世誣民)하는 요설(饒舌)꾼들도 많으니까요.

별이 빛나는 밤에 #706 중에서-

재원	니가 뭘 잘못 생각하고 있는 거 같은데... 하아... (머뭇) 내가 이런 소리 하면 좀 좆같이 들을 수도 있겠다, 글치?
세훈	아뇨, 그렇게 생각 안 해요.
재원	(나름의 논리?) 새끼야. 아무리 지금 상황이 좆같아도, 사람이 너무 좆같이 행동하면 안 돼. 그러다가 정말 좆되는 거야. 뭔 말인지 알겠냐?

INTERVIEW

Q. <러닝메이트>는 작가님의 첫 연출작입니다.
연출을 하시면서 가장 중점을 둔 부분은 무엇이었나요?

A. 대본을 집필하는 동안 가장 중점에 둔 것은 '재미있는 작품', '말맛이 살아있는 대본'을 쓰는 것이었습니다.
애런 소킨 작가가 쓴 영화 <소셜 네트워크>의 대본처럼 자극적인 요소나 액션에 의존하지 않고도 긴장과 생동감이 넘치는 이야기를 만들고자 고민했습니다. 그리고 제가 영화 스태프 생활 때부터 생각했던 점인데요. 촬영장 특성상 현장에서 발생하는 모든 시너지를 카메라에 담기란 매우 어렵습니다. 그래서 저는 지난 시절 선배 영화인들의 어깨너머로 배워왔던 것들을 최대한 모방하고 응용하려 했습니다. '현장에서의 시너지를 극대화하고 그것을 담아내는 데에 손실을 최소화하는 것.' 제가 연출하면서 가장 신경 썼던 부분입니다.

Q. '학교'라는 장소와 '학생회장 선거'라는 소재를 선택하신 이유는 무엇인가요?
그리고 어떤 감정을 가장 전달하고 싶으셨나요?

A. 처음부터 어떤 기획의도를 가지고 이야기의 배경과 핵심 사건을 선택한 것

은 아니었습니다.

이 이야기를 구상할 당시 저에게 영감을 준 몇 가지 작품들을 꼽아보자면- 이문열 〈우리들의 일그러진 영웅〉, 김승옥 〈그와 나〉, 이상 〈날개〉, tvn 〈미생〉, 데이비드 핀처 〈소셜 네트워크〉, 알렉산더 페인 〈일렉션〉 등이 있습니다. 이 작품들을 거듭 읽고, 보고, 곱씹는 동안 자연스럽게 〈러닝메이트〉의 세계관이 정리되었습니다.

〈러닝메이트〉는 주인공의 희로애락 성장기이며, 사활을 건 두 캠프 간의 치열한 선거 전쟁 이야기입니다. 이를 통해 '권력의 이면', '이기심과 이타심', '존경심과 열등감', '우정의 유통기한', '절망에서도 자아를 찾아가는 용기'를 전달하고 싶었습니다.

Q. 신예 배우들과의 작업은 어땠나요?
캐스팅 과정에서 가장 중요하게 본 요소는 무엇이었는지도 궁금합니다.

A. 2차 오디션부터는 제가 직접 오디션장에 참석하였습니다. 배우 한 명당 약 한 시간 동안, 연기력을 평가한다기보다는 계속 대화를 나누며 디렉터인 저와 플레이어인 배우 사이의 소통 능력, 즉흥에 대응하는 순발력, 대본 속 캐릭터에 인간성 불어넣는 설득력, 마지막으로 배우 그 자체가 지닌 고유의 매력을 가장 중요하게 보았습니다.

캐스팅 이후 저와 배우들은 주기적으로 모여 캐릭터 관련 회의나 주요 장면 대본 리딩을 거듭하며 캐릭터와의 싱크로율을 높여갔습니다.

그렇게 몇 달 후, 촬영 현장에서의 배우들은 이미 극 중 노세훈으로, 윤정희로, 박지훈으로 완성되어 있었습니다. 때문에 그 기간 동안 연기에 대한 지적은 필요하지 않았습니다. 이미 완성된 배우들은 저마다 준비해 온 추가 아이디어를 덧입혀 각자 독립된 자아로서의 퍼포먼스를 훌륭히 완수해 냈습니다. 다시 생각해도 참 자랑스러운 배우들입니다.

**Q. <기생충>과는 또 다른 결의 작품인데,
두 작품 사이에 공통적으로 담고 싶었던 메시지가 있다면 어떤 것일까요?**

A. 감히 두 작품을 같은 선상에 놓고 이야기하기란 참으로 민망하고 부끄러운 일입니다.
제 생각에 <기생충>이 블랙 유머로 스며드는 계급 우화적 부조리극이라면 <러닝메이트>는 하이틴 성장물로 스며드는 정치 풍자극입니다. 이야기의 끝에 도달하는 파국은 애초에 선을 넘어버린 스스로의 과오라는 점, 개인은 결코 시스템을 전복할 수 없고 회피할 뿐이라는 결론이 공통점인 것 같습니다.
사실 두 작품 모두 냉소적인 태도, 회의주의적 시선을 저변 깊게 깔고 있다는 점에 상당한 공통점이 있다고도 생각합니다. 하지만 봉준호 감독님은 그것을 장르 비틀기로 정면 승부하셨고, 저는 신파적 감성으로 슬쩍 숨겼습니다.

**Q. <러닝메이트>의 원작으로 <소라게>라는 소설도 집필하셨는데,
혹 구상 중이거나 집필 중인 다른 작품이 있으실까요? 또, 앞으로 영화나 드라마 쪽으로 향후 계획이 있는지도 말씀해 주시면 감사하겠습니다.**

A. <소라게>라는 제목을 달아 보았지만 그것의 형태가 소설의 양식을 빌려왔을 뿐, 저는 감히 그것을 소설이라 부를 수 없습니다. 이 말은 '소설'이 어떤 특별한 사람이 쓴 특별한 그 무엇이라고 생각해서가 아니라 그것을 평생 업으로 여기며 단어와 문장, 인물과 사건의 낱장들 속에서 평생을 살아오신 작가들에 대한 존경이라고 여겨주시길 바랍니다.
그간 적어 온 몇 가지 아이디어들이 있습니다. 가깝게는 금기를 깬 한 인물의 도망 이야기부터 멀게는 김원일 작가님의 걸작 소설을 현재 버전으로 재해석하고자 하는 구상도 있습니다. 다만 모든 것을 흐름에 맡기되 아직 만들어진 적 없는, 저만의 오리지널리티가 가득한 스토리텔링을 하고 싶습니다. 그것이 글이든, 드라마이든, 영화이든.

Q. 극 중 노세훈은 굉장히 평범하면서도 숨겨져 있던 욕망과 분노(?)가 굉장히 많았는데, 윤현수 배우가 생각하는 노세훈은 어떤 인물인가요?

A. 제가 생각한 세훈이는 아싸이지만 순수한 학생이라고 생각합니다. 귀엽다는 소릴 들으면 더 귀여워지고 싶어하고, 어딘가 어설프지만 10대 학생답게 정말 귀여운 매력이 있습니다. 아직 어른답지 못한 모습들도 있지만, 세훈이가 학생회장 선거에 부회장 후보로 출마하게 되고 여러 사람들과 많은 상황들에 부딪히면서 삶에 변화가 일어납니다. 그 과정에서 외면적으로나 내면적으로 성장하는 모습을 보여주는 인물인 것 같습니다. 요즘 말로 '성장캐'라고 하죠.

Q. 노세훈에게 이 스토리는 해피엔딩일까요?
자퇴 이후 노세훈은 어떤 사람이 되었을까요?

A. 저는 오픈엔딩이라고 생각합니다. 해피엔딩은 아니지만 또 새드엔딩도 아닌 것 같아요. 세훈이는 이제 남의 기호품이나 누군가의 생필품이 아닌, 자기 자신을 찾은 거죠. 자퇴 이후에는 본인의 소신대로 삶을 개척해 나가는 아주 멋진 세훈이가 되었을 것 같습니다.

Q. 가장 기억에 남는 명장면, 명대사가 있다면 알려주세요.

A. 저는 5화(몬스터)의 마지막 장면이 가장 기억에 남습니다. 세훈이의 감정이 절정으로 치솟는 장면인데 사실 저는 지금껏 화를 내 본 적이 없어서 가장 연기에 심혈을 기울인 장면인 거 같아요.
이 장면을 통해서 또 하나를 배운 것 같아 가장 기억에 남습니다.

Q. 윤현수 배우님의 학창시절 별명이 궁금합니다!

A. 노세처럼 이름을 대신해서 부르는 별명은 아쉽게도 없었고요. 대신 '유년수' 정도 생각납니다. 아, 학창시절은 아니지만 어린이집 시절에는 '잠자는 왕자'라는 별명도 있었습니다.

곽상현 역 - 배우 이정식

Q. 극 중 다양한 인간 군상이 등장하는데, 실제 배우님의 성격과 가장 유사한 인물이 있다면 누구일까요? 이유도 함께 말씀해 주세요.

A. 아무래도 제가 연기한 상현이겠죠? 상현이는 전략가스러운 리더십과 승부사 기질이 있는데 저도 그렇거든요. 마냥 앞에 나서지는 않지만 나의 역할이 필요하다 느낄 때면 서슴없이 나서기도 하고 승부가 걸려 있으면 언제든 열심히 하는 편이에요.
앞서 두 가지 이외에 생각나는 것도 많지만 사실 저는 상현이에 비해 조금 더 유순하게 살아온 것 같아요.

Q. 상현이의 가장 큰 매력과 가장 큰 단점이 있다면 무엇이라고 생각하나요?

A. 상현이는 스스로에 대한 애정과 확신이 가득하다는 점이 가장 큰 매력인 것 같아요. 누구나 그렇게 되고 싶지만, 그게 결코 쉽지 않다는 걸 알기에 더욱 멋지게 느껴지더라고요.
동시에 그런 애정과 확신이 단점이 되기도 하는 것 같아요. 아무래도 10대이기에 정신적으로 아직 미성숙한 부분이 있고, 그로 인해 가끔은 올바르지 않은 선택을 하게 되기도 하니까요.

하지만 그 모든 과정도 결국은 시간이 지나면서 스스로 깨닫고 성장하게 될 거라 믿어요. 그때는 단점이 아닌 장점으로 자리 잡을 것이라 생각합니다.

Q. 촬영 중 가장 기억에 남는 에피소드나 NG 장면이 있다면 공유해 주세요.

A. 저는 마지막 8회 때 장면이 가장 기억에 남아요. 뒤풀이부터 경찰차 탈 때까지의 상현이를 연기하던 그때가 지금도 선명하거든요. 그저 대본을 보고 그림을 그렸던 때랑 현장에 도착해 보고 느껴지는 것들이 달랐고 제 생각보다 더 확장된 느낌이었어요. 촬영을 준비할 때는 '상현이의 마지막'이라는 막연한 감정이 있었어요. 캐릭터가 저지르는 악의에 납득할 만한 이유를 붙이면, 그동안 쌓아온 감정의 흐름에 혼선이 생길 것 같아 그의 행동에 정당성을 부여하지 않기로 마음먹었고요. 하지만 막상 현장에 도착했을 때, 가장 크게 와닿았던 건 화려함 뒤에 자리한 공허감이었어요.

제가 생각했을 때, '상현'이라는 캐릭터는 눈치도 보지 않고, 무서움조차 없던 인물이었어요. 하지만 마침내 친구들이 자신의 본모습을 알게 되고 두려워하는 모습을 마주했을 때, 상현이는 마치 혼자 외딴 무인도에 남겨진 듯한 느낌을 받았을 것 같더라고요. 시청자분들께서도 부모님의 그늘 아래 있었기에 모든 것이 가능했음을 깨달은 상현이가 막상 그 그늘 아래를 비춰봤을 때, 결국 혼자 남은 자신을 발견하고는 여느 10대처럼 무너지고 우는 모습을 보시면서, "쟤도 별반 다를 게 없는 아이였구나"라는 공감이 생기셨으면 했어요. 그래서 정당성에 대한 의미를 부여하려고 했다기보다는, 저 스스로가 그를 이해하고 자연스럽게 표현하게 된 것 같아요. 상현이는 단지 자신의 민낯을 들키지 않기 위해 애쓰고, 또 노력해왔던 거죠. 그래야만 학교에서 본인의 자리를 지킬 수 있다고 믿어왔던 것 같아요.

Q. 독자님들 혹은 나 자신에게 전할 한 문장을 선택한다면 어떤 대사일까요?
또한 전달하고 싶은 메시지가 있을까요?

A. "그리고 고맙습니다. 제가 고작 선배의 열두 번째 후보자가 아니라 송곳이
라는 걸 깨닫게 해줘서"라는 세훈이의 대사가 생각나요.
대사처럼 자신을 바라보는 기준을 타인에게 두기보다, 스스로 어떤 사람인지
돌아볼 수 있으면 좋겠습니다. 세훈이는 자신의 자아를 '송곳'에 비유했지만,
〈러닝메이트〉는 결국 각자 자아와 정체성을 찾아가는 10대들의 이야기이기
도 해요. 그런 시선으로 이 드라마를 보시고 자신의 유년 시절을 떠올려 보거
나, 지금이 성장의 과도기라면 '나는 어떤 사람일까?'라는 고민을 한 번쯤 해보
시는 것도 의미 있을 것 같아요.
정답은 없지만, 여러분도 저도 자신의 자아를 찾아가는 과정을 통해 스스로의
행복을 마주하길 바랍니다.

양원대 역 - 배우 최우성

Q. 만약 배우님이 진짜 학생으로서 선거에 나가게 된다면 어떤 공약을 내세우
실까요?

A. 제가 학생으로 선거에 나갔다면 '급식 메뉴 투표제'를 공약으로 내세웠을 것
같습니다. 한 달에 한 번은 학생들이 직접 뽑은 메뉴로 급식을 먹을 수 있도록
하는 건데요. 돌이켜보면 제가 학교를 다니면서 가장 행복했던 순간 중 하나가
친구들과 함께하는 점심시간이었거든요. 그 시간에 친구들과 함께 본인들이
원하는 메뉴를 먹을 수 있다면 더 행복하고 의미 있는 추억이 될 수 있을 것 같
다고 생각합니다.

**Q. 연기하면서 가장 공감됐던 부분이 있다면 어느 장면일까요?
이유는 무엇일까요?**

A. 연기를 하면서 가장 공감되었던 부분은 학생들의 예민함에서 비롯된 욱함과, 선거운동이 끝난 뒤 다시 본래의 일상으로 돌아가 오히려 서로가 더 가까워지는 장면이었습니다. 학창 시절은 학업 스트레스와 진로 고민, 정체성을 확립해 가는 과정 속에서 감정의 기복이 쉽게 드러나는 시기라고 생각합니다. 저 역시 그 시절을 지나며 작은 일에도 예민해지고 마음이 흔들렸던 경험이 있었기에, 작품 속 인물들의 모습이 더욱 현실적으로 다가왔습니다.
특히 마지막 부분에 일부 학생들이 학교를 떠나기로 결심하지만, 시간이 흐른 뒤 결국 학교를 그리워하는 모습이 인상 깊었습니다. 학교라는 공간이 단순한 배움의 장소를 넘어 청춘과 추억이 깃든 특별한 의미를 지닌다는 점을 다시금 느낄 수 있었고 그 부분이 제게도 깊은 울림으로 다가왔습니다.

Q. 실제 최우성 배우님의 학교 생활은 어땠을지 궁금합니다.

A. 저의 학창 시절은 다른 학생들과 크게 다르지 않았습니다. 시험을 앞두고는 불안해하기도 하고, 친구들과 소소한 대화로 웃었던 순간들이 지금도 소중한 기억으로 남아 있습니다. 특별하지는 않았지만 그런 평범한 일상 속 감정들이 배우로서 캐릭터를 이해하고 표현하는 데 큰 밑거름이 되고 있습니다.

**Q. 독자님들 혹은 나 자신에게 전할 한 문장을 선택한다면 어떤 대사일까요?
또한 전달하고 싶은 메시지가 있을까요?**

A. '낭중지추, 송곳은 결국 주머니를 뚫고 나오게 되어 있다'는 말이 저는 제일 와닿는 것 같습니다. 누구나 각자의 빛을 가지고 있고, 때로는 그 빛이 시간이 걸려도 결국은 세상 밖으로 드러난다고 믿기 때문입니다. 저 역시 배우라는 길

을 걸으며 그 말을 마음속에 새기고 있고, 독자님들께도 지금의 자신을 믿고 꾸준히 걸어가시라고 응원해 드리고 싶습니다.

윤정희 역 - 배우 홍화연

Q. 최초 1학년 학생회장이 된 소감 한말씀과 1년 후, 안태오 남경태와 또다시 한판 붙게 되는데, 결과 예측! 어떻게 생각하시나요?

A. 정희라면 더더욱 큰 자긍심과 책임감을 가지고 열심히 활동했을 것이다. 이를 바탕으로 치열한 경쟁 끝에 또다시 당선이라는 승리를 거머줬을 것이라 확신한다.

Q. 촬영 중 가장 기억에 남는 에피소드나 NG 장면이 있다면 공유해주세요.

A. 당시 정희에 잔뜩 몰입해서 쉬는 시간 중간중간 하는 게임마저도 스도쿠를 골라 열심히도 했다. 스도쿠는 아직까지도 거의 유일하게 하는 게임인데, 노세훈은 스도쿠 룰을 그때도 지금도 이해하지 못하는 것 같다.

Q. 향후 차기작 계획은 어떻게 될까요?
어떤 역할을 맡고 싶으신지도 궁금합니다.

A. 〈은밀한 감사〉라는 오피스 로코물에 참여하게 되었습니다. 대기업 최고 미녀 직원이면서 부회장님의 수행 비서로… 영진고 학생들과 마찬가지로 복잡 미묘한 특정 사건에 휘말릴 예정이에요!

Q. 독자님들 혹은 나 자신에게 전할 한 문장을 선택한다면 어떤 대사일까요?
또한 전달하고 싶은 메시지가 있을까요?

A. 제가 좋아하는 유머 코드를 가지신 한진원 감독님이자 작가님의 말맛을 가장 가까이에서 느껴보세요! 저는 그 이야기 속, 밉상인 듯하지만서도 귀여운 매력을 지닌 정희의 모습을 열심히 그려 보았습니다. 너무나도 애정하는 〈러닝메이트〉와 함께해 주셔서 진심으로 고맙습니다. 우리들은 모두 친구♥

박지훈 역 - 배우 이봉준

Q. 지훈이의 단톡방이 63개라던데... 실제로도 인싸이신가요?!
배우 이봉준님의 MBTI는?

A. 제 MBTI는 ISFJ입니다! 실제로는 낯도 많이 가리고 조심스러운 성격이라 사람들과 친해지는 데 오래 걸리는 편인데요, 러닝메이트 촬영 현장은 촬영 이전부터 배우, 스태프분들과 여러 번 만나고 또 지훈이가 단톡방 63개의 인싸력을 가진 캐릭터라고 하니 같이 촬영하는 분들이 오히려 편하게 다가와 주서서 걱정했던 것보다 훨씬 즐겁게 촬영했습니다!

Q. 극 중 노세훈과 절친 관계이면서 또 라이벌이 되었는데,
혹시 실제로도 이런 경험이 있으신지?

A. 대학교를 졸업할 때 즈음에 오디션을 본 적이 있는데 친한 친구와 최종까지 같이 올라간 적이 있었어요. 서로 잘됐으면 하는 응원의 마음과 동시에 내가 합격했으면 좋겠다는 되게 오묘한 마음이 들었던 기억이 있습니다. 다행히(?) 둘

다 떨어져서 웃픈 에피소드로 남길 수 있었고, 지훈 역할로 오디션을 준비하면서 큰 도움이 됐습니다.

**Q. <직감적으로> 노래를 너무 잘 부르셔서 놀랐어요.
뮤지컬 배우로도 활동 중이시니 평소에도 음악에 관심이 많으시겠죠?
배우님의 애창곡이 궁금해요.**

A. <직감적으로>를 부르는 장면을 준비할 때는 어떻게 하면 잘 부를 수 있을까를 고민했는데 감독님께서 잘 부르는 것보다 노래를 좋아하는 고등학생 박지훈만의 날것이 드러났으면 좋겠다고 말씀해 주셔서 방향을 잡는 데 큰 도움이 됐습니다!
평소에 노래를 들을 때는 옷을 고르는 것처럼 TPO에 맞춰 선곡하곤 하는데요, 최근 많이 들은 곡은 변진섭 님의 <숙녀에게>라는 곡 많이 들었습니다.

**Q. 독자님들 혹은 나 자신에게 전할 한 문장을 선택한다면 어떤 대사일까요?
또한 전달하고 싶은 메시지가 있을까요?**

A. "그래 한번 해보자, 가즈아" 선거 유세를 하면서 많은 인물들이 하는 말인데요, 인생을 살아가는 데 있어서 결과가 어떻든 '경험'은 참 소중한 자산 같다고 느껴요. 독자분들에게도 저 자신에게도 충분히 고민했을 테니 두려워하지 말고 해보라고 말씀드리고 싶습니다.

하유경 역 - 배우 김지우

Q. <러닝메이트>는 하이틴 정치극이라는 독특한 장르인데,
극중 영진고등학교의 '국민 첫사랑' 하유경 역할로 처음 대본을 접하셨을 때
어떤 느낌이셨을까요?

A. 대본을 처음 읽었을 때, 하이틴 정치극이라는 신선한 소재가 굉장히 매력적
으로 다가왔어요. 등장인물들의 개성 있고 재치 있는 대사들이 인상적이어서
금세 몰입하며 읽을 수 있었죠. 유경이는 똑 부러짐과 친구들과 허물없이 어울
리는 친근함을 모두 지닌 '국민 첫사랑' 같은 인물인데 그런 매력적인 모습을 현
장에서 어떻게 잘 표현할 수 있을지 많이 고민하게 됐습니다.

Q. 극 중 후반부에 양원대에게 의심받아, 눈물을 흘리는 세심한 연기 너무 좋
았습니다. 당시에 어떤 심경으로 연기를 하셨는지 궁금해요.

A. 유경이가 처음으로 원대 선배에게 의심을 받는 장면이었어요. 현장에서 원
대 역의 최우성 배우가 정말 실감 나게 몰아세워 줘서, 마치 실제로 그런 상황
에 놓인 것처럼 억울함과 두려움이 순식간에 밀려왔어요. 그런데 그 순간 지훈
이가 있었다는 사실까지 알게 되면서 배신감이 겹쳐져, 감정이 더 폭발했던 것
같아요. 그래서 눈물이 저절로 나왔고, 마지막 감정선까지 자연스럽게 이어질
수 있었습니다.

Q. 촬영 중 가장 기억에 남는 에피소드나 NG 장면이 있다면 공유해 주세요.

A. 배우들끼리 워낙 친해져서 매일이 에피소드처럼 즐거웠어요. 특히 기호 2번
배우들과 함께하는 촬영이 많았는데, 현장에서는 서로 애드리브 아이디어를

주고받으며 연기에 힘을 보태고, 대기 시간에도 웃음이 끊이지 않았어요. 그중에서도 마지막 선거 장면이 가장 기억에 남아요. 정말 많은 인원이 함께하는 장면이라 동선이 복잡해 NG도 많았는데, 의도치 않게 밀리거나 발을 밟히는 상황이 자주 있었거든요. 그런데 컷 소리가 나면 주변 배우들이 '유경이 괜찮아?' 하고 챙겨주던 모습이 너무 따뜻했고, 그 덕분에 힘든 촬영도 즐겁게 마무리할 수 있었습니다. 현장에서 모두가 이렇게 서로를 배려했기에, 유경이의 밝고 따뜻한 매력도 더 잘 담아낼 수 있었던 것 같아요.

Q. 독자님들 혹은 나 자신에게 전할 한 문장을 선택한다면 어떤 대사일까요? 또한 전달하고 싶은 메시지가 있을까요?

A. 제가 고르고 싶은 대사는 '박지훈, 그럼 너도 혹시 반장 같은 거… 전에 해본 적 있어?'예요. 이 한마디에 유경이의 전략가적인 면모와 예리한 성격이 잘 드러난다고 생각하거든요. 아마 독자님들도 이 대사를 들으면서 유경이의 반전 매력을 느끼셨을 것 같아요. 러닝메이트는 누군가에겐 학창시절의 추억을, 또 누군가에겐 신선한 재미를 선물할 작품이에요. 많은 배우들이 만들어낸 유쾌한 순간들과 재치 있는 대사들에 매력을 느끼며, 이 작품 속에 푹 빠져 즐겨 주셨으면 합니다. 저에게도 오랫동안 기억에 남을 소중한 작품이니까요.

배우 친필 사인

노세훈 - **윤현수 배우**

곽상현 - **이정식 배우**

양원대 - **최우성 배우**

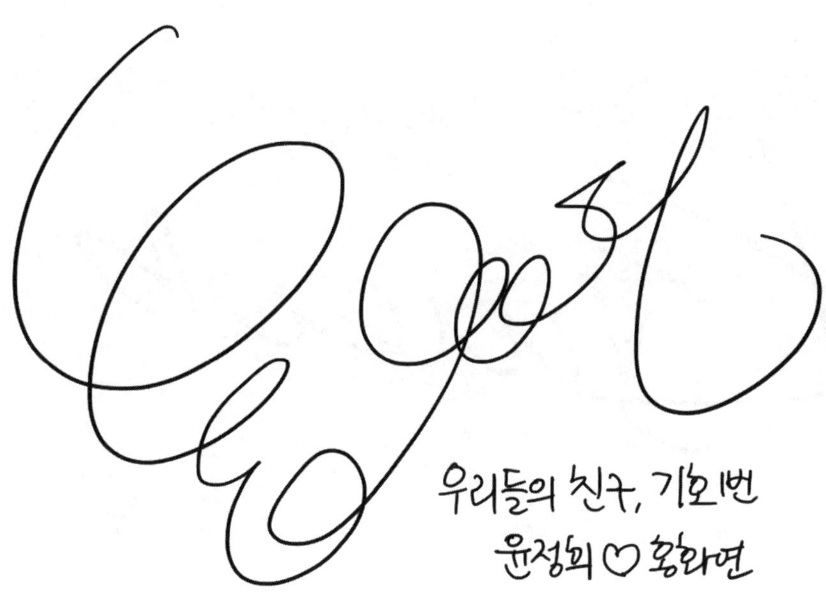

윤정희 - **홍화연 배우**

박지훈 - **이봉준 배우**

하유경 - **김지우 배우**

강재원 - **윤도건 배우**

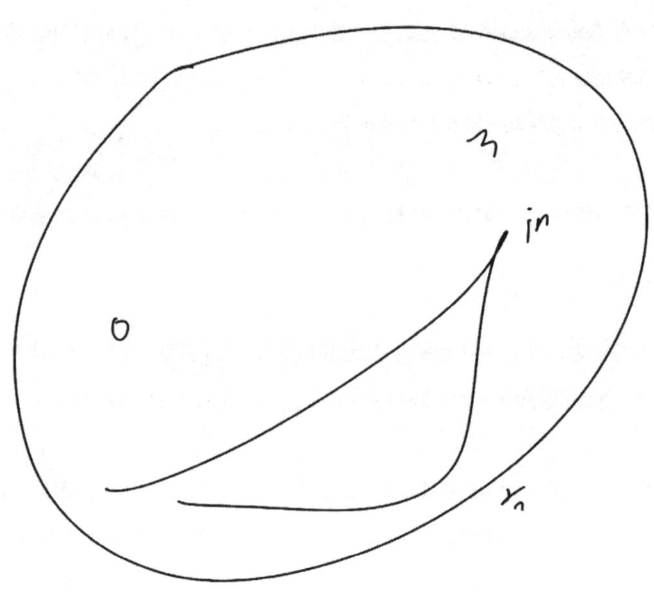

남경태 - **옥진욱 배우**

출연

윤현수 이정식 최우성 홍화연 이봉준 김지우 옥진욱 윤도건 이재이 이승헌 한현준 김태희

권한솔 박예니 황성빈 김지훈 박근록 윤현식 이재성 강민지 박정우 정서연 김희찬

특별출연

주현영 헤이든 원 장준휘 한지혜 서재희 최대철 곽범 이창호 김남희 김영대

제작 ㈜빌리언스플러스 에이스메이커스튜디오 김우재 문영우 김별이 **감독** 한진원 **극본** 한진원 홍지수 오도건 **프로듀서** 송준 **촬영** 최민환 **조명** [라이트브라더스] 정익중 **미술** [㈜상상공작소] 모소라 **소품** [소품회사 그림] 박용규 **키그립** [Thegrip] 황상호 **의상** 윤나연 **분장/특수분장** [태이] 장태이 **음악** [Movie Closer] 구본춘 **편집** [FARGO] 한미연 **시각효과** milk imageworks **Digital Intermediate** 알고리즘 미디어 랩 **Sound supervisor** 은희수 **녹음** 이시훈 **무술** [Best Stunt] 이학렬 **특수효과** [JUST] 박경수 **특수소품** 율아트.Y **세트** ㈜낙스앤남아 미술센터 **캐스팅** [W캐스팅] 이상윤 **보조출연** [I.D agency] 이옥희 류영훈 **제작실장** 김성진 **조감독** 오도건

제작부장 나현주 김현정 배정환 **제작팀** 김아람 황인경 양라희 김동성 이세린 이진형 **제작회계** 정혜원

연출팀 남가연 최지혜 김다예 김진환 전용진 **스크립터** 김호정 **현장편집** [PARABELLUM] 김단우 **스토리보드** 박종원 **캐스팅디렉터** [W캐스팅]이상윤 이주한 임소리 **외국인캐스팅** 최제니

TVING 투자/기획 총괄 최주희 **케이앤투자파트너스** 공동투자 총괄 김철우 **마케팅** 대행 [흥미진진] **포스터디자인** [프로파간다] **스틸/메이킹촬영** [청춘갈피] **오프닝** 시퀀스 [슈퍼베리모어] **영문** 자막 번역 윤은숙 ㈜빌리언스플러스 미디어 총괄 조정훈 ｜ 기획프로듀서 장영환 김유화 **에이스메이커스튜디오** 경영지원팀 문서아 **러닝메이트문화산업전문유한회사** 사업총괄 김갑수 **에이스메이커무비웍스** 총괄상무 문영우 **삽입곡** 〈Shake It〉, 〈본능적으로〉 **원안** 〈소라게〉 ©한진원

러닝메이트

메이킹 | 단체 사진

ONLY ONE ONLY YOU

여러분의 슬리퍼가 되어 함께 걷겠습니다.
1 윤정희
학교 역사상 최
학생회장의
Nouvelle Vague
The beginning of a new era
YOUNGJIN HIGH SCHOOL
2024.10.23
Challenge!
배움과 놀이가
공존하는
영진고등학교

ONLY ONE ONLY YOU
♥유경사랑♥
양원대
이름을 건다
책임을 진다
[RE:BOOT]
2
하유정
너만 보여
JEONGHUI